U0623249

旅游规划
原理与实务

（第2版）

王雷亭　魏云刚　李海燕　赵琳琳　编著

重庆大学出版社

内容提要

全书分为3编11章,包括旅游规划原理、旅游规划技术和旅游规划案例3个板块。具体包括绪论、旅游规划的理论基础、旅游规划的层次和编制程序、旅游规划管理、旅游资源调查与评价、旅游空间规划、旅游市场营销规划、旅游形象策划、旅游产品规划、旅游保障体系规划和西安市旅游发展总体规划。

本书可作为旅游管理类本科专业相关课程教学的教材,也可作为旅游决策、管理和规划部门从业人员的岗位培训教材或参考资料。

图书在版编目(CIP)数据

旅游规划原理与实务 / 王雷亭等编著. -- 2版. --
重庆:重庆大学出版社,2022.12
ISBN 978-7-5689-3641-5

Ⅰ.①旅… Ⅱ.①王… Ⅲ.①旅游规划—教材
Ⅳ.①F590.1

中国国家版本馆 CIP 数据核字(2022)第 234669 号

旅游规划原理与实务
LÜYOU GUIHUA YUANLI YU SHIWU
(第2版)

王雷亭　魏云刚　李海燕　赵琳琳　编著
责任编辑:陈亚莉　顾丽萍　　版式设计:顾丽萍
责任校对:谢　芳　　　　　　责任印制:张　策

*

重庆大学出版社出版发行
出版人:饶帮华
社址:重庆市沙坪坝区大学城西路21号
邮编:401331
电话:(023)88617190　88617185(中小学)
传真:(023)88617186　88617166
网址:http://www.cqup.com.cn
邮箱:fxk@cqup.com.cn(营销中心)
全国新华书店经销
重庆市国丰印务有限责任公司印刷

*

开本:787mm×1092mm　1/16　印张:16　字数:382 千
2009 年 6 月第 1 版　2022 年 12 月第 2 版　2022 年 12 月第 7 次印刷
印数:4 001—7 000
ISBN 978-7-5689-3641-5　定价:49.00 元

第 2 版前言

在新文科背景下,旅游管理本科专业应用型人才培养目标以"坚定的政治理想与爱国情操+有地域特色的文化素养+基本旅游理论知识+适应文旅企业需要的实践技能+一定的创新意识"为出发点,本书开创性地设计了教材的相关内容,将全书内容划分为旅游规划原理、旅游规划技术和旅游规划案例 3 个板块。在编写过程中,突出了以下 3 个特点。

一是务实。坚持以基本能力和基本技能培养为本的观念,基础理论、基本概念以应用为目的,以必需、够用为度;针对旅游规划实践性强的特点,发挥编写人员多年从事旅游规划与开发实践工作的经验,把有关精品规划作为案例编入教材,以期通过案例教学培养学生的基本能力和技能。

二是新颖。本书吸收了当今旅游规划的新理论和新方法,内容上力求反映当今旅游规划人才的特定素质、知识及能力要素;阐述方式上,注意发挥图、表、例的作用;能力培养上,注重素质、技能的训练。

三是规范、科学。文化和旅游部、住房和城乡建设部、市场监督管理总局等部门针对我国的旅游规划,先后制定或发布了《旅游规划通则》《旅游资源分类、调查与评价》《风景名胜区总体规划标准》等一系列行业规范和国家标准,这是编制旅游规划的基本要求。本书在编写过程中,注意突出这些规范和标准。

全书共分为 3 编 11 章,由泰山学院王雷亭教授负责统稿和定稿。第 1 章至第 4 章由泰山学院李海燕编写;第 5 章、第 6 章、第 11 章由泰山学院赵琳琳编写;第 7 章至第 10 章由泰山学院魏云刚编写。

本书在编写过程中,得到了北京大学吴必虎教授、北京交通大学王衍用教授的大力支持和帮助,他们提供了第一手的旅游规划文本和文件。书中参考了许多旅游规划专家、学者的有关文献、专著和教材,在此一并致谢。

由于编者水平有限,书中疏漏之处在所难免,恳请各位同行与读者批评指正。

编　者

2022 年 10 月于泰山脚下

目 录

C O N T E N T S

第 2 编　旅游规划技术

第3编　旅游规划案例

第11章　西安市旅游发展总体规划

参考文献

第1编

旅游规划原理

第 1 章

绪　论

学习目标

通过本章的学习,了解旅游规划的相关概念、发展历程和发展趋势,理解旅游规划与其他规划的关系,掌握旅游规划的对象。

关键概念

旅游规划　旅游规划对象　旅游系统

问题导入：

20世纪80年代以来，中国旅游业呈高速发展态势，全国各地纷纷大力开发旅游资源，力争将旅游业培育成为国民经济新的增长点，但随之也产生了一系列问题。宏观上，由于旅游业的环境依赖性、脆弱性、开放性等特点可能导致生态环境被破坏、经济波动等问题；中观上，旅游开发不当可能会引起区域性水资源枯竭、森林地区病虫害肆虐、区域经济畸形发展和服务质量下降等问题；微观上，旅游资源的不可移动性、旅游者出游的季节性等特点可能导致旅游旺季安全隐患加重、交通拥堵、生活物资供应不足等现象增加，部分旅游者的不文明行为导致垃圾遍地、乱刻乱画等破坏现象加重，旅游地原有景观处于消失边缘。旅游的迅猛发展所产生的问题，迫切需要高水平、科学合理的旅游规划来指导，以明确旅游的发展方向，合理安排旅游发展的诸要素，从而有效地避免旅游发展的盲目与无序，实现旅游发展目标与社会、经济、生态目标的协调与统一。

1.1 旅游规划的含义

1.1.1 旅游规划的概念与对象

1）规划

古汉语中的"规"为校正圆形的用具，如《诗经·小雅·沔水》序郑玄笺云："规者，正圆之器也。"引申含义则有规划、打算之意。如《淮南子·说山训》："事或不可前规，物或不可虑。"在现代汉语中，规划是指"较全面或长远的计划"。它是一个总体称谓，国内诸多学者从自身研究的角度出发，对"规划"一词下过多种定义。如吴必虎在《区域旅游规划原理》中指出，规划即是对未来状态的设想。侯志强在此基础上对"规划"的定义进一步扩展，指出规划是人们以思考为依据，安排其行为的过程，通常兼有两层含义：一是对某种目标的追求或某种状态的设想；二是实现某种目标或达到某种状态的行动顺序和步骤。唐代剑综合不同学者对"规划"的定义，认为规划即谋划、策划、计划，是对未来可能的状态进行的一种设想和构思。它通常有两种含义：一是指刻意去实现某种任务；二是指为实现某任务而把各种行动纳入某些有条理的顺序中。现在，"规划"一词广泛应用于社会、经济、文化活动中，如区域规划、城市规划、乡村规划、经济规划、教育规划、社会发展规划等。

2）旅游规划

旅游规划的产生是基于旅游业实践的发展和对规划理论不断发展的需求。随着旅游规划实践的不断深入，旅游规划的理论与方法也日臻完善。

国外旅游规划的真正起步早于中国。从20世纪70年代开始，国外学者对旅游规划的认识逐渐深入，许多学者都从不同的角度提出了各自的观点，其中比较典型的定义有：亨特认为旅游规划应该是使旅游和其他部门的目标共同实现的过程；冈恩认为旅游规划是经过一系列选择决定适合未来行动的动态的、反馈的过程,未来的行动不仅指政策的制定,更主要是目标的实现;亚太旅游协会高级副总裁格里芬主张"创造市场营销和旅游规划的统一",并构造出旅游地管理系统,作为未来旅游发展规划的一种有效手段;因斯克普则认为旅游规划应该是从供需两方面来系统分析,并提出了整体的、可持续发展的、可控的规划方法。

从20世纪90年代开始,我国学者对旅游规划的定义展开探索。吴人韦认为旅游规划是为实现既定的旅游发展目标而预先谋划的行动部署,也是不断地将人类价值付诸行动的实践过程;孙文昌认为旅游规划是以旅游市场变化和发展为出发点,以旅游项目设计为重点,按照国民经济发展要求和当地旅游业发展基础,对旅游消费六大要素发展及相关行业进行科学安排和部署的一种行为;黄羊山认为旅游规划是区域旅游发展的纲领和蓝图,是关于旅游发展的一项部门规划;吴必虎认为旅游规划是指对未来某个地区旅游业的发展方向、产品开发、宣传促销及环境保护等一系列重要事项的总体安排,它对该地区旅游业的发展具有宏观指导和动态调控作用,其实质就是根据市场环境的变化情况和可持续发展的时代要求,对与区域旅游业发展有关的人力、财力、物力进行优化配置,具体包括对旅游投资的正确引导、对旅游要素的合理调整以及相关部门的分工协作等;侯志强认为旅游规划是区域规划的一种部门规划,是围绕旅游资源进行各类资源(包括资金、人力等)优化配置、进行旅游系统构建的筹划过程,因此这是一个系统工程,从其目标的确定到实现目标的措施和步骤,要处理好各子系统内部及其整体与外部环境之间的相互关系,而其中有众多因素是发展变化的,因此,旅游规划的研究方法、预测手段也必须不断更新,以适应旅游经济发展的需要;马勇认为旅游规划是在旅游系统发展现状调查评价的基础上,结合社会、经济和文化的发展趋势以及旅游系统的发展规律,以优化总体布局、完善功能结构以及推进旅游系统与社会和谐发展为目的的战略设计和实施的动态过程;陆林认为旅游规划是为了促进和保障旅游业可持续发展,对旅游相关要素进行全面系统谋划的一种新兴的、多学科融合的应用型技术。

上述有关旅游规划的概念阐释虽侧重点有所差异,但其主导思想都是为了解决或预防旅游业发展中出现的问题,促进旅游业向合理方向发展,并与其他相关产业协调共生,达到自然旅游资源、社会文化旅游资源、公共投资、技术与人力资源、信息与宣传设施、服务设施、基础设施等旅游产业要素及相关社会经济资源的优化配置。总之,旅游规划是一个地域综合体内旅游系统的发展目标和实现方式的整体部署过程。

3)旅游规划的对象

(1)旅游规划对象性的演化

旅游规划随着其客观对象的变化而不断变化。旅游规划从旅游活动的安排开始,到1959年夏威夷的"旅游地"规划,到20世纪80年代的"旅游业"规划,20世纪90年代以后,国际上对旅游规划的对象认识逐渐演化至"旅游系统"。

旅游系统是一个以旅游目的地吸引力为核心,以人流的异地移动性为特征,以闲暇消费为手段,具有较稳定的结构和功能的一种现代经济、社会、环境的边缘组合系统。旅游系统的结构,由旅游者、旅游地和旅游企事业三大要素集合构成。旅游者要素汇集成旅游动机,旅游目的地要素汇集成旅游吸引力,旅游企事业要素汇集成旅游联结力。三大要素集之间通过吸引力——需求键、消费——生产键、资源——利用键,联结成为有机的功能耦合整体。

21世纪的旅游规划是对旅游系统的整体进行规划,这是在世界经济一体化的过程中规避旅游发展风险、增加旅游发展机会的必然要求,也是旅游规划自身技术日臻成熟、其社会作用不断增强的大势所趋。旅游规划的对象发展到旅游系统,将带来两种影响:第一,意味着将调动社会及政府部门所拥有和管理的、旅游所依赖的基础设施、公共服务设施、社会人力、物力、自然资源和文化资源,共同为旅游系统在竞争中的生存与发展服务;第二,意味着要冲破历史形成的学科壁垒和行政条块分工,依靠科技与管理的进步来强化旅游系统的整体结构和功能,从根本上提高旅游系统的组合效率和整体竞争力。

（2）旅游系统

旅游规划任务和内容的多样性决定了科学的旅游规划只能采取系统集成的方法。就旅游系统规划的特点来看,其"系统"意义包含三个方面含义,即规划对象的系统性、规划类型本身的系统性和规划的系统方法。

吴必虎提出旅游系统包含四大子系统:客源市场系统、出行系统、目的地系统和支持系统。

客源市场系统又称需求系统,主要是指位于游憩活动谱上各段落的休闲者和旅游者及其活动等因素构成的一个子系统。以客源市场与目的地之间的距离或旅游者参与的游憩活动类型等为指标,可以将客源市场划分为日常游憩及一日游的当地客源、参与一日游及过夜游的国内客源(不包括当地居民)以及一般属于过夜游或度假游的国际客源。在学术研究中,客源市场的调查、分析、流量(需求)预测、滞留期、人均日消费、旅游毛收入预测、收益乘数及就业机会数预测等构成市场规划研究的主要内容。随着我国目前旅游产品开发强度的加强,旅游目的地之间的竞争越来越激烈,形成了旅游者的买方市场,因此市场系统的研究在规划中占有越来越重要的作用。政府主管部门和一般旅游企业对市场的意义也逐渐增强了意识。

出行系统相当于一种中介系统。一般来讲,出行行为从旅游者收益角度来看是一种成本支出,但特殊情况下出行系统本身也可构成吸引要素,如风景道之于自驾车旅游者。出行系统刻画了促使或保障旅游者出行前信息收集分析、作出出行决策、离家出行、在目的地内的游览活动等一系列基本因素,其中包括运移游客的交通设施(公路、铁路、水上航线、空中航线、缆车、索道等)及服务,主要由旅行社提供的旅游咨询、旅行预订和旅行服务等,由政府、旅游目的地或旅游销售商向旅游者提供的信息服务,以及旅游目的地策划和主办的意在激发潜在游客出行动机的旅游宣传、营销推广等子系统。目的地产品的策划、规划和营销过程涉及旅游产品的市场分析。

目的地系统也称供给系统,主要是指为已经到达出行终点的游客提供游览、娱乐、食宿、购物、体验或某些特殊服务等旅游需求的多种因素的综合体。目的地系统由吸引物、设施和服务三方面要素组成。吸引物是在旅游资源的基础上经过一定程度的开发形成的,在我国通常称为"旅游区(点)",一般包括遗产型、商业型、节事型、社会型等四种类型。自然生态型、历史文化型和商业游憩型吸引物也可以视为景观类吸引物,前两种属于自然景观,后者属于人工景观。节事活动型吸引物是指围绕某一事件、节庆——啤酒节、泼水节、火把节等组织的旨在吸引旅游者前往观看、参与的活动。

支持系统包括除交通设施以外的基础设施（给排水、供电、废物处置、通信及部分社会设施）、政策法规、生态环境和社区设施等四部分。这些内容也常常是政府和开发商特别关注的事项。

在目的地系统中，常常受到忽视的因素是服务系统。服务子系统是一类特殊的子系统。它是造成目的地的吸引力的有机组成部分。虽然它大部分情况下是非物质形态的，却可起到举足轻重的作用。目的地系统是旅游系统中与旅游者联系最直接、最密切的子系统，它和出行系统中的交通因素一起，常被人们通俗地归纳为"吃、住、行、游、购、娱"的"六要素"，并且导致一部分人较模糊的认识，以为整个旅游系统本身就是由此"六要素"所构成。由目的地系统的构成要素可以看出，"六要素"不仅不能代表整个旅游系统，就连其中的目的地子系统也不能完全概括。不过，"六要素"体系较为概括地阐述了观光旅游为主要产品的目的地内容。当一个地方的旅游产品由观光旅游提升为商务会展旅游、休闲度假旅游、生态旅游等高端产品时，"六要素"就无法覆盖全部的产品内涵了。

上述客源市场系统、出行系统和目的地系统共同组成一个结构紧密的内部系统，在其外围还形成一个由政策、制度、环境、基础设施、人才、社区等因素组成的支持系统。在这一子系统中，政府处于特别重要的位置，此外教育机构也在人力资源方面担负着非常重要的责任。支持系统不能独立存在，而是依附于其他三个子系统，并对三个子系统同时或分别发生重要作用。旅游系统的结构如图1.1所示。

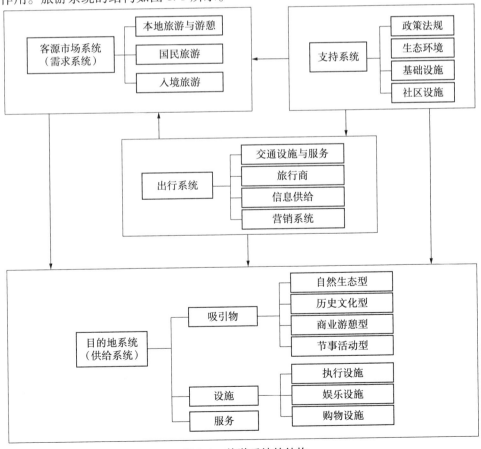

图1.1 旅游系统的结构

支持系统应成为旅游规划中一个重要的组成部分,一个缺乏政策保障、人才教育和培训等支持的旅游系统,将会导致旅游发展的影响恶化、资源损毁、服务质量下降、经济衰退等不良后果。实际上,从某个角度而言,旅游政策的制定及其实施,就可看成某种形式的旅游健康发展的政策支持,即旅游政策研究本身也是旅游系统的一个组成部分,是旅游业可持续发展的必要保障。

1.1.2 旅游规划作用

旅游规划的目的是在旅游系统内部建立起一套由正反馈机制、前馈机制和负反馈机制组成的旅游发展控制体系,并由其指导旅游系统不断地提高内部各因素之间的方向协同性、结构高效性、运行稳定性和环境适应性,增强旅游系统的整体竞争力。旅游规划在内化于旅游发展的过程中,具体有以下四大作用。

1)提高认识

通过规划的研究过程、编制过程,使各个方面的认识得到大体的统一,并且得到提高,这是普遍的作用。很多地方编制旅游规划之始,人们会对旅游规划的用途产生疑问,在规划编制过程中,由于社区和相关政府管理部门的广泛参与,因此人们自然对旅游发展的认识提高了,对旅游规划本身的认识也提高了。

2)凝聚力量

由于明确了规划的战略目标和一系列具体的操作方式,因此在很大程度上把各个方面的力量凝聚起来,围绕目标共同努力。

一是凝聚了政府各个部门的力量。因为人们开始都认为旅游规划就是旅游局的事,但是在规划编制的过程中,各个部门逐步体会到旅游规划是综合性的规划,不仅是旅游局的事情。可以通过规划来凝聚各个部门的力量,这也是旅游业综合性发展的一种反映。因为旅游是把社会各个方面的资源全面整合,在发展过程中,旅游的产业链逐步延长,产业面逐步扩大,同时形成一个新的旅游产业群,旅游的发展就变成了很多行业发展的新的经济增长点。在旅游规划的编制过程中,很多行业都认识到这不是单纯的部门规划,而变成了一个旅游目的地的总体规划,是当地政府经济、社会、文化发展总体战略的一个重要组成部分。

二是把当地民众的力量凝聚起来。目前,很多社区旅游也在发展,社区资源也可以利用起来作为旅游项目来开展。

三是凝聚了乡村的力量。目前,很多农村的老百姓主动参与开发旅游,就是看到了旅游在脱贫致富方面的作用,同时达到了城乡之间的互动。

3)树立形象

在旅游发展的总体规划中,一个地方旅游的主题形象如何树立,是规划里最难的一个题目。例如,北京大学做江苏旅游规划,用了1/5的资金委托一个咨询公司策划江苏的旅游品牌,树立江苏的旅游形象,最后提出了"梦江苏——温情与水"的概念,以及"优雅江苏"等延伸形象。同样,各个旅游项目的规划,包括旅游区的规划也涉及这个问题:主题形象怎么树立,在市场上如何突出特色,形成差异。例如,在全国现有的野生动物园中,上海野生动物园和其他野生动物园有什么区别,在市场上怎么树立其独特的形象,则需要深入地研究,否则野生动物园会出现产品趋同化现象。主题形象的树立实际上涉及企业长远发展的市场定位,因此是一个关键的问题。

4)促进发展

一是一个好的规划,便于招商引资,这是促进发展的最大的实效。很多投资商要投资项目,除了现场考察之外,很重要的就是看有没有好的规划,有一个好的规划能够打动投资商,招商引资就比较容易,因此很多地方在规划上下功夫。

二是通过规划,形成区域内的发展分工,避免造成近距离、低水平的重复建设,避免左手和右手打架。

三是促进合理的市场经营分工。因为好的项目,大家就一哄而上,不仅造成重复性投资,而且会造成产品趋同化,形成恶性竞争。如果在规划里能够解决这个问题,形成合理的产品分工和市场分工,就会有根本性的促进。也就是说,各个部门在各个地方规划里都有一个自己的定位问题,包括各类旅游企业及每一个企业在规划里也有一个定位问题,大规划如此,小规划也如此。比如一个省级旅游发展规划,就涉及这个省的文化方面怎么定位,城市建设方面怎么定位,一些独特的资源形成特色产业怎么定位? 甚至涉及农业、工业等。这样的定位清楚了,能够形成合理的分工体系,从促进发展的意义来说比招商引资还要大。总体来说,规划文本经过修订之后,本身既是一个资源,也是一个产品,要把这个资源充分加以利用。

1.1.3 旅游规划的特点

1)主题性

旅游规划的主要目标之一是提升待规划旅游系统的竞争水平。为此,旅游规划必须围绕旅游系统的一系列主题展开,即通过规划与开发,使旅游系统本身所具有的特征充分显示出来,形成一个鲜明的旅游主题,对旅游者产生强烈的吸引力。

2)协调性

从纵向上看,旅游规划是属于区域旅游发展规划中的一部分;从横向上看,旅游规划又与其并列的城镇、水利、交通、电力、农业等专项规划有千丝万缕的联系,彼此之间具有一定的互补性。因此,旅游规划与其他产业规划一样具有协调系统内部各要素以及旅游系统与其他系统协调发展的特点。

3)目的性

旅游规划立足于对旅游系统的科学分析和对未来发展的合理安排,因而旅游规划的目的性非常明确。旅游规划的目标具有多重性,即从不同的角度可以有不同的旅游规划目标。如从旅游规划的时间跨度上来看,旅游规划有短期目标、中期目标、长期目标;从旅游规划的区域范围上来看,旅游规划有局部目标、整体目标以及协调目标等;从旅游规划的要素来看,旅游规划有目的地发展目标、旅游市场发展目标、旅游企业发展目标等。此外,旅游规划的目标还可以被分为旅游目的地的社会发展目标、旅游目的地的经济发展目标以及旅游目的地的生态环境目标。

4)战略性

正确把握现在和未来的关系是旅游规划的核心。战略性反映了旅游规划的目的和作用,要求旅游规划应立足现在,着眼未来,从宏观战略的高度制定旅游规划战略,实现旅游资源合理利用和旅游系统的可持续发展。

5)技术性

旅游规划的技术性主要表现在旅游规划所采用的方法手段,如旅游资源开发规划涉及美学景观技术、地理信息技术等,旅游市场开发规划涉及统计分析技术,旅游企业发展规划涉及企业管理技术和其他经济专业分析技术,旅游环境和支持体系规划涉及环境、生态等相关技术。可见,旅游规划的全过程都具有明显的技术性。

6)综合性

旅游规划的综合性表现在旅游规划所涉及的学科的综合性、旅游规划方法手段和技术的综合性、旅游规划对象的综合性以及旅游规划目标的综合性等方面。原因在于旅游规划的对象是旅游系统,其本身就是一个极度复杂的系统,然而旅游规划除了单纯研究旅游系统外,还要综合考虑其他社会经济系统。

1.1.4 旅游规划与其他规划的关系

长期以来,人们对旅游规划与城乡规划、园林规划、风景名胜区规划、森林公园规划等之间的关系一直存在误解。比如,有人认为旅游规划的核心内容就是建设各种级别各种形式的景区(点),而城市规划、园林规划等应该先于旅游规划而编制,旅游规划要参照城乡规划的内容来制定。我国一些中心城市在发展过程中忽略旅游功能,而旅游城市的规划则偏重城市建设规划,造成了很多工作上的障碍。因此,搞清楚旅游规划与城乡规划以及其他一些规划之间的关系十分必要。

1)与国民经济和社会发展规划的关系

所谓社会经济发展规划,是指通过对区域社会经济的发展预测,并深入研究该地区的发展战略目标、发展模式、主要比例关系、发展速度、发展水平、发展阶段以及其他相关的各种关系,而制定的相关的发展策略、方针和政策。社会经济发展规划虽然在名称上是从社会和经济两个方面来考察区域的发展,但是在内容上更加侧重于经济的发展和进步。由于社会经济发展规划是对区域发展的综合性规划,因此对于其他各类和各级的规划均具有约束性,其他规划的制定都应该以区域的社会经济发展规划为依据。

旅游规划是区域社会经济发展规划的一个重要组成部分。两者的区别与联系在于,社会经济发展规划是从区域社会经济发展的目标制定发展预测和发展方针来约束区域发展的;而旅游规划则是从中观和微观的角度来揭示区域内旅游发展的内在规律,研究制定相应的旅游发展目标、发展战略并预测旅游发展趋势,并对旅游发展过程中的旅游资源开发与保护以及旅游基础设施建设、旅游服务质量保证体系、人力资源开发保障等内容进行规划。可见,旅游规划与区域社会经济发展规划的关系是一种宏观和中、微观的对应关系。

2)与城乡规划的关系

2007 年颁布的《中华人民共和国城乡规划法》丰富了《中华人民共和国城市规划法》(1989)的内容。城乡规划,包括城镇体系规划、城市规划、镇规划、乡规划和村庄规划。城市规划、镇规划分为总体规划和详细规划。

制定和实施城乡规划,应当遵循城乡统筹、合理布局、节约土地、集约发展和先规划后建设的原则,改善生态环境,促进资源、能源节约和综合利用,保护耕地等自然资源和历史文化遗产,保持地方特色、民族特色和传统风貌,防止污染和其他公害,并符合区域人口发展、国防建设、防灾减灾和公共卫生、公共安全的需要。城市总体规划、镇总体规划以及乡规划和村庄规划的编制,应当依据国民经济和社会发展规划,并与土地利用总体规划相衔接。

旅游规划与城乡规划的关系应该是相互协调、互为补充的,城乡规划应该在城乡功能定位和功能分区时,与旅游学者进行充分的探讨,这样才能保证城乡功能得到最大的发挥。一般来说,要求旅游规划适应城乡规划。但这并不意味着城乡规划具有决定作用,旅游规划要一味地妥协于城乡规划。其实,任何一个规划的编制都不是一次性成功的,它需要在发展过程中,不断地动态适应和调整。因为城市和城镇的功能有许多种,而旅游功能只是其中之一,所以旅游规划与城乡规划要在长期内形成一致,共同促进当地旅游业和经济、社会协同发展。

3)与交通规划的关系

交通规划是城市或区域总体规划中的一个组成部分。狭义的交通规划指以汽车为主要运输工具的交通格局,广义的交通规划包括公路、航空、铁路、水路"四位一体"的立体交通格局。交通规划按时限分,有长期规划和短期规划两种。长期规划着重贯彻新的交通政策、筹划新的交通系统和道路网、改变现有设施,期限一般为 15～20 年;短期规划着重发挥现有设施的作用。交通规划按范围分,有城市交通规划和大区交通规划两种。

交通作为区域旅游产业发展的基础,其现状条件和发展情况对区域旅游业的发展速度具有相当大的影响。道路交通设施的建设往往需要较长的周期和较大的资金投入,而旅游业一旦在区域形成则会迅猛发展,对旅游地包括旅游交通设施在内的各种旅游基础设施提出极高的需求。如果区域旅游交通网络不能适应旅游业的发展,将会成为区域旅游业稳步发展的"瓶颈"。因此。在进行区域旅游交通规划时就应采取适当超前于旅游业的发展策略,为当前和未来旅游的良性发展铺好路。

4)与农业产业规划的关系

农业产业规划是对一个国家或地区的农业产业整体及其内部各层次产业发展的全面的、长远的发展计划。农业产业规划的主要任务:对区域内农业产业的发展方向、发展目标、发展思路、发展重点(环节重点和区域重点)和发展途径进行系统设计,获取最大的经济、社会和环境效益。

旅游规划,尤其是乡村旅游规划和休闲农业规划,必须以农业产业规划为基础,充分利用种植业、畜牧业和林业的发展优势,提高土地集约利用功能,将旅游产业布局与农业产业布局和农业技术选择相结合,将乡村旅游发展与休闲农业、高效现代农业紧密结合,促进当地农村经济的发展。

1.2 旅游规划的历史回顾

1.2.1 国外旅游规划发展阶段

国外的旅游规划发展历史较长,有较为成熟的理论和丰富的实践经验。针对不同时期的技术进步程度,可以将其发展历史划分为4个阶段。

1)初始阶段(20世纪30—70年代)

旅游规划最早起源于20世纪30年代中期的英国、法国和爱尔兰等国。最初旅游规划只是为一些旅游项目或设施作一些市场评估和场地设计,如为饭店或旅馆选址等。从严格意义上讲还称不上旅游规划。国际上一般认为,旅游规划始于20世纪50年代末的夏威夷。1959年夏威夷旅游规划被看作现代旅游规划的创始作,旅游规划第一次成为区域规划的一个重要组成部分。1960年,美国学者岗恩参与密歇根州的半岛北部区域旅游研究,最早形成了有关旅游发展规划的基本概念,他本人也被尊称为倡导、编制、教授旅游规划的鼻祖。从此,旅游规划作为一个独立的学科领域登上学术舞台,并不断向前发展。

20世纪60年代中期到70年代初的几年里,世界旅游业发展迅速,旅游开发的需求也逐步加大。与此相应的旅游规划首先在欧洲得到了进一步发展,并逐渐扩展到北美洲的加拿大,然后进一步向亚洲及非洲国家和地区扩展。在这一阶段,旅游规划所采用的主要理论基础是旅游经济学、闲暇与休憩学、旅游地理学等,旅游规划多从旅游活动的经济性方面来研究。在旅游规划的研究领域,主要的代表人物是加拿大的地理学家罗奥艾·沃尔夫。总之,这一时期的旅游规划主要体现在具体的实践项目中。

2)过渡阶段(20世纪70—80年代)

20世纪70年代后期,旅游业的持续发展使旅游规划研究得到进一步加强,其显著特点就是开始出现比较系统的旅游规划著作。1977 年,世界旅游组织(UNWTO)对有关旅游开发规划的调查表明,43 个成员国中有 37 个国家有了国家级的旅游总体规划。随后,UNWTO出版了《综合规划》和《旅游开发规划明细录》两个旅游开发文件,《综合规划》是为发展中国家提供的一本技术指导手册,《旅游开发规划明细录》则汇集了对 118 个国家和地区旅游管理机构和旅游规划的调查。

1979 年,UNWTO 实施了全球范围内的旅游规划调查,共调查案例 1 619 个(184 个地区规划、384 个区域规划、180 个国家规划、266 个区域间规划、42 个部门规划、599 个景点规划),并形成了全球在制定旅游开发方面的第一份经验报告。报告指出:"只有 55.5% 的规划和方案被实施,规划的制定和实施之间存在脱节;制定旅游规划与使用的各种方法之间差别很大;规划对成本和收益方面考虑多,而社会因素方面涉及得少;地区级规划要比区域级、国家级、世界级规划更有效和普遍。"冈恩于 1979 年出版了关于他早期旅游规划思想体系的总结著作《旅游规划》。总之,这一时期旅游规划的调查与实施方面的研究逐步兴起。

3)快速发展阶段(20 世纪 80—90 年代)

旅游规划的研究经过 20 世纪 60 年代的酝酿和 70 年代的初步探讨,到 80 年代人们对其本身的认识则更为深刻了。旅游规划普及到了许多欠发达国家和地区,同时也在发达国家进一步普及和深化,出现了对旅游规划的修编。如印尼在 1981 年编制了《奴萨-坦格旅游规划》,美国夏威夷州于 1980 年对 1959 年编制的规划进行了修编。20 世纪 80 年代是旅游规划研究的大发展时期,大量的研究使规划理论的思想和方法得到进一步充实,研究也日趋多样化。冈恩于 1988 年出版了《旅游规划》第二版,墨菲于 1985 年出版了《旅游:社区方法》,盖茨于 1986 年发表了《理论与实践相结合的旅游规划模型》,皮尔斯于 1989年出版了《旅游开发》。他们在其论著里深入地揭示了旅游规划的内涵,并在学术界基本上达成共识,认为旅游规划是一门综合性极强的交叉学科,任何其他学科的规划,包括城市规划和建筑规划都不能替代它。这一时期提出了一系列指导旅游规划的理论。其中,著名的有"门槛理论"和"旅游地生命周期理论"。在规划方法上,墨菲的社区方法和投入产出分析方法也被应用到规划中,定量技术研究得到迅速发展。史密斯和史蒂芬在《旅游分析手册》一书中以简明实用的方式给旅游规划人员、研究人员、咨询人员和决策者介绍了 36 种较重要的数量方法,对每种方法的用途与其他研究手段的关系以及可能出现的疏漏作了较好的阐述。西方的主要旅游期刊如《旅游研究纪事》《旅游研究杂志》《旅行研究杂志》《旅游管理》《旅游娱乐》《休闲科学》《旅游评论》和《可持续旅游杂志》等都发表了大量的有关旅游规划与开发方面的研究论文。另外,世界旅游组织出版了旅游规划方面的书籍,如《国家和区域旅游总体规划的建立与实施方法》等,显示出对规划指导性和操作性的重视。

20 世纪 80 年代末,随着娱乐、休闲、度假旅游呈上升势态,对休闲、娱乐和度假规划的研究受到重视。其中,克奈尔的《度假景观:旅游区设计》是比较成熟的度假地设计指导手册。

4）深入发展阶段（20 世纪 90 年代至今）

20 世纪 90 年代初,美国著名旅游规划学家因斯克普为旅游规划的标准程序框架的建立做出了巨大贡献,其两本代表作《旅游规划:一种综合性的和可持续的开发方法》与《旅游度假区的综合开发模式——世界六个旅游度假区开发实例研究》是面向旅游规划师的理论和技术指导著作。同期世界旅游组织也出版了《可持续旅游开发:地方规划师指南》及《旅游度假区的综合模式》等。这些著作使旅游规划内容、方法和程序日渐成熟。

这一时期,专家们不仅对旅游规划操作本身给予重视和研究,还对规划实施监控和管理给予了很大的重视,这在因斯克普的著作中已得到体现。另外,这一时期比较着重于旅游规划的贯彻和实施过程、市场要素方面的研究。如 J. G. Nelson, R. Butler, G. wall 主编的论文集《旅游和可持续发展:监控、规划、管理》,亚太旅游协会高级副总裁 Roger Griffin 提出了"创造市场营销与旅游规划的统一"。

此外,在深入发展阶段,在全球可持续发展理论成熟的前提下,旅游业可持续发展以及旅游业与环境、生态之间关系的研究,也是旅游规划时重点考虑的一个方面;同时,生态旅游规划成为新的规划方向。1995 年 4 月 27—28 日,在西班牙加那利群岛兰沙罗特岛,联合国教科文组织、环境计划署和世界旅游组织共同召开了由 75 个国家和地区的 600 余名代表出席的"可持续旅游发展世界会议",会议通过了《可持续旅游发展宪章》和《可持续旅游发展行动计划》,确立了可持续发展的思想方法在旅游资源保护、开发和规划中的地位,并明确规定了旅游规划中要执行的行动。

1.2.2 中国旅游规划发展阶段

20 世纪 80 年代后,在发达国家的旅游规划进一步深化时,发展中国家的旅游规划也开始普及。我国以发展旅游为目的的旅游规划起始于 20 世纪 70 年代末 80 年代初。1979 年 7 月,邓小平同志在视察黄山时明确指示:"发展黄山旅游业,省里要有个规划。"这是国家领导人最先提出的旅游规划问题。1979 年 9 月,国务院在北戴河召开全国旅游工作会议,中国旅行游览事业管理总局在此次会议上讨论了《关于 1980 年至 1985 年旅游事业发展规划（草案）》。该规划尽管只是关于国际旅游人数与旅游创汇等几个经济指标的规划,却是我国最早的旅游业规划。

我国旅游规划理论和实践的发展历史与西方国家相比较短,其真正起步和发展与旅游由事业向产业的转型基本同步,回顾近 40 年来旅游业和旅游规划发展历程,将中国旅游规划的发展历程划分为以下三个阶段。

1）规划起步阶段（资源导向型旅游规划——20 世纪 70 年代末至 80 年代中期）

资源导向型旅游规划是以旅游资源分类分级、旅游资源评价以及旅游地域分析为基础,确定旅游产品开发方向、旅游目的地产业配套和旅游设施建设的规划。1982 年中华人民共和国国家旅游局的成立,为我国正式开始涉足旅游规划提供了很好的契机和组织保障。同时,风景名胜区规划、森林公园规划等开始出现,旅游规划进入资源导向阶段。此阶段基本处于传统的山水和文化观光规划时期,旅游规划主要是挖掘自然和人文旅游资源,以此吸引更多游客,追求的是数量型增长。旅游规划研究也集中在旅游资源研究方面,有关旅游资源开发的文献占绝大部分。

最早一批从事旅游规划的人员是地理学者。地理学与旅游学的结合,诞生了最早的一批旅游地理学家,如陈传康、卢云亭、郭来喜、郭康、王衍用等人,并使旅游地理学成为一门独立的学科。在这一阶段,旅游规划的指导理论主要是旅游地理学、区域经济学、旅游生态学等。旅游资源分类、评价和开发利用成为旅游规划的主体内容,有什么样的旅游资源就开发相应的旅游产品,旅游资源开发近乎等同于旅游开发,旅游资源开发规划成了旅游规划的代名词。该时期的旅游规划工作成效比较喜人,促进了我国旅游规划理论的成熟,并对地区旅游业的开发工作起到了巨大的指导作用。1985 年郭来喜主持完成的“河北昌黎黄金海岸开发”就是一个成功的案例。在旅游规划的指导下,昔日荒凉的盐碱地成为新兴的旅游热点,取得了可喜的经济、社会和生态效益。

2) 规划发展阶段(市场导向型旅游规划——20 世纪 80 年代后期至 90 年代末期)

市场导向型旅游规划是以资源和市场为基础,以旅游者需求为核心的旅游规划。1986 年,我国将旅游业确立为正式的产业部门,标志着旅游规划开始进入市场导向阶段。旅游市场分析、旅游产品可行性论证、旅游市场细分和旅游业营销规划成为旅游规划的主要内容。

20 世纪 80 年代末至 90 年代初,我国旅游业进入了一个崭新的发展阶段,旅游产品销售出现了由卖方市场向买方市场转化的迹象。到了 20 世纪 90 年代,我国各级政府纷纷将旅游业作为龙头或支柱产业来培育,与此同时,各类主题公园、旅游度假区、出境旅游等新事物迭现,使旅游规划从原来绝对以旅游资源为基础,逐渐转向以旅游市场为导向。旅游资源不再是发展旅游的唯一依托,在旅游区位和客源市场条件优越的地方建设人造景观得到认可,深圳“锦绣中华”、杭州“宋城”等主题公园的成功运作推动了市场机制下的旅游规划理论研究。国家旅游局制定的“九五”规划突出了市场的地位,加大了市场部分的论述。旅游规划文本中市场部分篇幅增大,学术界有关旅游市场研究的文献也明显增多,多样的市场研究方法也应用到旅游规划中,如利用 SWOT 分析模型对旅游企业和旅游目的地进行环境分析,利用波特竞争理论进行旅游目的地之间的竞争分析,利用多要素组合矩阵对旅游产品进行分析,利用旅游市场调查对旅游市场进行细分,利用时间趋势外推法、引力模型等来预测客源市场规模等。

该阶段我国的旅游规划除以市场导向为主要特征外,还表现出其他一些特征:旅游规划人员专业背景比较单一的局面得到改善,不同学科、不同领域的各类专家开始进入旅游规划领域,地理、历史、文化、经济、管理与营销等领域的专家共同协作,使旅游规划的质量得到很大提升;旅游规划师队伍突破了国界的限制,四川(1998)、山东(1999)、云南(1999)、海南(2000)等省区在制定旅游规划时引入了国际规划专家,有利于借鉴国外制定旅游规划时的成功经验;在制定旅游规划时更注重人才团队意识、市场意识、人文意识及特色意识的培育;

颁布了规范我国旅游规划工作的一些新标准,如国家旅游局于 1993 年制定了《中国旅游资源普查规范(试行稿)》,2000 年 10 月 26 日发布的《旅游发展规划管理办法》,2000 年 11 月颁布的《旅游规划设计单位资质认定暂行办法》等。

3)规划完善阶段(产品导向型旅游规划——21 世纪初至今)

产品导向型旅游规划是以产品为核心,围绕旅游产品开发而进行的规划。进入 21 世纪以后,旅游规划的理论日趋成熟,市场也逐步规范,旅游规划成员来自地理学、旅游学、经济学、社会学、生态学、建筑学、园林学等多个学科领域,系统论、控制论、行为论、企业形象识别系统(CIS)等先进理论被应用到规划中,新兴的技术手段如地理信息系统(GIS)等也提升了旅游规划的技术含量。

1998 年,范业正在其论文中首次提出了"以产品为中心的旅游规划思想和方法",并专门论述了其过程和方法,并于"2001 中国旅游规划高峰研讨会"上提交了《以产品为中心的旅游规划思想和方法》的论文,被公认为是我国旅游规划由市场导向向产品导向转型的一个标志性事件。吴必虎在 2001 年出版的《区域旅游规划原理》中也提出了以产品为核心的"昂谱(RMP)分析法",国家旅游局在 2001 年出台的国家"十五"旅游规划中突出了"旅游产品体系建设"。同时,随着旅游地和旅游产品的知名度、认可度对旅游者的影响力不断增大,特别是部分主题公园在规划和建设的过程中借鉴企业形象策划的经验,所做的旅游形象策划工作获得了极大成功,取得了良好的社会效益和经济效益。许多规划专家认识到树立旅游地形象和旅游产品形象可促进旅游地的发展,因此不断将形象设计与建设导入旅游规划工作。这一系列变化均显示出我国旅游规划界对旅游产品开发的日益重视,从而使我国迎来了产品导向型的旅游规划新时代。

在这一阶段,我国旅游规划的发展还表现出其他一些显著特征:国家旅游政府部门或组织为规范旅游规划市场的管理,先后制定和颁布了一些针对旅游规划的条例或标准,如 2003 年 2 月颁布的《旅游区(点)质量等级的划分与评定》(GB/T 17775—2003)和《旅游规划通则》(GB/T 18971—2003),2003 年 4 月颁布的《旅游资源分类、调查与评价》(GB/T 18972—2017)等。

综上所述,资源导向型旅游规划、市场导向型旅游规划和产品导向型旅游规划在规划程序上并没有本质的区别,只是强调重心的转移、分析方法的变化以及研究范围的扩大,各种类型的旅游规划并没有严格的界限。新阶段的旅游规划理论,不是对上一阶段旅游规划理论的全盘否定,而是批判性地继承。旅游规划实践中应对旅游地实际情况进行分析,综合利用各类旅游规划的思想。

1.3 旅游规划的现状与发展趋势

我国旅游规划经过 20 多年的探索和实践,取得了显著的成就,并逐步走向成熟,但仍存在着一些普遍性的问题。

1.3.1　我国旅游规划取得的成就

1)政府重视程度空前加强

政府是制定和实施旅游规划、协调旅游规划与其他规划的领导力量,政府的支持是旅游规划运行强有力的保障。旅游业巨大的经济效益以及随之带来的各种问题使"发展旅游,规划先行"成为共识。在"把旅游业培育成为国民经济新的增长点"思想的指导下,各级政府对旅游规划工作空前重视,把编制本地区旅游规划作为政府推动旅游业发展的主要内容,在资金、人员、设备等方面予以切实保障。据初步测算,2000 年以后,地方财政用于编制旅游规划的专项经费达上亿元人民币。一些旅游业较发达或旅游资源富集的省、自治区、直辖市,如四川、广西、山东、云南等省,优先安排了数百万元专项经费,用于编制省级旅游规划。县市级旅游规划工作发展更快,目前已成为整个旅游规划工作的重点和主体。旅游规划工作已真正纳入国民经济和社会发展规划体系之中,正在为推动地方经济发展,带动社会进步,发挥着越来越大的作用。

2)规划力量不断壮大

根据国家旅游局建立的旅游规划专家库和旅游规划机构库的不完全统计,我国从事旅游规划专业机构达 400 多家(主要是甲级和乙级资质单位)。为深入贯彻落实党中央、国务院关于深化"放管服"改革、优化营商环境的有关要求,进一步放宽旅游领域准入限制,激发市场活力,2021 年 8 月 25 日,文化和旅游部正式明确不再开展甲级、乙级旅游规划设计单位资质认定和复核工作,同时不再受理丙级旅游规划设计单位资质备案工作。2021 年 12 月 23 日,文化和旅游部废止《旅游规划设计单位资质等级认定管理办法》。从规划人员的年龄和职称看,以中青年为主体,绝大多数具有高级技术职称,有的还是国家级有突出贡献的专家;从规划人员的专业结构看,以地学和工程类专业为基础,以地理学和城市规划学科的专家为主体,以经济学、历史学、社会学、文学、艺术等各方面的专业人才共同参与为特色;从规划机构的组织结构看,核心紧密型和松散协作型并存,后者为主体,形成跨学科、跨专业、跨部门的大联合;从实践效果看,这种组织结构机制灵活,运作高效。总体上,我国旅游规划队伍初步形成了多学科、跨专业、跨部门的复合型技术力量。

3)管理体系逐渐形成

近年来,国家旅游局加大了对旅游规划工作的管理和指导力度,把制定和推行旅游资源管理和旅游规划建设的法规和标准作为重要工作目标;逐步建立全国旅游发展区域规划论证会制度;开展旅游规划编制和管理的专业培训;积极参与指导重大旅游产品、项目和线路的规划开发,加大地方旅游规划指导力度,要求各地加强旅游规划工作,把旅游资源与产品的开发纳入行业管理范围。为了加强旅游规划,特别是旅游发展规划的管理,国家旅游局于2000 年 10 月发布实施了《旅游发展规划管理办法》,从法规高度规范了旅游发展规划的类别与范围、原则与内容、方法与技术、审批程序与权限、规划管理与实施等诸环节,要求旅游开发建设规划应当执行旅游发展规划,旅游资源的开发和旅游项目建设,应当符合旅游发展规划要求,遵从旅游发展规划的管理。同时为了指导地方更好地开展旅游规划编制工作,规范旅游规划编制的技术内容,国家有关部门制定和颁布了《旅游规划通则》(GB/T 18971—2003)和《旅游资源分类、调查与评价》(GB/T 18972—2017)等国家标准。我国旅游规划已逐步形成了一套规范性和制度性的管理体系。

4)国际交流加快推进

近年来,我国与世界旅游组织、亚太旅游协会和联合国开发计划署在开展旅游规划培训和编制方面的合作,已从单独的旅游部门行为上升到了地方政府各相关部门的一致行动。国外旅游规划专家特别是世界旅游组织参与我国旅游规划的编制工作,对提高我国旅游规划水平,带动国内旅游规划队伍发展,借鉴国际经验,推动旅游规划研究与国际接轨发挥着重要作用,尤其是对宣传我国旅游资源与旅游形象,培训国内旅游规划队伍,提高当地政府对旅游业的认识程度和支持力度,有着特殊的意义,其影响甚至超越了旅游规划工作本身。另外,中外旅游规划专家各有所长,外国专家在对国际旅游市场需求、国际旅游业发展前沿、国外旅游资源开发与产品建设典型经验的理解与运用方面占据优势。国内专家基于对本国国情的体会,对国内旅游者需求特性的理解,以及对本土文化的切身体会,形成了自身的优势。理想的旅游规划组织模式应当是中外结合、取长补短和优势互补。

5)规划质量迅速提高

我国旅游规划在不断总结经验与教训的过程中,规划质量迅速提高。一是跳出了旅游资源决定论的框架,基本确定了以市场为导向,以产品为中心,以资源为依托的指导思路。二是注重富有创意和文化内涵的形象设计、资源配置及项目安排。三是坚持可持续发展原则,强调旅游业发展与当地经济社会环境发展目标的一致性,与城市规划、环境保护规划、文物保护规划等保持协调。四是规划内容更加完整,形成了一个由表及里、相互连贯、循序渐进的技术线路和规划格局。五是走出单纯描述性阶段,向计量化发展。六是规划内容表现形式日趋精美,规划载体由文本载体向声、光、电的多媒体载体迈进,形成了轻便的、动态的多维规划载体。

1.3.2 我国旅游规划存在的主要问题

我国旅游规划发展近40年的历程,在发展的不同阶段,出现了方方面面的问题,随着社会发展,有的问题已经得到解决,有的问题已经弱化,有的问题仍然存在。

1)宏观层面的问题

(1)旅游规划规范性还不完善

旅游业是一个新兴的产业,旅游规划也是随着旅游业的发展而发展起来的,行业规范还不完善。而其他行业的发展历史比较长,如城市规划、园林规划,在编制规划方面都形成了理论和方法,对规划的管理都有一套制度。同时,由于旅游规划所涉及的专业面广,交叉部门多,其编制不是一个部门和一个专业所能完成的,因而也使旅游规划编制的难度相对于其他行业规划来说要大得多。旅游规划的这一特性对制定成熟的旅游规划参照蓝本提出了更迫切的要求。但是,当前我国还未建立起系统旅游规划理论体系,旅游规划编制的总体指导思想、内容、程序、方法以及规划审批的权限等都无明确的法规、政策和文件作界定,更无成熟的旅游规划蓝本可参照。突出表现在两个方面:一是由于旅游业的综合性特点,各种专业都能找到切入点涉足旅游规划,因而使其他行业的规划模式在旅游规划中留下了深深的烙印。其中最典型的是规划者常用风景园林规划和城市规划的理论和方法进行旅游规划,从而逐渐形成了四种旅游规划风格。即以地学学科为主的资源区划"学派";以经济学科为主的效益管理"学派";以建筑学为主的园林景区"学派";以从事文化研究为主的资源位移"学派"。直到目前,旅游规划界还没有形成一种大家公认的"模式",旅游规划编制市场仍呈现"纷杂"的局面,而且新的专业还在不断进入旅游规划市场。二是旅游理论界往往局限于现有的认识,而没能就其规划体系展开系统的研究和思考,如旅游发展的内在规律性、运动机制、空间组合模式与演化,以及开发规划的哲学观和方法论等,致使旅游规划的理论基础薄弱,缺少旅游特色,难以有效地指导规划实践。另外,也没有制定一个统一的旅游规划技术操作规范。规划人员往往根据自己的专业背景、知识水平、规划经验以及个人偏好等因素来选择规划方法,安排规划层次,确定规划内容和成果等,虽能体现专行特色,但在不同规划层次间往往缺乏衔接性,并在一定程度上也影响着规划的科学性和有效性。

国家旅游局相继出台了《旅游发展规划管理办法》《旅游规划通则》和《旅游规划设计单位资质认定办法》等条例,这无疑对旅游规划总体水平的提高有着重要意义。但是,这些条例操作起来并不像城市规划那样具有系统的细则,也并不能完全适应目前多样的旅游资源开发的实际需求,同时对旅游规划的一些领域还存在着规划范式的空白,因而我国旅游规划走向规范操作还有相当长的路要走。

(2)旅游规划的管理体制未完全理顺,市场规范化程度不高

由于我国目前正处在市场经济的转型期,旅游规划的市场化程度不高,管理体制不顺,因此旅游规划管理在宏观方面存在着很多问题。主要表现在以下几方面:一是规划主体的市场准入机制尚不健全。虽然已经出台了旅游规划的行政性法规、管理办法和国家标准,如《旅游发展规划管理办法》《旅游规划设计单位资质认定办法》和《旅游规划通则》(GB/T 18971—2003),但谁来监督、检查,采取何种手段进行监督、检查,都还未解决,当前旅游规划队伍良莠不齐的现象较为突出。二是旅游规划市场的公开透明度不高,即规划项目未能全面实行招投标制度,有些地方的旅游局利用行政手段干预以至垄断旅游规划市场,"暗箱"操作和人情项目仍较普遍,造成规划质量不高,规划效果不佳。三是旅游主管部门比较缺乏具有旅游规划专业背景的管理人员。四是规范的旅游规划市场还未形成,如旅游规划编制没有统一的收费标准、成果评审鉴定无统一规范、监督管理机制低效运行等。

(3)旅游规划的总体水平不高

由于我国旅游规划的发展时间较短,高水准、可操作性强的旅游规划成果积累较少。旅游规划的水平不高主要体现在三个方面:一是综合性的旅游规划人才不足,规划队伍少;规

划人员单兵作战的多、协同作战的少,专业面窄,跨学科的合作规划不普遍。在我国高等院校中,独立的旅游规划专业几乎没有。从事旅游规划工作的基本上是一些相关专业的人员,如地理、历史、建筑、园林等专业。这些规划人员虽然可能在其原有的学术领域有着深厚的学识积淀,但是旅游规划的编制仅仅拥有某一方面的知识是远远不够的,这样制定出来的规划必定会有失偏颇,而无法发挥旅游的真正效应。但目前我国的旅游规划人才队伍中这一现象却十分普遍,综合型的旅游规划人才数量明显不能满足旅游规划市场的需要。另外,受行政部门格局和专业背景的影响,我国的旅游规划人员往往单兵作战,很少开展跨学科的旅游合作规划,因而所编制的规划方案常常在某些特定方面考虑较多、较细,而在其他方面却考虑较少、较粗,没有形成各专业联合的综合优势,导致旅游规划片面性强,有效性和可操作性一般。二是很多旅游规划对旅游产品的开发还仅停留在简单的表层认识上,缺乏系统性和地方性特色。由于一些规划人员对旅游概念的认识还不确切、不深入,特别是对旅游的可持续发展认识不够,致使目前我国不少旅游产品的开发与规划还仅停留在"插一根竹竿、建一座山门即成景区"的简单层面上。在这样的开发理念指导下,我国不少旅游规划所开发出的产品虽然众多,但往往都缺乏重点和亮点,旅游产品功能单一、内涵欠缺,很多旅游产品或项目雷同现象严重,产品特色和地域特色不明显。

(4)对规划者过分追名攀高,求远道

旅游规划市场上存在较大的信息不对称现象,对规划者追求名牌有其合理性,是规避风险之举。但当旅游规划被更多地当成政绩,当成对上对外炫耀的资本时,就出现了过多和盲目地追名攀高。

一味追求"名学府""名单位""名专家"和国际化,不管他们对自己的旅游资源是否了解,精力是否够用,似乎名气比实际旅游规划还重要。其实旅游规划的专家队伍,最佳组合是由跨地区、跨行业、多学科的专家组成,一个单位由于专业的局限性,对规划的完成往往并不具优势。而多单位的合作和请不同专业的专家参加,却可以取长补短,弥补缺憾。

做规划一定要请"远道的和尚",这也是各地的一种现象。其实规划做得好不好,关键看水平,而不在于专家是否省内还是省外、国内还是国外。外埠的专家有广阔的视角,有新的规划理念,有登高望远的宏观比较优势,在规划中直奔主题,便于提炼口号和选择龙头产品,便于布列针对性强、个性化强的专项旅游产品。但外埠的专家对本地的资源不甚熟悉,国外的专家甚至有"水土不服"的弱点。我国是一个文明古国,各地历史文化和旅游资源十分丰富,而旅游规划的"精髓"与"神韵"就在于充分体现自己的文化底蕴。规划中要想吃透地域内深厚的文化底蕴,离不开当地专家的参与。因而,既不能排斥外埠专家,也不能完全迷信外埠专家。

2)微观层面的问题

除了上述四个普遍存在的宏观问题,在旅游规划编制、评审和实施等细节方面还存在一些个别性的问题。

(1)旅游规划的编制随意性仍然存在

目前,我国的很多旅游规划在编制过程中往往受主观因素影响。一方面是受规划人员的专业水平、知识背景以及责任心的影响,他们在编制过程中常常忽视实地调查,而随意地做出主观判断,从而使规划方案的质量不高,效果较差。另一方面由于委托方片面追求短期经济效益,过高估计某些旅游资源的价值和客源市场的潜力,做出违心的抉择。即把目前情况下不适合搞旅游开发的一些旅游资源或地区说成很有旅游发展前途,其目的一是向上级要钱,二是为部分官员树政绩。这种不切实际的主观旅游开发与规划,其结果只能是造成大量投资的浪费,甚至给一些潜在旅游资源带来毁灭性的破坏。

"旅游规划的编制在某种程度上成了一种想象力的竞赛",这是目前我国旅游规划陷入的又一个误区。如今我国的很多规划人员在编制旅游规划时,并不是真正扎扎实实地去研究当地的情况,根据市场的发展需要来策划项目,而是把旅游规划演变成了一种想象力的竞赛。虽然说"百年大计,策划第一",但是这种策划只有是符合实际的、可操作的,那它才能真正具有持久的生命力。如果仅仅把规划变成一种想象力的竞赛,那似乎就以"谁会编故事"为标准来定英雄了,这势必使所编制的旅游规划陷入僵局。我国目前很多旅游规划都陷入了这一泥潭,其典型特征是,有些旅游规划在包装上做得十分漂亮、精美,但看完规划文本后却让委托方不知所措。这真有点"捡了芝麻,丢了西瓜"的味道,忽视了编制旅游规划的核心价值。此外还有一个问题,即项目单位相应的期望有时候也偏高,期望太高,对专家的压力也大。专家的想象力也是有限的,也不可能无穷尽,只要能针对实际情况提出切实可行的措施,就很不错了。因此作为规划委托方的期望应该平实一点,不切实际的期望太多,恐怕也很难做到。

(2)旅游规划编制时受落后的"狭义旅游产品"和"小旅游"的观念制约较深

目前,许多旅游规划者并没有完全建立起"大旅游"观和"形象—市场—资源"的综合开发观。他们对旅游开发的认识还仅停留在认为旅游开发就是对景区、景点和旅游线路的开发,而不包括对大旅游环境的塑造与建设;只注重硬件设施建设,不注重旅游活动设计和文化包装;只注重产品开发,不注重经营管理、市场营销和形象设计的粗浅层面上。这种开发虽然有时能在初期形成一定的轰动效应,但这种繁荣一般都不能持久。此外,我国的许多地区间没有确立完全"大区域"观念,没有突破地方主义思想的束缚,无法在地区间很好地实现"旅游产品共享"和"旅游市场共享"。因而这一现状严重制约了我国区域旅游产品的联合开发。

(3)旅游规划的目的五花八门

旅游规划是国民经济总体规划的重要组成部分,是对旅游发展进行宏观调控、克服盲目性的重要手段。旅游规划的目的应该是为地方旅游业发展提供依据、制定规矩,在旅游业要素发展现状调查评价的基础上,就地方旅游业的属性、特色、发展规律进行分析,并根据规划背景条件综合协调旅游业的总体布局、旅游业内部要素功能结构以及旅游业和其他产业相互关系的战略性策划和具体实施过程。旅游规划讲求科学性、前瞻性、时效性和可操作性,旅游规划的水平高低,直接影响着旅游的开发与发展。但遗憾的是,在现实旅游规划中,旅游规划的目的已经有"多种"用途。总体有以下几类。

①命令下达型规划。这种规划主要是由上级领导下达,或者作为县市旅游局的年内责任目标。为了按时完成任务,往往应付了事。这种规划多数情况下经费较低,时间较短,有

旅游规划原理与实务

些也可称为"政绩型规划"。

②立项要钱型规划。这类规划的目的很明确,就是为了争取国家或省里的有关旅游资金,需要做规划上报立项。这类规划的价格并不低,但要求是"质量服从时间",一般情况下,一个景区规划需要 4~6 个月,但"立项要钱型规划"有时会在一周到两周时间完成。这样的规划往往是时间短,科学性差,拔高景区的开发价值,资源评价就高不就低,只说优点不谈缺点,只要立项,钱到账即可。

③报批补救型规划。这类规划一般出现在已经开发较为成熟的景区,虽然景区已经开发成熟,但从来就没有做过景区总体规划,在开发经营过程中,有关部门要求必须要做规划。比如申报国家 A 级旅游景区,或者领取旅游经营许可证,都要求有景区的旅游规划。因此就会临时补救,请一些人短时间完成一个为报批而需要的规划。这样的规划已失去了规划的真正意义。

④吸引投资型规划。这类规划主要是想通过规划吸引投资,通过规划一些项目来吸引外来投资商进行旅游景区的开发。从总体情况来看,这类规划地方领导要求范围越大越好,项目越全越好,形式越洋气越好,资金越多越好。有时一个小的景区,投资估算达几个亿,不科学,不切实际,操作性较差,往往让投资者望而却步。

⑤开发实施型规划。这是规划的最本质的目的,就是为了科学开发景区,可持续利用旅游资源而进行的旅游规划工作。这类规划一般企业和个体开发者居多。

⑥综合型规划。就是以上几种类型都兼备的一种规划目的,比如又想科学开发,还想立项,又兼顾完成上级规划任务等,也就是多用途的规划。

(4)规划评审仍存在走过场的现象

规划评审是对规划成果的全面鉴定,当规划通过评审并报批后,就成为具有法律效力的指导性文件,具体的实施必须以这个文件为指导,因此规划评审就十分重要,它直接关系到规划的质量和水平,也直接影响着旅游资源的开发方略。对于旅游规划评审工作,2003 年国家旅游局颁布的《旅游规划通则》(GB/T 18971—2003)中也有明确的要求,省级旅游局规划发展处也对不同的规划评审有一定的要求,从规划评审人员组成到整个评审过程都有一定的规范。但目前有些县市和部分景区,为了完成任务,并不按照省旅游局规划发展处的要求进行规划评审。原则上应是甲方组成专家对乙方规划成果进行评审,但一般情况下都是乙方在规划评审中起着重要的作用,甚至评审人员由乙方组织确定。有些所谓的"规划评审专家",有些人没有从事过旅游规划工作,也很少参与旅游规划,或者完全不了解旅游规划的规范要求,却进入到规划评审队伍。在评审会上,有的不讲"实事求是""自律自重",如果规划成果质量较差,这些评委们会提前征求甲方意见,是通过还是不通过。一般情况下,甲方也不愿意让规划不通过,一是年度任务不能完成,二是还要组织第二次评审。因此规划评审成了走过场,好坏都能通过。很多不成功的规划因为相关人员的操作都通过了,但这些规划可操作性不强,使旅游规划评审成了走过场。

(5)部分规划落实不力

我国有一些县市政府部门,只知道做规划,不谈实施。这种情况并不是个别现象。一个景区做多个规划,森林公园做一次规划报林业部门,风景名胜区做一次规划报建设部门,地质公园做一次规划报国土部门,旅游景区再做一次规划报旅游部门,等等。究其原因,这与规划委托方的规划目的直接相关,一个景区做不同的规划,是要通过不同的部门争取资金支持。各类规划任务一完成就万事大吉了,较少关注规划的实施。对规划的实施由谁来监督、检查,采取何种手段进行监督、检查,尚无具体可靠性操作规定。

(6)规划实施,存在领导意志第一的现象

旅游规划的实施一般都有一定的时间段,在实施中适当地对规划进行修正和变动也是正常的,因为任何一个成功的规划都不可能是完美的,不可能对每个方面都有先知先觉的预见性,随着经济和社会的发展,规划也应作适当的调整。在我国规划实施中,不按规划要求实施的情况较多。在规划的实施过程中,地方领导与规划人员的思路相差甚远,或者提出一些不切实际的想法。在这种情况下,往往是按照主要领导的意志修改规划、实施方案。因此,在旅游规划编制中,既要考虑各级政府的发展目标,又要避免长官意志,将不切实际的项目和设想写进规划中,降低规划的科学性。

(7)规划市场低价竞争,质量下降

目前我国旅游规划市场出现了"战国时代",即旅游规划的技术单位,主要集中在高校、科研单位、城市规划设计单位、园林设计单位、建筑设计单位及旅游规划设计单位等。可是这些规划单位中其单位性质均不同,有些属于城市规划设计单位,有些属于园林设计单位,有些是建筑设计单位,有些是高等院校规划设计单位,甚至还有一些松散的工作室。这些单位特点不同,规划实力不一,水平参差不齐,却都介入到我国旅游规划市场。而且随着市场需求的增加,旅游规划单位越来越多,市场竞争变得激烈,导致旅游规划低价竞争的出现。低价竞争导致产品的质量下降,规划的深度降低,规划单位因为担心各种成本,无力投入资金和人力进行市场调查,无暇与周边竞争区域进行差异化比较,没有投入足够的精力对产品进行策划以及对其可行性进行细致的评估,规划应付了事,失去了规划的意义。

1.3.3 旅游规划发展趋势

随着我国旅游业的深入发展,对旅游规划的需求也必将日益增强。旅游规划要与整个社会大背景及旅游业的发展趋势相适应,以满足旅游者的旅游需求为导向,呈现出以下发展趋势。

1)人本导向将成为旅游规划与开发的基本理念

20世纪80年代,旅游规划"以人为本"的主要表现是突出规划设计者的个人特色,在规划工作中强调特色化和景区个性化。到了90年代,"以人为本"更多地注重旅游人类学理念的应用,开始关注社区旅游问题,全面贯彻可持续旅游发展理念。21世纪初期,"以人为本"的发展观确立,开始贯彻全面协调发展的理念。西方旅游规划理论中强调社区作为旅游发展的主要利益相关者,其在旅游发展中的利益要得到充分的重视,旅游发展以满足社区利益为主,最大可能地凸显社区参与,旅游开发的程度应在社区承载力范围之内。因此,未来的旅游规划的指导思想是以人为本,突出人文关怀。在规划过程中要有社区居民的参与,要充

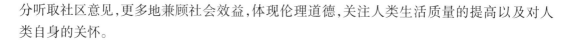

分听取社区意见,更多地兼顾社会效益,体现伦理道德,关注人类生活质量的提高以及对人类自身的关怀。

2）旅游目的地整合规划

2005 年,由北京中科景苑城乡规划设计研究院等主持完成的《平遥旅游目的地发展规划》是我国第一个旅游目的地规划。2005 年 1 月 9 日在海口市召开的首届"中国生态旅游产品创新与旅游目的地规划"研讨会上明确提出,旅游目的地规划将成为中国旅游规划发展的新趋势。一是规划理论与方法的整合。旅游规划是一个综合性很强的科学,包括旅游学、地理学、建筑学、文化学、考古学等一系列的学科知识。目前已经得到了初步的整合,今后还要进一步融合各方面的知识,发挥各学科的优势,形成旅游规划综合的知识结构和体系。二是旅游目的地多要素的整合。以往的旅游规划与开发考虑的因素比较单一,更多的是考虑投资、开发、设计导向。而目的地规划则强调整合各种因素,如宏观、微观、硬件、软件、内部、外部等,重视旅游规划与开发建设后的管理与效果。其旅游规划的目标是保持和提升旅游目的地可持续竞争力。要求在全球旅游环境、辅助性资源和设施、核心资源和吸引物、目的地管理、目的地政策规划和开发、限制性和放大性等因素的影响下,在比较资源禀赋优势基础上,整合目的地资源,发掘资源配置优势。

3）旅游规划向微观主题化、专项化、数字化的方向发展

过去的旅游规划更多的是感性描述比较强的区域宏观战略规划,可操作性不强,对区域旅游业的指导作用难以发挥。未来旅游规划应该强调规划的可操作性、理性分析和数字化的操作依据。从尺度上看,微观景区景点规划大幅度增加,宏观区域规划逐步减少;从细化程度上看,详规、控规比例大幅度增加,总体规划比例减少;从功能上看,战略规划比例减少,营销规划、产品策划、节事策划、区域旅游合作规划等专项规划比例明显增加;从主题上看,整体规划比例减少,乡村旅游、商务旅游、文化旅游、生态旅游等专题规划比例增加;从方法上看,以旅游市场研究为基础的旅游市场调查体系、旅游参数与指标体系和策划体系定量化方法将逐步增多。

4）旅游景观规划与开发将成为热点

随着旅游业的发展,旅游环境的不断退化,旅游资源景观的审美品位越来越低,而人们对旅游景观的审美品质要求却越来越高。创新与完善旅游景观也是未来旅游规划的重要内容。全面的旅游规划应包括"旅游业规划""旅游资源、旅游景观、环境景观规划""生态规划"3 个层面的规划。这 3 个层面的规划分别对应区域、旅游区、景点;支撑学科领域包括旅游学、景观园林学(包括建筑、规划、园林)、环境艺术学。

5）规划技术整合化

旅游业的综合性决定了旅游规划的跨行业性和跨学科性。旅游业的发展涉及社会、经济、文化、环境、市场等诸多学科领域,这在客观上要求旅游规划小组也必须是一个由多学科

专家组成的集体,只有这样才能"取长补短",发挥"相得益彰"的效应,并最终顺利解决旅游规划中的所有难题。目前我国许多旅游规划的薄弱环节恰恰是规划编制人员的专业背景多集中为某一个或两个学科,这种人员结构背景下的规划组织所编制的规划常出现"偏科"现象,不能很好地挖掘旅游开发的价值,因而规划技术趋于整合化是旅游规划未来的一个发展趋势。一般而言,旅游规划技术的发展有四种途径,即旅游规划理论的具体化、相关学科理论的借鉴与技术开发、相关技术的应用以及旅游规划实践经验的归纳。这四种途径都会在不同程度上提高旅游规划的技术水平,从而使规划更加科学、准确。在今后的旅游规划实践中,这四种规划技术将不断通过技术整合和调整,最终发展成为能综合安排错综复杂旅游系统的有效工具。

此外,在规划技术整合过程中,一个十分关键的环节是专门的综合型旅游规划人才的不断出现。这些专门的旅游规划人员不仅熟悉旅游学的基本知识,还能熟练掌握两门以上与旅游规划相关的专业知识和技能,而且对组织其他学科的专家参与编制规划具有良好的驾驭能力,能为旅游规划技术的整合提供有效的人员保障。

教学实践

1. 结合具体案例,谈谈旅游规划的作用。
2. 结合具体案例,谈谈旅游规划存在的问题。

本章自测

1. 旅游规划的概念及特征。
2. 简述国内外旅游规划发展的阶段。
3. 针对我国旅游规划现存的问题,谈谈你的看法。
4. 简述旅游规划与其他规划的关系。

第2章
旅游规划的理论基础

学习目标

了解旅游规划基础理论的内涵,理解基础理论在旅游规划中的应用,初步掌握运用相关理论指导旅游规划的实践技能。通过本章的学习,学生应对旅游规划的理论基础有一个初步了解,能够运用相关理论解释旅游规划过程中的一些现象和问题。

关键概念

旅游需求 旅游供给 地域分异 区位论 系统论

问题导入：

任何一门新学科的产生,都需要其他相关的较为成熟的学科理论和技术手段来推动。对旅游规划具有指导作用的旅游经济学理论、地域分异理论、可持续发展理论、旅游区位理论、旅游系统论等已形成相对完善的旅游规划理论体系;同时与旅游规划关系密切的城市规划、区域规划、土地规划、风景园林规划、环境保护规划在我国发展较早,编制规划的技术手段、方法等也较为成熟。这些规划理论与技术的发展为旅游规划的产生提供了坚实的理论基础和技术支持。

2.1　旅游经济学理论应用

2.1.1　旅游经济学在旅游规划中的地位

旅游经济学主要研究旅游经济活动的运行及其运行过程中所产生的经济现象、经济关系与经济规律。旅游经济活动的运行是指在一定的经济活动中,旅游产品的生产和再生产过程。在这个过程中,社会劳动要在旅游产业内各组成部分之间合理分配,旅游产品生产的各要素要进行合理的配置,旅游产业内外各利益主体的经济关系要彼此协调。可见,旅游经济学研究的是旅游经济活动中旅游产品的需求与供给的矛盾,这一矛盾贯穿旅游经济活动过程的始终,它规定了旅游经济学的研究对象既不同于其他经济学,也不同于旅游学科中其他科学。旅游经济活动中旅游需求与旅游供给这一内在矛盾,其外在表现是游客、旅游产品经营者与旅游目的地国家或地区政府三者之间利益上的矛盾,即游客通过购买旅游产品获得身心上的最大享受和满足,旅游产品经营者通过销售旅游产品得到最大化的利润,旅游目的地国家或地区政府通过支持旅游业的发展取得经济和社会效益最大化。旅游系统的边缘组合性,决定了旅游规划理论的范围涉及经济、环境和社会诸多理论领域。其中,旅游经济学理论较为成熟,具体内容主要包括旅游经济的性质特征、旅游产品、需求与供给、市场与价格、旅游消费、旅游收入与分配、旅游经济效益、旅游投资决策、旅游经济结构、乘数效应、所有制结构等方面。旅游规划是旅游开发和发展的前提条件,同时也是旅游资源转化为旅游产品的技术保障,即是一种反映市场调研—资源开发—项目建设—设施配套—产品形成—经营和管理的活动过程。由于旅游资源具有稀缺性的特点,为了有效地配置资源,建立或完善不同区域的旅游产业体系,满足旅游者的需求,产生较高的综合效益,旅游规划应遵循旅游经济学的一般原理。

2.1.2　旅游供需与旅游规划

旅游需求和旅游供给是旅游产品和交换过程中两个最基本的因素,旅游需求作为旅游经济活动的前提,是伴随着社会经济发展而发展的;旅游供给则是随着旅游需求的产生而产生的。

1）旅游需求

实现旅游需求不仅需要具备旅游意愿和经济支付能力,而且需要拥有必要的闲暇时间。在这个意义上,旅游需求就是具有一定支付能力和闲暇时间的人们在一定时间内,愿意按照一定价格而购买某一旅游产品。

（1）影响旅游需求的因素

旅游需求由多种要素决定,可以归纳为外部因素和市场驱动力两大类。其中外部要素是指与旅游业不直接相关,却影响旅游者对旅游活动的需求程度与形式的因素,如经济和金融的发展、人口和社会的变化、技术革新与进步、基础设施、装置与设备的投资、政治、立法与规范因素、环境规划和影响力问题、贸易发展、旅行安全等。市场驱动力则是指与旅游产品和服务的需求及供给直接相关的因素,它们决定了将产品和服务销售给预期消费者的方向和趋势。具体内容包括:消费者对旅游的认识及旅游需求的变动,日益变化的、大量的目的地产品开发,旅游业经营者在营销中很好地确定产品及服务的目标市场的能力,在旅游业经营部门结构中的全球化趋势,更多、更有效的市场营销,有技术和经验的人力资源的供给状况等。

可自由支配收入和闲暇时间是影响旅游需求的主要因素。旅游需求规律可以概括为:在其他因素不变的情况下,旅游需求与人们的可自由支配收入的变化方向相同,与旅游产品价格的变化方向相反。

（2）主要旅游需求指标

旅游需求指标是表征需求发展状况的度量工具,指标种类很多,可根据具体研究目的设计选择。旅游规划经常需要的指标主要有两大类:第一类是衡量来访旅游者实际消费状况的指标,如旅游人次、人均消费、人均停留天数等;第二类指标是衡量客源市场需求潜力的指标,如出游率、重游率、开支率等。

2）旅游供给

从旅游经济学的意义上讲,旅游供给是旅游目的地在一定时期内以一定的价格向旅游市场提供的旅游产品的数量。由于总体旅游产品是一个比较抽象的概念,因此一个旅游目的地的旅游供给变化往往体现在具体旅游产品供给量的变化上。旅游供给从其作用来分,可分为旅游基础供给和旅游辅助供给两大类。

（1）旅游基础供给

旅游基础供给是指直接为满足旅游需求而提供的物质条件和服务。旅游资源、旅游设施和旅游服务构成了旅游供给的三大支柱。

①旅游资源,是指具有经济开发价值的旅游吸引物,包括现实的旅游资源和潜在的旅游资源,根据其成因可分为自然性资源、历史性资源、社会性资源和现代人工吸引物四大类。

②旅游设施,包括旅游交通设施、旅游食宿设施、旅游娱乐设施和旅游景观设施等。

③旅游服务,是指旅游从业人员通过一定的旅游资源和旅游设施向旅游者直接提供的

劳务,它贯穿旅游活动的全过程。

（2）旅游辅助供给

旅游辅助供给是指为旅游基本供给提供服务的基础设施。它主要包括供水、供电、供气、水处理、电信、咨询,以及相关的工程设施,如机场、公路、铁路和停车场等。影响旅游辅助供给的主要因素有社会经济发展水平、科学技术发展水平、环境容量以及当地政府对发展旅游业的政策等。

3）供求关系对旅游规划的指导作用

旅游供求关系理论要求制定科学的旅游规划,并制定有针对性的旅游促销规划。旅游规划内容包括旅游市场调查、旅游需求预测、旅游资源开发、旅游设施布局、旅游服务、旅游人力资源开发等。通过对旅游供给与需求的研究,通过市场需求和旅游设施的供给状况制定旅游规划,以达到旅游供给与旅游需求的动态平衡,并能长期有效地调节旅游供求关系,这对旅游供给的发展规模和发展速度具有较强的控制作用。另外,要制定旅游促销规划,旅游促销规划是一种通过影响旅游需求实现供求平衡的手段。旅游促销是旅游区通过对旅游市场、旅游需求研究的基础上,有针对性地把旅游产品向目标市场推广。旅游目的地的供给一旦形成,使用周期较长,即使发生供过于求的状况,除了劳务部分容易转移外,其他基础设施在短期内很难拆除或转移。旅游供给者通常会采取有效的促销手段,刺激旅游需求增长,缓解旅游供求矛盾。旅游促销由于方法直观、见效较快,因此,常常成为旅游目的地解决旅游供求矛盾的重要手段。

2.1.3　旅游市场营销与旅游规划

1）旅游市场细分

旅游市场细分是按旅游者的同质性和异质性市场需求,将旅游市场划分为若干细分市场的过程,是旅游营销活动中的一个重要环节,对旅游规划具有重大意义。通过旅游市场细分可以了解旅游市场的位置、倾向、目标和能力,可以简化市场调查,把握市场特征,准确认识自身的资源潜力与制约因素,发现新的市场机会,有助于市场的客观定位和调整产品组合,从而提高旅游规划的科学性和针对性。

2）旅游市场调研

旅游市场调研是运用科学的方法和手段,对旅游地市场需求的数量、结构、特征等信息进行的调查与研究,是系统地收集、分析与旅游市场有关的活动,为制订旅游地市场营销策略提供依据。旅游市场调研是摆脱个人有限的经验和主观臆断,以正确的方法,主动收集、掌握规划和决策相关的旅游市场需求信息,是旅游规划科学决策的重要依据。

旅游地市场调研作用主要表现在以下三个方面:第一,有利于旅游地发现市场营销机会;第二,有利于旅游地制订正确的市场营销策略;第三,有利于旅游地对其市场营销策略进行有效控制。

旅游地市场营销具有一定的程序性和规范性,因此在进行旅游地营销调研时要遵循以下四个原则:第一,准确性原则,它是指收集的资料必须准确,符合真实情况,只有真实的资料,才能为制订旅游市场营销策划提供可靠的依据;第二,针对性原则,有针对性的资料才能使制订的营销策划更具有可操作性;第三,稳定性原则,对松散零碎、杂乱的原始材料进行分类、加工整理,使这些材料变得有条理;第四,预见性原则,调查收集的资料要对预测市场前景、市场发展情况和制订营销策略有帮助。

3)旅游市场预测

旅游市场预测是对旅游市场未来需求的分析与推测,根据旅游市场发展规律来推测未来市场发展情况。旅游市场预测的一般工作过程如下:明确预测目标,确定预测对象(如时间、地域、内容和需求指标);收集第二手资料,分析掌握预测条件;选择预测方法或预测模型,并制订相应的调查方案:有针对性地开展市场调查,收集、掌握第一手资料,并进一步收集第二手资料;对宏观市场及规划区市场范围进行需求预测;按需要进行进一步的细分市场预测;最后,分析预测结果,进行可靠性分析与成果校核修正。

旅游市场预测的类型按不同的划分标准可分成多种类型:按预测时间,可分为短期预测、中期预测、长期预测;按预测范畴,可分为环境预测、行业市场预测、企业市场预测;按逻辑方法分,有定性预测(如需求调查法)、推理预测(如成本率法)、定量预测(模型法);按数学方法分,有时间数列法、相关分析法;按模型的抽象程度分,有趋势外推模型、结构模型、仿真模型、定性模型。常用的预测方法有:成长率预测法、德尔菲法、时间数列预测法、相关预测法、仿真模型预测法。

2.1.4 综合效益分析

旅游规划需进行旅游综合效益分析,即对发展旅游业所取得的社会效益、经济效益和生态效益等成果进行综合预测和评价。

社会效益,指旅游活动一方面要使参与者从旅游过程中得到体验和享受,并在感知过程中得到最大的游憩满足,旅游经营者从中获得效益;另一方面要使旅游目的地拥有一个和谐稳定的社会环境、较高的就业水平和生活质量。对于整个旅游目的地而言,应该有利于建立一套适合当地的经营管理制度,并拥有在和平、稳定、安全的社会环境等方面的较高声誉;对于整个社会而言,能传播环境保护的理念,促进旅游市场需求结构的改进,推动科技、信息和人才的交流,提高人民素质。

经济效益,指对于旅游开发与管理者以及旅游企业而言,尽可能地以较小的耗费,追求经济利益的最大化,也就是收益的最高水平;而对于旅游者而言,是追求高级的旅游体验;对于整个旅游目的地而言,是有较高的人均收入水平,有助于资金流入,能促进当地经济发展。

生态效益,主要是指旅游活动过程中旅游者、旅游经营管理人员、旅游目的地社区居民要与旅游地环境和谐相处,旅游活动强调保护生物多样性和生态环境多样性,保持生态系统结构稳定和自我调节能力的提高。

社会效益是旅游发展的原始动力;经济效益则是旅游开发和经营的重要拉力,从中起主导作用;生态效益是旅游可持续发展的前提条件和物质基础。三大效益都是旅游发展不可或缺的条件。旅游规划的实践过程原则上要求社会效益、经济效益和生态效益三者达到和谐统一,但在实践中三者又存在矛盾。问题在于,三者并不存在正相关关系,有时能相互促进,但很多情况下,尤其像经济效益和生态效益,经常是相互矛盾、相互背离的,不可能指望同时追求各个层次的效益最大化,而短期内片面强调某个层次效益最大化,往往意味着另一个或两个层次效益不同程度的减少,最终也会破坏其自身的存在与发展。综合效益研究正是要化解各层次效益之间的矛盾,使其相互促进、协调和平衡;在尽量不减少或少减少其中的单层次效益的前提下,达到持续的综合效益最大化。在进行旅游开发时,必须要有一个整体的、全局的和系统的观念,考虑到旅游目的地经济系统的内部和外部的相互关系,制订具有法律效能的环境控制措施,既达到综合效益最大化,又使旅游地得到可持续发展。旅游开发追求的目标应是持续的综合效益最大化,即追求最大持续产量,能持久地、最大限度地开发利用旅游资源,而又不损害资源的更新能力。在生态旅游实践中每项建设或活动都会破坏原有生态系统的平衡和安全,这是不可避免的,旧的生态平衡被打破后要建立的新的生态平衡,既能保持自然生态系统的顺利运行,保障生态安全,又能促进生态旅游经济的发展。这就要求旅游规划者必须根据旅游系统整体运行中的各因素的功能和作用,科学规划旅游资源、安排旅游活动。

2.2　地域分异理论应用

2.2.1　地域分异规律

地域分异规律是指地区的差异性,即地理环境整体及其各组成要素,在确定的方向上保持特征的相对一致性,而在另一确定方向上表现出差异性,因而发生更替的规律。地域分异规律是表征自然要素空间分布的差异性,而自然要素分布的空间差异性是导致经济和人文要素空间差异性的一个重要原因。引起地域分异规律的因素有以下几个方面。

①因太阳辐射能按纬度分布不均引起的纬度地带性,它是由于温度的不同而产生的差异。纬度地带性是气候、水文、生物、土壤等以及整个自然综合体大致沿纬度方向延伸分布、递变的现象。这一现象表明在地球表面上存在着气候分区,每一气候带都有它自己的特征,从而造成自然景观的差异性。

②大地构造和大地形引起的地域分异。地球表面存在着一些典型的地形,像高原、平原、山地、盆地、丘陵、岛屿、湖泊、海洋等,各个地形上的旅游资源有不同的特征,而在两个不同的地形边界的旅游资源最为丰富。

③海陆相互作用引起的从海洋到大陆中心发生变化的干湿度地带性(经度地带性),是由于湿度的不同而产生的差异性。由于海陆相互作用,降水分布有自沿海向内陆变化的现象。这一规律表明降水从海岸向内陆逐渐减少的趋势,从而引起气候、水文、土壤、生物等以及整个自然综合体从沿海向内陆变化。这一规律表现为越往内陆越干燥,植被上表现为森

林、草原、荒漠的演进过程。

④随山地高度而产生的垂直地带性。这一规律表明在地球上同一个地点随着海拔高度的不同,植物、土壤、动物群落、水文、地貌的某些特征出现相应的变化,呈现出不同的自然景观。这是海拔高度变化引起的。气象研究表明,地面每上升 100 m,气温就下降 0.6 ℃。垂直地带性的丰富程度与山地分布地点的纬度有关,纬度越低越丰富,纬度越高越单调。如果某一点在热带地区,且具有足够的海拔高度,从山脚到山顶可能有热带雨林、阔叶林、针叶林、高山草甸、冰雪带等,即表现为"人间四月芳菲尽,山寺桃花始盛开"。

⑤由地方地形、地表组成物质以及地下水位不同引起的地域分异。地域分异就是在这些因素的影响下,表现出自然地理环境各组成成分及简单的自然综合体,随地势起伏发生变化的现象。主要表现为:一是自然地理环境各组成成分及简单的自然综合体,沿地形剖面按确定方向从高到低有规律地依次更替;二是坡向的分异作用,尤其是南北分异比较明显,南坡稍为干热,北坡稍为冷湿,造成南北坡具有不同的自然景观。

地域分异规律实际上已经阐述了旅游资源分布的地域差异性。因为地域分异规律不仅表现在自然地理环境和自然旅游资源的差异性,也表现为人文旅游资源的差异性,所以旅游资源受到其地理环境影响也就出现了地域差异性,即旅游资源的分布和特征也具有地域差异性。例如,沙漠景观往往出现在干旱地区和海滨,森林往往出现在潮湿的地区,溶洞和峰林往往出现在石灰岩分布的地区,海滩只分布在海陆交界的地方,峡谷只与河流有关等。人文旅游资源也具有这种地域性特征,这是由于人们的生产和生活活动会受到地理环境的影响,像沙漠地区的建筑、古遗址遗迹、民族、宗教、民俗、经济等都表现出其独有的特征。地域分异规律广泛用于区域研究和区域战略制定上,同时用于旅游规划。由于旅游资源存在着地域分异规律,造成了各旅游地区之间的差异性,差异性越大越能产生旅游者的空间流动。可以说地域分异是产生旅游活动的根本因素。如果一个完全没有差异的世界,各地都是完全的雷同,就不会产生旅游现象,当然如果一个旅游地没有与众不同的景观和资源,该旅游地也就没有吸引旅游者的地方,因此,在旅游规划过程中必须按照地域分异规律来进行设计。

我国幅员辽阔,各地差异很大。从南北方向来看,有热带景观、亚热带景观、温带景观、寒带景观;从东西方向来看,有湿润地区景观、半湿润地区景观、半干旱地区景观、干旱地区景观。从某一旅游资源类型来看,岩溶地貌主要分布在云贵高原和广西盆地,沙漠戈壁主要分布在西北地区,林海雪原主要分布在东北地区,民俗风情主要分布在少数民族地区,宫殿则分布在古都,私家园林主要分布在江南地区,等等。总之,旅游资源的地域分异表现就是哪些地方具有地方特色的旅游资源,哪类旅游资源主要分布在什么地方。

2.2.2 地域分异规律在旅游规划中的应用

1)寻求差异,突出特色

一个地区要成功地发展旅游业,就必须首先从发展旅游的基础——旅游资源出发,探求其与众不同的方面。开发旅游资源时要突出特色,做到"人无我有,人有我特",只有这样才能更具有吸引力,吸引更多的旅游者,创造出更佳的效益。突出特色是旅游开发的灵魂,是旅游业的生命之所在,它削弱了旅游产品之间的竞争关系。因此,在旅游规划时,切忌模仿和抄袭,要有发现力和创造性,大力挖掘旅游资源的潜力。其次,从旅游设施的建设和旅游服务出发,创造特色,一方面使有特色的旅游资源越发具有吸引力,另一方面可以弥补旅游资源在某些方面的不足。

2)旅游区划

旅游区划在旅游规划中非常重要,它是在深刻理解旅游资源分布的地理特征和旅游经济地域分工的基础上做出的,有利于挖掘旅游的特色,也有利于开发和管理。旅游区划包括区域中旅游区的划分和旅游地的景区划分,划分的理论依据就是地域分异规律。区划就是运用这些原理,寻求具有相对一致性的区域,区别有差异性的区域。

区域的旅游区划可以分为认识性旅游区划和实用性旅游区划,划分的区域(旅游区)是旅游规划中制定发展战略的空间对象。认识性旅游区划是从事物固有的发展规律来划分的,而不考虑行政区划的范围,如三峡旅游区;实用性旅游区划则考虑到管理和实施的方便,保证行政区的完整性。我国目前多采用实用性旅游区划。认识性旅游区划较少见,但是有些跨多行政单位的旅游区具有很强的内部联系,需要保持它们的完整性,保证旅游经济运行顺利进行,要求这些行政单位进行合作与协作,共同完成旅游规划的编制与实施。当这些行政单位之间难以协调时,可以对行政区划进行调整。如张家界国家森林公园地跨3个县,为了保证它的完整性,进行了行政区划的调整,将3个县组建为张家界市,形成一个新的地级行政单位。

区域的旅游区划具有层次性,一般来说被划分的区域范围越大,层次就越多,旅游区也就越多;区域越小,层次就越少,旅游区也就越少。旅游地景区划分的原理和技术与区域旅游区划相同,所考虑的因素要少得多。景区内的旅游资源具有很大的均质性,在空间上是完整的,旅游景点的分布比较密集,一些景区往往是自然形成的,有自然的界限。大的景区也可以叫作风景区。

3)旅游功能分区

功能分区是旅游土地分类利用的基础,也是旅游规划中进行空间布局的基础。功能分区有两种趋势:一种是自然分区,即在旅游地的发展过程中,某些地段逐渐用于某种专门用途;另一种是控制分区,即在法律或其他条件约束下,旅游地土地用于某种固定用途。旅游规划是在已有的自然分区基础上,促使旅游地形成合理的控制分区。功能区大致有游览区、休闲疗养区、娱乐区、门景区、广场、商业区、管理服务区、生活区、停车场、生产供应区等。这些功能区的划分和布局与城市规划有很大的不同,这在旅游规划时必须受到重视。对区域的功能分区与旅游区划大致相同。在对旅游区进行合理的旅游区划和功能分区之后,就要制定旅游发展的整体战略。在考虑这些因素的同时也要考虑影响它们的地域分布规律。因此在旅游规划的过程中,要尽量把旅游区的优势发挥出来,把各区域的旅游资源特色充分体现出来。

4)制定发展战略

旅游发展战略制定的主要依据是旅游资源、区位条件、区域经济基础等因素。而考虑这些因素实际上就是考虑影响它们的地域分异规律,即考虑一个地区特有的、与众不同的、具有优势的方面。在旅游开发过程中,要尽量发挥各自的优势,充分体现旅游资源的特色,充分利用区位条件和经济基础的优势。在区域旅游中,应根据所划出旅游区的资源特色及其组合,考虑到交通和游客的行为,指出每个旅游区的发展方向与开发建议。而在旅游地,则依据各景区的特点确定其旅游功能,最终达到旅游区整体效益的最大化。

2.3 旅游系统论应用

系统论认为系统是由相互联系的各个部分和要素组成的,具有一定结构和功能的有机整体。其基本思想有两点:一是把要研究和处理的对象都看作一个子系统,从整体上考虑问题;二是特别注意各个子系统之间的有机联系以及系统与外部环境的相互联系和相互制约。系统论不仅为旅游规划设计提供了认识论的基础,即旅游是一个系统,遵循系统的原理,同时又为旅游规划设计提供了方法论的基础,即用系统的观点来看待旅游,用系统的方法来研究旅游和进行旅游规划实践。

2.3.1 全盘考虑、综合规划

系统论把旅游看作一个系统。旅游的系统性具有两个方面:一是功能的系统性;二是结构(主要是空间结构)的系统性。从功能上来看,一般认为,旅游系统包括 3 个子系统:旅游客体子系统、旅游主体子系统、旅游媒体子系统。各个子系统下面还有更低级的子系统,如旅游资源子系统,旅游资源子系统还有自然资源子系统、人文资源子系统等低级的子系统。在系统论的指导下,旅游规划过程要全盘考虑,这主要表现在以下三个方面。

1)规划的要素

旅游规划的内容是什么? 规划时需要考虑哪些因素? 在回答这些问题之前,首先要清楚旅游的系统性,认清组成这个系统的诸多要素,了解要素之间的联系。旅游是一个系统,组成这个系统的诸要素是相互联系、相互制约、相互影响的,规划时重视一些要素而忽视另外一些要素是不可取的,要整体考虑,综合规划,才能使旅游协调发展,朝着预定的方向发展。旅游规划的目的在经济、社会和环境三个方面,追求最佳的三大效益。如果规划只是强调某一方面,也许这方面的效益最佳,但整体效益未必最佳。实际上这三个效益是相互联系的,处理得当便会步入良性循环,处理不好则有可能导致恶性循环。如果一味追求经济效益而忽视环境保护,当环境遭受破坏时,则会导致旅游资源的破坏和旅游地的衰弱,经济效益也就不存在了;如果忽视了对社会的影响,使犯罪现象滋生,则会影响旅游地的美誉度,经济效益也会受到不良影响。

旅游系统与系统外也有联系,如旅游对区域经济影响有乘数效应,使区域的经济收入高于旅游收入;对社会影响有示范效应;对环境的影响有旅游对外部环境的污染及外部对旅游的污染,等等。

2)合理配置资源

旅游规划是要把各种资源进行合理配置、市场的定位开拓和旅游项目的筛选布局等。这就涉及同种资源及项目何时、何地、何部门使用多少的问题,以及不同种资源之间的配置效益。这就要求以系统的观点全盘考虑,根据旅游资源的质量、旅游项目的优劣、地区集散程度、开发难易程度、投资规模、客源市场保证度以及开发后的效益等诸方面进行综合分析、综合评价,优化旅游系统的结构,调控旅游系统的运行,即以最少的投资产生最大的综合效益。

3)规划的程序与编制过程

规划的内容很多,考虑的要素繁杂,所需的知识体系庞大,如何将这些内容和要素合理地组织起来,这需要系统知识。旅游规划是一个过程,一个分析和决策的过程,如何使这个过程条理清晰,有条不紊,这同样需要系统理论。系统理论贯穿于旅游规划的全过程。系统理论不仅要求旅游规划全面、综合考虑旅游的系统要素,而且要求旅游规划的程序是一个系统程序,事实上,人们在旅游规划时绝大多数是按照这个程序来进行的。

2.3.2　规划制定与实施的动态反馈

旅游规划遵循系统反馈原理。控制论认为,系统上一步控制作用而产生的效果(输出)作为决定对系统下一步如何控制(输出)的依据,这种行为或策略即为反馈。简言之,就是系统由输出变为输入的行为即为反馈。旅游系统是一个由相互联系、相互制约的各个部分组成的具有一定功能的整体。相互制约表明旅游系统是一个有控制行为的系统,如规划制定者对规划的控制,旅游现状对制定发展战略的控制,发展战略对规划设计的控制,规划对开发建设的控制,等等。规划的过程可以看作一个信息反馈过程,上一步对下一步有控制行为。几乎一切控制都有反馈。

旅游规划是一个分析和决策的过程,它遵循系统的反馈原理,说明旅游规划具有动态反馈作用。这就要求我们根据反馈回来的信息不断修改,不断完善,以达到最佳规划设计的目的。旅游规划的最初成果,有可能对某些问题考虑不周,分析不力,在进行评审时会发现这些不足之处,提出修改意见和要求,然后是对规划进行修改甚至重新编制。这个过程便是反馈。旅游规划在实施时,同样也会发现不少问题,要求对规划进行修改;随着时间的推移,旅游发展到一个新阶段,又有不少新现象、新问题出现,要求对原来的规划进行修订或重新编制等。

2.4　旅游区位理论应用

区位论是说明和探讨地理空间对各种经济活动分布和区位的影响,研究生产力空间组织的一种学说,或者说区位论是关于人类活动的空间分布和空间组织优化理论,尤其突出表现在经济活动上。区位作为绝对的术语,是指由经纬线构成的网络系统中的某个位置,即自然地理位置;作为相对的术语,是指就其他位置而言所限定的位置,即交通地理位置和经济地理位置。因此,可以说区位就是自然地理位置、经济地理位置和交通地理位置的空间地域上有机结合的具体表现。区位理论研究的实质是选择最佳布局,即如何通过科学合理的布局使生产能以较少的投入获得较大的收益。区位理论是旅游规划和开发工作的一个重要理论基础,旅游规划的目标之一就是确定旅游业在空间上的合理布局。

2.4.1 传统区位理论在指导旅游规划时的问题

传统意义上的区位理论,即针对物质资料生产的区位理论,在对工业和农业生产进行规划时发挥了巨大的作用,但是这些理论用于旅游规划的工作中就可能会出现"失灵"的现象。这主要有以下几个方面的原因。首先,旅游业生产和工业生产对象的不同。旅游业同工业一样是一个依托资源型的产业,可是旅游业所依托的资源是旅游资源,无论是人文还是自然旅游资源,一般来说都是不能移动的。因此,在旅游规划中生产的区位是大致确定的,即不存在旅游资源的运输费用影响旅游生产布局的问题。其次,旅游生产的非物质性使旅游市场的需求预测变得十分困难,市场对旅游区位的影响表现出极大的不确定性。因为相同的旅游资源和产品对于不同的人来说可能会具有不同的效用,其中涉及很多的因素,如个人爱好、性格特征、文化背景、知识结构、从事的工作等,甚至旅游企业员工的服务态度都会对旅游产品的需求产生影响。最后,旅游业与其他行业相比具有更大的综合性和关联性,不能仅仅从旅游发展本身来进行生产布局,必须全面通盘考虑。旅游业所包含的内容除了传统意义上的"食、住、行、游、购、娱"六大要素,还需要外界环境的支持和其他行业的辅助,配套服务设施,如环保、电力、通信等。而传统的区位理论所研究的对象没有如此巨大的关联网,因而在理论的研究上对产业关联性的考虑必定不够,因此要真正实现区域旅游发展的目标,规划工作者要从旅游业及其配套服务这两个方面来思考,探索出适应旅游业独特发展特征的区位理论。

2.4.2 旅游区位理论的应用

1)旅游中心地

由于旅游业与其他行业不同,旅游也就有其独有的区位理论,在这方面国内外已经有学者作了一些相关的研究。如有许多的学者将克里斯泰勒中心地理论引入旅游地的分析中。

(1)旅游中心地的界定

实际上对于特定的旅游地,可以根据一定的标准来判断其是否为该地域范围内的旅游中心地,比如说这个旅游地提供的旅游产品或服务,被周边地区的大多数客源市场所消费;这个旅游地人均旅游业的收入占人均收入的比重较周边地区大;等等。一般说来,旅游中心地必定拥有丰富多彩的旅游资源和得天独厚的交通条件,因为这两个条件是旅游地成为区域旅游中心的先决因素。

(2)旅游中心地的市场范围

旅游地资源的吸引力大小在很大程度上决定了旅游地的影响范围。当然,除了旅游资源,旅游产业的配套服务设施和旅游地的旅游活动容量也都会对旅游地的市场范围产生不同程度的影响。总的来说,旅游中心地的市场范围有上限和下限之分。所谓旅游中心地的市场范围上限,就是由旅游地的旅游资源吸引力、旅游业的社会容量、经济容量以及旅游业的生态环境容量四者共同决定的客源市场范围或接待游客数量,但是上限值不能超过上述4个变量中的最小值。而旅游中心地的市场范围下限则可以引用克里斯泰勒中心地理论中的门槛值来进行说明。在克里斯泰勒中心地理论中,提出了一个概念叫"门槛值",指的是生产一定产品或提供一定服务所必需的最小的需求量。在旅游地的研究中,这个概念同样是适用的,此时"门槛"为旅游地提供旅游产品和服务所必须达到的最低需求量。这一点要从旅游生产的经济性方面来理解:开发一定的旅游产品必须投入大量的人力、物力,如果市场对该旅游产品的需求状况不好、消费量很小,那么旅游区必然不能实现规模化经营,旅游活动的成本也十分高昂。高昂的旅游产品成本又会造成人们旅游需求的进一步压抑,这是一个恶性循环,因此,在旅游规划时要考虑到旅游产品开发的需求"门槛"问题。

(3)旅游中心地的等级

旅游中心地的等级划分是根据它的市场范围即吸引力来进行的,所谓的高级旅游中心地就是指提供的旅游服务是市场范围较大的中心吸引物;而低级的旅游中心地则是指其提供的旅游服务为较小范围内的市场所消费的中心吸引物。一般来说,高级旅游中心地提供的产品和服务档次高、功能多、品种全、质量好,而低级的旅游中心地提供的产品和服务就相对单一。

(4)旅游中心地的均衡布局模式

高级和低级的旅游中心地具有不同的服务职能,由于不同等级旅游中心地服务的市场范围各异,就产生了旅游中心地的均衡布局问题。即在一个地域范围内可能存在多个不同等级的旅游中心地,如何进行均衡布局,使区域旅游在不同等级旅游中心地的带动下获得持续的发展,是布局模式要研究的主要内容。在克里斯泰勒中心地理论中,谈到了在市场作用明显的地区,中心地的分布要以最有利于物质销售和服务最方便为原则,即要形成合理的市场区。在市场最优原则下,一个高级的中心地提供的服务能力应该实际上相当于3个低级中心地,用公式表示就是 $K = 3^{n-1}$,以 K 表示每个单元内各级中心地的数量,n 表示中心地的级别高低。

同样地,杜能农业区位论的圈层理论也可在旅游规划和开发中得到体现。杜能认为,从城市向外延伸,不同距离的地方适宜的生产方式是不同的。他从实际的研究中发现,以城市为中心,由里向外依次可分为不同的生产圈层。圈层理论在旅游规划中得到了一定的体现,如北京大学的吴必虎就提出了环城游憩带(ReBAM)的概念。所谓的环城游憩带指的是,位于大城市郊区,主要为城市居民光顾的游憩设施、场所和公共空间,以及(特定情况下还包括)位于城郊的外来旅游者经常光顾的各级旅游目的地——这三者共同形成的环大都市游

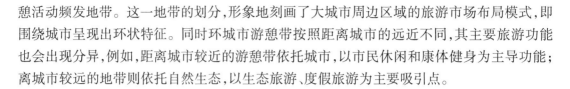

憩活动频发地带。这一地带的划分,形象地刻画了大城市周边区域的旅游市场布局模式,即围绕城市呈现出环状特征。同时环城市游憩带按照距离城市的远近不同,其主要旅游功能也会出现分异,例如,距离城市较近的游憩带依托城市,以市民休闲和康体健身为主导功能;离城市较远的地带则依托自然生态,以生态旅游、度假旅游为主要吸引点。

2)规划区位选择

规划区位选择主要考虑以下几个方面的内容:首先,要确定该区域的地理位置。旅游区地理位置是旅游规划首要考虑的要素,主要包括地域范围、区域外部交通和内部交通等因素,还包括旅游自然环境条件。自然环境条件包括地形地貌条件、水文条件、气候条件、土壤与植被条件等。旅游区自然条件越优越,旅游区位条件越符合旅游开发条件。另外,区位选择考虑的因素还包括区域经济条件以及历史文化条件等。其次,要考虑旅游区有哪些区位优势。区位优势对旅游开发和布局而言相当重要。区位优势的探求与寻求旅游资源优势有相通之处,前者除了包含旅游资源因子,还包含许多其他因子,实际上是其空间组织的综合优势。这些区位因子包括自然资源、交通、市场、人力、经济、社会文化等。寻求区位优势,先要分析各个区位因素,再分析整体优势。区位优势具体有四个方面的内容:第一,有形区位优势和无形区位优势;第二,绝对区位优势和相对区位优势;第三,局部区位优势和全局区位优势;第四,空间区位优势和时间区位优势。最后,要考虑旅游区面对的是怎样的客源地,如区域内以及区域周边的经济条件、人均消费水平、社会文化等,并要考虑旅游区与客源地之间的空间关系,两地的地缘关系等,从而确定旅游活动开展最有利的场所、最佳规模。

3)区内交通及游线设计

旅游线路设计是一个技术性很强的问题,它主要包括两个方面的内容:区域旅游线路的组织和旅游地游览线路的设计。区域旅游有周游型和逗留型两种类型,其线路组织各有不同。周游型线路一般是环线模式,由于其旅游的目的是观赏,因此旅游线路应尽可能经过更多的旅游地和旅游点;逗留型的旅游目的是观光、度假和娱乐等,快速便捷的交通线路使游客"快进慢游"是十分重要的。对于开发者来说,线路设计与建设旨在增强可进入性;对于经营者而言,是希望设计的线路容易销售出去;而对于旅游者而言,则要求旅游线路方便、快捷。在旅游线路设计中,安全是必须考虑的一个重要因素。因此,在交通组织方面,应考虑各旅游地、旅游点与中心依托城市的空间相互关系,尽量做到安全、舒适、便利、快捷、高效、经济以及旅游交通的多样化和网络化。旅游地的线路规划包括游览线路规划,需要考虑的因素包括安全、便捷、路过更多的观赏景点等。旅游地的线路类型包括步行小径、缆车、车道,但一般以游步道最为普遍。在游览线路设计时,也尽量做到主题突出、线路多样和顺序合理。

4)项目选址

通过考虑一些相关的区位因素,选择最佳的旅游设施场所和景观点场所。旅游设施场所的选择,一方面是为了方便游客,为游客服务;另一方面是为了保护旅游资源,提高土地的利用效率。实际上,每一种旅游设施的作用和性质不同,其场所选择的目标和方法也不同,选择所考虑的因素也不同。旅游场所的选择实际上就是旅游业的布局,既有宏观上的布局,即区域旅游的布局问题,也有微观上的布局,即位置规划,以及两者结合的旅游地规划布局问题。场所的选择不仅要考虑到区位论,还要考虑到旅游市场、旅游行为等理论。总之,旅游项目选址主要把旅游活动中的"吃、住、行、游、购、娱"等要素根据区位理论在空间上合理组织布局,尽量做到人流顺畅、功能合理、使用方便、景观和谐。同时结合旅游区资源特色、客源市场定位及社会经济背景,最终确定合理的空间结构和规模。

2.5 可持续发展理论应用

2.5.1 保持生态可持续发展

随着旅游业的迅猛发展,一些环境的负面效应也随之产生,一些区域旅游地出现了森林退化、水土流失、环境污染、生物多样性遭到破坏等严重的环境问题。一些区域旅游地为了追求更大的经济利益,不顾资源、生态环境、服务水平、基础设施的限制盲目扩大规模,导致游客旅游兴致下降,生态环境和其他旅游资源遭受破坏。中国人与生物圈国家委员会的一份调查显示,中国已有22%的自然保护区由于开展旅游遭到破坏,11%的自然保护区出现了环境资源退化。

1990年,在加拿大温哥华举行的全球可持续发展大会上,旅游组行动筹划委员会将旅游可持续发展的概念定义为:在保持和增强未来发展机会的同时补足游客和当地居民的需要;强化生态意识,增进人们对旅游带来的经济效应和环境效应的理解;提倡旅游的公平发展;提高当地居民的生活质量;为旅游者提供高质量的旅游体验;保护未来旅游开发所依赖的环境质量。区域旅游生态系统可持续发展的本质是:旅游资源的开发和管理应当既满足经济、社会和美学的需要,又维持文化的完整性、基本的生态过程、生物多样性和生命支持系统。因此,在旅游规划过程中,要以生态可持续发展理论为指导,应以维护基本生态过程、维持旅游承载力和尊重生态价值为宗旨,最终实现区域旅游生态系统的平衡,达到经济、社会和生态效益的整体最优。为了实现旅游区生态的可持续发展,生态开发是实现生态可持续发展的有效途径。生态开发是以自然资源永续利用为基础,以人类社会持续发展为目标,使环境保护与社会经济相互协调的资源开发模式。

生态旅游规划是运用生态学原理对旅游区进行合理布局,也是旅游地域系统结构优化过程。生态旅游规划必须充分考虑当地资源环境条件、居民生活文化背景,要尊重和维持基本生态平衡。重要的是提高旅游环境承载力,使各类旅游环境协调配合,完善旅游系统整体功能,增加所能承载的游客数量。有效调控区域旅游生态系统的承载能力,将人类的活动强度控制在旅游环境的承载力范围内,是协调人与自然关系的有效措施。要把人类自身当作生态系统中普通的一员,自然融入区域旅游生态系统中,达到人与自然的和谐发展。只有当区域旅游系统中的人类、动植物与物理环境和谐共处,整个区域旅游系统才是稳定的、健康的,区域旅游发展才是可持续的。

2.5.2 保持社会可持续发展

旅游区经济的发展,其所带来的积极和消极的作用已引起了诸多学者的关注,旅游区的传统社会文化,在旅游的影响下,与外来文化碰撞,原始社会文化将发生变化。旅游业发展对旅游区社会文化的影响主要表现在以下几个方面。

1)旅游对旅游区居民心理和行为的影响

旅游者以其自身的意识形态和生活方式介入旅游目的地社会中,引起旅游区当地居民的思想变化,从而产生各种影响,这种影响称为示范效应。示范效应是旅游对旅游区社会文化产生影响的主要途径。

2)旅游对旅游区社会生活的影响

旅游业的发展不但改变了当地居民的经济状况和生活方式,而且还改变了当地社会的结构。旅游使旅游地居民的经济观念越来越强烈,经济价值成为人们处理人际关系的重要标尺,旅游活动的开展使居民社会组织基础发生改变,社会分层扩大,许多人的社会地位产生巨大变动,由此产生了一个新兴社会阶层,他们组成与传统地方精英相制衡的社会控制力量。移民问题也是旅游对旅游区社会生活影响的另一个明显方面,旅游开发不但帮助社区留住了将要迁移的人员,而且将那些寻求工作与发展机会的外来人也吸引进来,这在某种程度上加速了那些处于边远地带旅游区的城市化进程。

3)旅游对旅游区文化的影响

旅游对旅游区文化方面的影响主要表现在以下几个方面。

①道德水平影响。旅游区居民由于受到旅游者思想文化的冲击以及旅游发展带来的经济利益驱使,旅游区的价值标准和道德发生了变化,引起了道德标准下降,带来了一些社会问题。

②本地文化变迁。由于旅游者与旅游区当地的文化有着区别,旅游作为一种跨文化传播方式对旅游区地方文化认同产生各种影响,这种影响可以消除原有认同的心理,使旅游区逐渐丧失了原区域文化的个性和特色,也可能凸显或增强原有的认同感和文化自尊感。实质上,旅游区文化变迁是旅游地原始文化和旅游者外来文化两者之间碰撞后的结果。因此在旅游区开发后,随着旅游者异质文化的带入,导致旅游区文化变迁是不可避免的。而且文化是流动的,不是凝固不变的,文化的历史就是文化诸特性相互关系和变化的历史。在今日"现代化""全球化"大背景下,文化的传承与变迁、碰撞与整合呈现出生动的画面:民间文化与官方文化互动,这种民间文化与官方文化之间、传统文化与现代文明之间的交流、互动、借取与吸纳,可以看作旅游区传统文化面对主流文化与"全球化"趋势所做出的一种文化选择。

③民俗风情的影响。随着旅游业的发展,民俗风情已经成为一种独特的旅游资源。旅游对民俗风情的影响具体表现如下:第一,在旅游发展过程中,经过商业包装的民俗风情丧

失了原有的文化内涵,真实性的流失将不利于其发展;第二,由于旅游业的发展,大量的旅游者带来了各种民俗,将旅游区民俗风情同化。

总的来说,旅游发展对社会文化带来的影响要从正负两方面来看,即旅游业给旅游区社会文化带来了相当的冲击力,被赋予了新的形式与意义。因此在旅游规划过程中要做到让旅游区社会文化可持续发展,让传统社会文化与现代文明共生,让当地人以开放的心态对待旅游业,积极面对旅游发展对旅游区的冲击,在开放过程中要遵循民俗文化旅游资源的开发原则,合理开发,以使旅游区能够可持续发展。这就要求旅游区社会文化可持续,发展旅游要能维护和增强旅游区的个性,对当地文化有选择地加以保护和提高,保持当地与众不同的历史、文化和社区特点。

2.5.3　保持经济可持续发展

可持续发展战略的主题是发展,关键是经济发展要与社会可持续发展、资源持续利用和环境保护相协调。旅游是以经济形式表现出来的一种集合性的社会活动,旅游区经济的可持续发展是旅游经济系统与景观生态系统之间物质循环、能量转化和价值增值的最佳契合,并以实现社会的可持续发展为最终目标。旅游区经济可持续发展既要在一定程度上满足当前的经济需要,又要有效地管理好资源,造福子孙,获得持续的经济效益。

1) 开发理念的改变

传统观念认为旅游业是清洁无烟产业,随着我国旅游业的逐渐成熟,人们认识到对旅游资源的粗放型开发给自然环境和人类生活带来的巨大副作用。因此,要倡导旅游者的消费观念、消费结构、消费行为和消费模式向有利于环保、资源合理利用和生活质量提高的方面发展,建立可持续消费的监督、控制体系。同时要正确认识旅游产业的回报,把资源消耗、环保费用等环境成本纳入经济分析和决策过程。

2) 加强规划的指导

为实现可持续发展,旅游发展必须接受资源承受力的反馈和社会承受力的反馈。旅游规划必须综合考虑自然生态、社会文化、经济和社会管理等诸多因素,并使它们相互配合。可持续发展的整体已成为旅游规划进一步发展的大势所趋。运用科学的规划指导方式可以有效地避免这种低水平的重复建设,对于环境资源的保护和目前没有条件开发的旅游资源的保护有重大的意义,以实现旅游地经济的可持续发展。

3) 旅游行业管理

政府部门减少通过行政手段干预旅游企业活动,着重营造社会环境,创造条件扶持企业,把企业置于市场体系中,顺应消费趋势,进行环保生产。推行可持续性的经营开发,在财政、税收和信贷方面给予优惠,提倡资源保护。提高环境质量和人类健康,满足绿色消费者的需求。环保企业文化制度要求规范员工日常行为,协调企业效益、社会效益、顾客收益之间的关系,自觉维护社会、生态平衡。

教学实践

运用区位理论综合分析你所熟悉的某一旅游地。

本章自测

1. 谈谈你对旅游规划基础理论的理解。
2. 简述区位理论在旅游规划中的应用。
3. 如何理解旅游可持续发展的内涵？
4. 简述地域分布理论在旅游规划中的应用。

第 3 章

旅游规划的层次和编制程序

学习目标

通过本章的学习,对旅游规划的层次有一个大致的了解,对各类旅游规划的主要内容有一定的认识;了解国外旅游规划的层次,理解我国旅游规划的层次划分及各自的主要任务。

关键概念

旅游发展规划　旅游区规划　区域旅游规划
概念性旅游规划

问题导入:

自 20 世纪 30 年代至今,旅游规划已经有 70 年的发展历史。目前,旅游规划已经形成了一个具有不同层次和类型的体系,旅游规划可以在不同层次进行,从宏观的或较为全面的规划到微观的或较为详细的规划,每一层次规划的侧重点不同。

3.1　国外旅游规划的层次和类型

旅游规划的内容取决于规划层次,不同层次的旅游规划侧重点有较大差异。国外旅游规划专家从不同角度对旅游规划进行了分类。因斯克普以空间层次为主要划分标准,从宏观到微观涵盖与旅游有关的全部空间范围。冈恩以规划的技术方法差异为划分标准,以区域规划、总体规划、详细规划三种主要规划方法为基本类型,反映了规划技术的内在规律。

3.1.1　因斯克普的分类

1)国际旅游规划

国际旅游规划涉及多个国家,多数由国际旅游组织、区域性、地方性旅游组织等机构组织编制。主要涉及以下内容:①国际交通服务业;②旅游流;③不同国度旅游者;④周边国家主要吸引物和设施联动开发;⑤多国市场营销和促销战略等。国际旅游规划的操作性通常是非常弱的,因为这依赖于各国间的合作,但对于一些特殊项目它仍是很重要的,因为这一级规划能获得国际机构的支持和地区旅游项目的资助。比较典型的例子就是"玛雅之路"的地区旅游合作开发项目,这是一条 1 500 英里(1 英里=1.609 千米)的旅游线路,连接了中美洲五个国家的玛雅文明遗址,这五个国家分别是墨西哥、伯利兹、危地马拉、洪都拉斯和萨尔瓦多。

2)国家旅游规划

国家旅游规划主要解决以下 11 个问题:①旅游政策;②具体基础设施规划,其中包括主要旅游景点分布、划定旅游开发区、国际游客出入港和国内交通及服务设施网络;③其他主要设施因素;④所需要的住宿及其他旅游服务设施的总量、类型和质量;⑤国内主要旅游线路及其相互联系;⑥旅游组织机构、法规和投资政策;⑦总体旅游营销战略和促销计划;⑧教育培训计划;⑨设施开发和设计标准;⑩社会文化、环境和经济影响分析;⑪旅游规划实施计划(包括发展阶段、近期发展和项目计划)。

3)区域旅游规划

区域旅游规划是指一个国家的某个地区的旅游规划。重点要素包括:①地区政策;②地区可进入性和区内交通及服务设施网络;③旅游景点类型和位置;④旅游开发区的位置,包括度假区;⑤住宿及其他旅游服务设施的总量、类型和位置;⑥地区环境、社会文化和经济影响因素分析;⑦教育水平和培训计划;⑧营销战略和促销计划;⑨组织结构、法规和投资政策;⑩规划实施方式,包括开发阶段、项目策划及区内区域划分管理。旅游设施的开发和设计标准也可以包括在这一级的规划中。

4)次级区域旅游规划

在一些国家或地区内,有时还需要次级区域旅游规划,也就是比区域规划更具体,但又不像开发区或度假区规划那么详细。次级区域规划的构成要素取决于次级区域的情况,一般包括旅游景点特征、住宿及其他旅游服务设施的位置、次级地区的可进入性、内部交通及其他基础设施以及其他相关机构要素。

5)旅游开发区规划

旅游开发区包括综合性旅游度假区、旅游城镇、都市和旅游吸引物,其规划更加详细,包括宾馆和其他类型的住宿设施、商店、游憩场所及设施、公园、保护区、道路网、机场、火车站、水、电、通信等,要进行预可行性和可行性研究,环境和社会文化影响评价,开发阶段的计划、管理组织、资金、建筑、景观与工程设计,旅游者流动分析。

6)场地规划

场地规划是某个单体建筑或建筑群的非常具体的规划,建筑群中可以包括饭店、商业中心和游客设施。

7)设施设计

设施设计是指度假区、饭店、餐厅、景区内游客设施(如国家公园)、考古和历史遗址、信息及文化中心等旅游设施的建筑、景观和基础设施设计和工程要求。这些设计要依据上一级规划提出的概念和标准进行,这种概念和标准可以借用区域规划,也可以援引现成的国际标准。

8)专项研究

除了前文提到的各级旅游规划和设计,经常还有一些根据需要进行的旅游专项研究。这些研究可以是一些专题研究,如经济影响分析、环境和社会文化影响评价、营销分析和促销计划及独立于总体规划外的开发方案。有些专项研究是针对特殊兴趣旅游的,如健身游、山地游、青年旅游等。

3.1.2　世界旅游组织的分类

世界旅游组织的旅游规划分类方法与因斯克普的观点较为接近,旅游规划分为四个层次:①全国和区域规划;②社区、度假和开发区规划;③景区规划;④建筑、景观和工程设计。全国和区域旅游规划主要是旅游发展政策法规和开发规划,包括旅游吸引物类型,开发区区位,旅游设施、服务的数量、类型和区位,交通网络,入境口岸,市场营销战略和促销计划,教育培训计划,经济、环境、社会文化影响评价,组织机构与近中远期发展计划。有些地方还需制定专项旅游规划,其他规划内容与因斯克普的相同。

3.1.3　冈恩的分类

冈恩认为影响旅游系统功能的要素有:自然资源、文化资源、工商企业家、金融资本、劳动力、完全性、社区政府政策和组织(或领导)。根据地域规模和性质差异,冈恩把旅游规划分为区域尺度(包括国家级、省级或州级)规划、目的地尺度规划、场址规划。

1)区域尺度规划

区域尺度规划包括旅游发展政策和开发规划,其中主要内容为:①主要旅游吸引物和活动;②重点保护区或开发区;③主要旅游市场细分;④旅游者入境口岸、旅游区或旅游带、交通、网络;⑤与社会有关的主要因素。

2)目的地尺度规划

目的地尺度规划包括具备条件的旅游开发区、度假地和旅游吸引物的土地利用规划,城市和其他社区的旅游规划,综合考虑了旅游业作为当地整体发展模式的有机组成部分,也对主要旅游吸引物和相关旅游设施进行规划。地方机构在此类规划中占有重要地位。

3)场址规划

场址规划内容着重涉及:①建筑物及其他构造物;②停车场所;③景观;④娱乐设施;⑤各类相关设施的选址和布局等。

3.2　我国旅游规划的层次和类型

为规范我国旅游规划编制工作,提高旅游规划工作总体水平,2003 年国家旅游局制定并颁布了《旅游规划通则》(GB/T 18971—2003),它将旅游规划划分为旅游发展规划和旅游区规划。

3.2.1　旅游发展规划

1)旅游发展规划的内涵

旅游发展规划是根据旅游业的历史、现状和市场要素的变化制订的目标体系,以及为实现目标体系在特定的条件下对旅游发展的要素的安排。

旅游发展规划按规划的范围和政府管理层次分为全国旅游发展规划、区域旅游发展规划和地方旅游发展规划。地方旅游发展规划又可分为省级旅游发展规划、地市级旅游发展规划和县级旅游发展规划等。地方各级旅游发展规划均依据上一级旅游发展规划,并结合本地区的实际情况进行编制。如《中国旅游业发展"十一五"规划纲要·地方篇》《山东省旅游发展总体规划》《杭州市旅游发展规划》《临邑县旅游发展规划》等。旅游发展规划的依据应是地方国民经济和社会发展计划和规划、国土规划、城市规划、环境与资源保护规划及其他国民经济部门的战略规划等,区域范围一般应是镇一级及以上行政区域范围。

旅游发展规划包括近期发展规划(3 ~ 5 年)、中期发展规划(5 ~ 10 年)或远期发展规划(10 ~ 20 年)。

2)旅游发展规划的任务

旅游发展规划的主要任务是明确旅游业在国民经济和社会发展中的地位与作用,提出旅游业发展目标,优化旅游业的要素结构与布局,安排优先项目,促进旅游业持续、健康、稳定发展。

3)旅游发展规划的主要内容

①全面分析规划区旅游业发展历史与现状、优势与制约因素,以及与相关规划的衔接。
②分析规划区的客源市场需求总量、地域结构、消费结构及其他结构,并预测规划期内客源市场需求总量、地域结构、消费结构及其他结构。
③提出规划区的旅游主题形象和发展战略。
④提出旅游业发展目标及其依据。
⑤明确旅游产品开发的方向、特色与主要内容。
⑥提出旅游发展重点项目,对其空间及时序做出安排。
⑦提出要素结构、空间布局及供给要素的原则和办法。
⑧按照可持续发展原则,注重保护开发利用的关系,提出合理的措施。
⑨提出规划实施的保障措施。
⑩对规划实施的总体投资进行分析,主要包括旅游设施建设、配套基础设施建设、旅游市场开发、人力资源开发等方面。

4)旅游发展规划的成果要求

旅游发展规划成果包括规划文本、规划图表及附件。规划图表包括区位分析图、旅游资源分析图、旅游客源市场分析图、旅游业发展目标图表、旅游产业发展规划图等。附件包括规划说明和基础资料等。

3.2.2　旅游区规划

1)旅游区规划的内涵

旅游区是以旅游及其相关活动为主要功能或主要功能之一的空间或地域。旅游区规划是指为了保护、开发和经营管理旅游区,使其发挥多种功能和作用而进行的各项旅游要素的统筹部署和具体安排。

旅游区规划按规划层次分为总体规划、控制性详细规划、修建性详细规划等。旅游区在开发、建设之前,原则上应当编制总体规划。小型旅游区可直接编制控制性详细规划。

旅游区总体规划的期限一般为10～20年,同时可根据需要对旅游区的远景发展做出轮廓性的规划安排。对于旅游区近期的发展布局和主要建设项目,也应进行近期规划,期限一般为3～5年。

2）旅游区总体规划的任务

旅游区总体规划的任务,是分析旅游区客源市场,确定旅游区的主题形象,划定旅游区的用地范围及空间布局,安排旅游区基础设施建设,提出开发措施。

3）旅游区总体规划的主要内容

①对旅游区的客源市场的需求总量、地域结构、消费结构等进行全面分析与预测。
②界定旅游区范围,进行现状调查和分析,对旅游资源进行科学评价。
③确定旅游区的性质和主题形象。
④规划旅游区的功能分区和土地利用,提出规划期内的旅游容量。
⑤规划旅游区的对外交通系统的布局和主要交通设施的规模、位置;规划旅游区内部的其他道路系统的走向、断面和交叉形式。
⑥规划旅游区的景观系统和绿地系统的总体布局。规划旅游区其他基础设施、服务设施和附属设施的总体布局。
⑦规划旅游区的防灾系统和安全系统的总体布局。
⑧研究并确定旅游区资源的保护范围和保护措施。
⑨规划旅游区的环境卫生系统布局,提出防止污染和治理污染的措施。
⑩提出旅游区近期建设规划,进行重点项目策划。
⑪提出总体规划的实施步骤、措施和方法,以及规划、建设、运营中的管理意见。
⑫对旅游区开发建设进行总体投资分析。

4）旅游区总体规划的成果要求

成果包括规划文本、规划图件及附件。图件包括旅游区区位图、综合现状图、旅游市场分析图、旅游资源评价图、总体规划图、道路交通规划图、功能分区图等其他专业规划图、近期建设规划图等。附件包括规划说明和其他基础资料等。可根据需要确定图纸比例。

3.2.3 旅游区控制性详细规划

1）旅游区控制性详细规划的任务

在旅游区总体规划的指导下,为了近期建设的需要,可编制旅游区控制性详细规划。
旅游区控制性详细规划的任务是,以总体规划为依据,详细规定区内建设用地的各项控制指标和其他规划管理要求,为区内一切开发建设活动提供指导。

2）旅游区控制性详细规划的主要内容

①详细划定所规划范围内各类不同性质用地的界线。规定各类用地内适建、不适建或者有条件允许建设的建筑类型。

②划分地块，规定建筑高度、建筑密度、容积率、绿地率等控制指标，并根据各类用地的性质增加其他必要的控制指标。

③规定交通出入口方位、停车泊位、建筑后退红线、建筑间距等要求。

④提出对各地块的建筑体量、尺度、色彩、风格等要求。

⑤确定各级道路的红线位置、控制点坐标和标高。

3）旅游区控制性详细规划的成果要求

成果包括规划文本、规划图件及附件。图件包括旅游区综合现状图，各地块的控制性详细规划图，各项工程管线规划图等。附件包括规划说明及基础资料。图纸比例一般为1∶（1 000 ~ 2 000）。

3.2.4 旅游区修建性详细规划

1）旅游区修建性详细规划的任务

对于旅游区当前要建设的地段，应编制修建性详细规划。

旅游区修建性详细规划的任务是，在总体规划或控制性详细规划的基础上，进一步深化和细化，用以指导各项建筑和工程设施的设计和施工。

2）旅游区修建性详细规划的主要内容

①综合现状与建设条件分析。
②用地布局。
③景观系统规划设计。
④道路交通系统规划设计。
⑤绿地系统规划设计。
⑥旅游服务设施及附属设施系统规划设计。
⑦工程管线系统规划设计。
⑧竖向规划设计。
⑨环境保护和环境卫生系统规划设计。

3）旅游区修建性详细规划的成果要求

成果包括规划设计说明书、图件。图件，包括综合现状图、修建性详细规划总图、道路及绿地系统规划设计图、工程管网综合规划设计图、竖向规划设计图、鸟瞰或透视效果图等。图纸比例一般为1∶（500 ~ 2 000）。

3.3 旅游规划的基本层次

3.3.1 区域旅游规划

1）空间范围及组成要素

区域旅游规划是指在全国、省、市、县等不同行政区域范围内编制的旅游业发展总体规划。有时，规划区域可能跨越若干行政区域。区域旅游规划强调环境、经济和社会并列的规划目标。

区域旅游规划研究的对象是区域旅游地域系统。区域旅游地域系统同其他区域系统一样，是由众多自然、经济与社会等要素或子系统构成的。区域旅游地域系统的结构问题复杂，包括从部门结构到地域结构、从空间结构到时间结构、从旅游者的需求结构到旅游企业的内部结构等，如旅游产业部门结构、风景资源结构、旅游行为层次结构、接待服务设施结构、旅游市场结构、旅游产品结构、旅游管理结构等。

区域旅游规划的具体规划要素包括：

①旅游业（服务与设施）的规划。如饭店、汽车旅馆、餐厅、商场等的规划，因为旅游经济利润主要来自这些服务型企业。

②旅游吸引力的规划。这是产生旅游的主要因素，旅游吸引力是指那些被占用、设计、建设和管理的地域和结构，主要有两个功能，首先要有足够吸引人们前往的能力，其次要满足游客需求。

③旅游通达性规划。旅游吸引力依赖于特殊的区位，即拥有丰富和高品质的自然与人文资源，并与附近客源市场区有良好的通达性。

④旅游系统规划。旅游系统规划，是反映旅游是由供求两方构成的，具有一定功能的系统，其中供给方面表现为旅游吸引力、交通、服务、信息和促销，需求方面表现为市场。

2）区域旅游规划任务

区域旅游规划是一种大尺度的旅游规划，其重点不仅是具体地区的具体旅游项目的设计和单个旅游产品的推出，还是站在区域高度对旅游业发展战略进行定位，对旅游发展的空间进行布局；对各阶段的发展重点与实施措施进行安排，选择优势项目，处理好眼前利益和长远利益的关系；制订预防措施，控制旅游发展中对经济、社会、环境的负面影响。区域旅游规划的实质就是科学地组织规划区域内系统结构，以实现区域旅游系统功能最优化。旅游系统结构是旅游系统功能的内在依据，旅游系统功能是旅游系统结构的外在表现，一定的旅游系统结构总是表现出一定的旅游系统功能。

区域旅游规划的主要任务是研究确定旅游业在区域国民经济中的地位和作用，提出旅游业发展目标,确定旅游业的发展规模、要素结构和空间布局,确定有发展潜力的旅游目的地,寻找旅游发展的重点和突破口,带动整个区域旅游的发展。

3)区域旅游规划特征

①区域旅游规划体现综合性的特征。区域旅游规划涉及整个旅游系统。旅游系统的功能结构主要由旅游吸引力、服务系统、交通运输系统、市场营销和信息提供 5 部分组成。旅游系统功能的发挥还受组织领导能力、财务、劳动者素质、企业集团、社区依托、区域竞争、政策法规、自然环境和文化资源等外部因素的影响。游客需求是旅游业发展的动力,旅游供给的发展必须顺应旅游市场的需求,即旅游规划应遵循市场与供求关系规律。因此,旅游规划既涉及自然、社会、经济、环境和生态等多种因素,又包括土地开发者、规划师、管理者和旅游市场等基本要素。

②区域旅游规划注重竞合性的特征。竞合是指基于竞争前提下的有机合作。区域旅游规划应强调区域内外的竞合,区域内以整个区域的资源整合为基础,以产品互补为原则,注重各旅游目的地的协调合作;区域外突出与周边区域的协作,延伸旅游市场腹地,形成开放、联动的旅游市场。竞合模式对旅游空间竞争和合作关系可以起到显著的协调作用,实现"双赢"甚至"多赢"的区域旅游发展格局。

③区域旅游规划突出战略性的特征。区域旅游规划是一种战略性的总体规划,强调区域性旅游发展的战略和政策。因此,区域旅游规划既要保证近期开发的可行性、中期开发的可靠性,还要保证远期开发的持续性和指导性,突出旅游规划的梯度开发、滚动式发展,形成区域旅游有序、可持续的发展。

④区域旅游规划能识别最有潜力旅游目的地的特征。区域内最有潜力旅游目的地是区域旅游发展的发动机,其发展能够带动整个区域旅游的协调发展,在此基础上进行空间布局,安排重要的旅游项目。

⑤区域旅游规划具有法律效度的特征。区域旅游规划通过立法的形式确定下来,确保规划的政策性和权威性,保证规划对实践工作的指导性。目前我国相当多省(区)、市和县的区域旅游规划通过人民代表大会或政府审批,才能成为法规性文件,并作为地方旅游发展的指导书。

3.3.2　旅游地规划

1)空间范围及组成要素

旅游地是一个具有大量取悦旅游者的旅游活动项目的地理区,其功能主要包括吸引物、社区(服务)、交通与设施等部分。

旅游地发展要有吸引物综合体;具有完善的基础设施;可用以支持旅游接待服务业发展的社区(服务);入口、进出通道、通达性及内部的连接路径(内部联系性)、外部环境等。因此,旅游地空间构成要素一般包括:①确定区域界线;②选择外联线;③设置环状廊道;④选择入口;⑤划定旅游景点密集区和非观光旅游区等。

2)旅游地规划任务

旅游地规划一般以区域旅游规划为基础。区域旅游规划主要是实体规划,即对规划区范围的土地利用进行综合规划。从空间和功能两个角度观察,此类用地面积较小,且土地利用以旅游功能为主,其他非旅游用地占比较小。该类规划属于较详细的规划领域,与高层次的、跨国的、国家级、省市级旅游发展规划相比,这类规划具有较强的物质规划特性,与传统的风景名胜区规划、城市规划之间有更多的关联。这类规划也可以包括市场营销分析和推进计划、与总体规划相互独立的开发行动等。

因此,旅游地的规划任务是在区域旅游规划识别具有潜力旅游地基础上,诊断目前该旅游地旅游发展中存在的问题,分析旅游区客源市场,确定旅游区的主题形象,划定旅游区的用地范围及空间布局,安排旅游区基础设施建设内容,分析旅游地社会环境以及对社区的影响,提出可持续的开发措施,谋求旅游业及旅游地经济效益、环境效益和社会效益的协调统一和最优化。

旅游地规划内容具体包括主题形象的确定,设施、服务与娱乐活动的配置布局,土地利用规划,旅游地功能分区,区内旅游规划布局等,还涉及市场营销、信息服务、行政管理等。现在旅游地规划更多考虑承载力管理,促进旅游与社区的社会及经济的融合,保护自然与文化资源,为游客提供更好的旅游经历;更多地进行经济影响分析、社会文化和环境影响评价;在规划中更加强调与旅游发展密切相关的人士,如当地居民、地方政府官员等参与规划;注重旅游规划地方性,旅游用地分析和分区,以及旅游业、环境和社区的关系等。

3)旅游地规划特征

旅游地规划是对目的地旅游的开发和发展进行规划,是承上启下的规划,既要遵守区域旅游规划的要求,又要指导景点旅游规划。其主要特征表现为以下几个方面。

①具有战略和设计相结合的特征。作为中间层次的旅游规划,一方面要与区域旅游规划的发展战略相衔接,必须保留发展战略内容;另一方面又要指导景点旅游规划设计。规划针对发展目标、区域特征、资源吸引力和文化背景等,设计实施计划和方案。对每一个重点项目或优先发展项目,都特别注重可行性研究,从市场需求预测、主题形象塑造到主要内容设计、土地利用、重点营销方案、投资与经济效益评估,形成一套完整的、可操作的方案。

②具有管理规划的特征。规划强调旅游开发与管理并重,将旅游资源管理、旅游规划管理、旅游项目管理和旅游地区管理视为该层次旅游规划的重要内容。

③具有综合性的特征。规划不仅涉及产品设计、土地功能利用等规划方案,而且应比区域旅游规划更详细,要求十分明确地提出旅游资源、民族文化、生态环境的有效保护等。

④具有近中期的特征。一般旅游地规划年限较短,属于一种近中期规划,但应同时兼顾长远的目标。

⑤具有突出地方性的特征。许多著名西方规划师强调旅游规划依赖于对规划地区的地

方性的深刻理解。旅游规划必须能够为旅游者提供一种地方文化的体验。规划应维护和突出所在社区的整体形象。地方性是社区居民认同感的基础,是社区凝聚力的源泉。是否以地方特性的视角审视和指导旅游规划,旅游规划能否自然、深刻地运用地域文化元素,是影响目的地旅游规划水平的重要方面。目的地旅游规划应突出地方性,从而使地域文化与旅游产业真正能够实现相互促进、共同发展。

⑥具有社区参与性的特征。规划强调居民的参与,使经济效益、环境效益和社会效益得到协调统一和优化。从社区互动、社区进化和社区结构优化的角度指导旅游开发,当地居民是旅游开发的重要力量。旅游社区之间存在竞争、冲突和合作的互动,因此旅游社区的规划和布局必须考虑邻近旅游社区之间的差异性和互补性,尽量避免冲突,减少竞争,增强合作,实现多方共赢。

⑦加强承载力管理的特征。规划更多考虑承载力管理,有效保护当地的自然资源、民族文化、生态环境,提高居民、游客对自然资源、民族文化、特色建筑、文化遗产、生态环境等的保护意识,坚持走可持续发展的道路。

3.3.3　景区旅游规划

1)空间范围及组成要素

景区旅游规划的焦点是吸引物、设施与服务的规划,其组成要素包括:①区域基础分析;②居民点规划;③旅游景区主要目的区和次要目的区的划分;④旅游景区与社区的通达性分析;⑤旅游景区通道规划;⑥旅游景区出入廊道规划等。

2)旅游规划任务

景区旅游规划以区域旅游规划、旅游地规划为依据,以景区开发可行性分析为前提,详细规定建设用地的各项控制指标和其他规划管理要求,为景区内一切开发建设提供指导,并进行开发效益评估。

3)景区旅游规划特征

①具有旅游资源分布集中程度高的特征。相对于其他旅游规划的区域范围来说,旅游景区的旅游资源集中分布在一个较小的地域空间,资源密度比较高,类型丰富。

②具有规划与设计相结合的特征。规划是对景区进行设计,能够直接指导旅游设施的建设和施工,是详细规划,偏向于建设性,涉及较具体的景观建筑学、景观规划等学科理论。景区旅游规划应突出规划的主题,尤其是在同一个整体旅游区实行分区规划时,要注意保持每个分区的主题与整个旅游区的主题相一致。同时不要忽视规划设计中的一些具体细节,如地面、设施、色彩、材料、尺度、建筑物风格、标志物等。游客往往是通过这些细节来感受整个景区的。

③具有地方特色的特征。规划要注意对地方特色性的自然环境和人文旅游资源的开发

和保护,不能完全仿效成功的景区。

④具有短期性的特征。规划是实现近期旅游规划目标的具体执行方案,需要具体规定近期的具体任务和实施方案,是内容详细、准确、具体的旅游规划。

⑤具有符合生态设计原理的特征。要注意规划区内自然景观与建筑等各类设施的布局形态和结构,使它们协调一致。随着市场对自然旅游资源兴趣的增长,要求对自然环境加以更多的管理和设计。这种设计方法能产生良好的经济效益,事实上,与自然和谐共处、按自然法则的设计与开发更有获利性,甚至自然环境本身就是一个有价值的市场营销热点。

⑥具有塑造性的特征。规划的重点是实体规划,是土地利用规划和设施的设计与位置选择,塑造特性是景区旅游规划成败的关键,应注重体现科学性和艺术性。

⑦具有效益性的特征。景区旅游开发要进行可行性分析,评估景区开发的效益和成本。同时尽可能采用先进技术,对景区进行模拟或虚拟开发,使开发者和投资者能在实地开发之前预测开发的效果,降低风险和投资成本。

⑧具有多方参与性的特征。景区规划设计要求有关的所有利益主体参与,共同合作完成规划编制,参与者一般有土地规划师、建筑设计师、园林设计师和工程师及娱乐设施设计专家等,另外一般还有开发商、经营管理人员和当地群众代表等。总之,景区规划设计的发展趋势是一方面加强市民、政府、土地所有者和设计师的共同合作;另一方面强调旅游开发与环境保护的互补性和共生性,摒弃原有大规模、高强度、高影响的开发,代之以小规模、地方性、逐步的开发,同时注重对"地方性"的保护和设计。

3.3.4 概念性旅游规划

概念性旅游规划作为旅游规划中的一种新的规划理念和技术手段,是对传统旅游规划类别的一种创新与补充。但它仅是旅游规划的初级产物,并不能代替传统的旅游规划,而需要与传统旅游规划配合与衔接。

1)空间范围及组成要素

概念性旅游规划研究的核心内容可以概括为以下三个方面:①旅游地应该发展到何种状况,这应该与旅游地发展的外部需求有关,如上级政府的要求、旅游市场的需求等;②能够发展到何种状况,既受旅游地外部因素的影响,也受旅游地内部因素的影响,尤其是后者,如旅游地的制约因素、有利条件、发展目标等;③怎样实现这种目标,主要是旅游地发展目标的实现手段问题。前两个方面都直接指向旅游地长远发展的综合目标,与一般的旅游地总体规划相比,旅游地发展战略应更加注重对旅游地综合发展目标的研究。第三个方面解决的是旅游地实现发展综合目标的途径问题,即围绕旅游地发展综合目标,对影响旅游地发展的重要因素在协调的基础上提出相应建议。

2)旅游规划的任务

概念性旅游规划是旅游地未来发展的创意性策划和战略性纲领,主要是对旅游地主题、发展战略、核心旅游产品、空间布局、品牌发展、关键性策略等重大问题进行指导。

3）旅游规划特征

（1）战略性

概念性旅游规划研究的直接目的是为制定旅游地发展战略提供思路,其内容必然是纲领性、概要性和指导性的,即围绕旅游地发展的综合目标对那些具有重大影响的问题提出相应的策略,而不是对旅游地旅游业发展的所有问题进行研究。

（2）研究性

概念性旅游规划是一种在理想状态下对旅游开发地旅游业发展的前瞻性把握和创造性构思,它一般不受或很少受到规划具体实施的主观条件(如学术分歧、本位原则、既定方针、习惯意识等)及客观条件(如交通、资金、技术、资料、时间等)的限制,是一种纯研究性或探讨性的规划设计。

（3）创新性

概念性旅游规划不论是在规划的理念上、方法上,还是在规划的内容上,都强调"创新",要求研究人员从整体上把握核心项目的创意策划,以及这些项目设施的时空布局与景观环境的统一和整合,从而使概念性旅游规划研究方案更具想象空间和创造性思维,更具有前瞻性和生命力。

（4）普适性

概念性旅游规划作为一种新的规划理念和技术手段,具有极其广泛的推广应用价值,它既可应用于传统的各种旅游规划类型上,如概念性旅游总体规划、概念性旅游发展规划、概念性旅游项目规划、概念性旅游控制性(或修建性)详细规划等,也可应用于不同规划目的的旅游地规划研究上,如需要获得初步规划方案的旅游地、需要明确战略决策的旅游地、需要获得比较方案的旅游地、需要快速且低成本编制规划的旅游地、对原规划进行概念性修编的旅游地等。

（5）灵便性

旅游地概念性规划由于是一种战略性、粗线条的规划,技术流程简单,工作量小,所用时间短,故非常有利于规划的科学分工与组织协调,少数几个人便可完成。同时,还具有低成本、高效率、快速灵活、编修方便的优越性,能很好地适应规划旅游市场竞争的要求。

教学实践

观看不同层次的旅游规划案例视频,加深对相关规划的理解。

本章自测

1. 国内外旅游规划的分类方法有何联系和区别?
2. 分析我国旅游规划的层次及任务。
3. 比较分析区域旅游规划、旅游地规划、景区规划、概念性旅游规划的特点。

第4章
旅游规划管理

学习目标

通过本章的学习,对旅游规划的管理有一个全面、系统的认识,并能够熟悉规划管理的各个环节。了解旅游规划编制方式、基本模式、编制程序、招投标的有关内容,理解社区参与旅游规划的技术要点,掌握旅游规划编制程序的相关内容。

关键概念

基本模式 编制程序 招标 投标 社区参与 旅游规划评审 规划成果管理

问题导人:

旅游规划管理涉及旅游规划的全过程,在旅游规划编制前、编制过程中、编制完成后等阶段都需要实施管理,规划管理是整个规划编制及规划实施成功与否的保障。

4.1 旅游规划编制方式

4.1.1 旅游规划的编制要求

①旅游规划编制要以国家和地区社会经济发展战略为依据,以旅游业发展方针、政策及法规为基础,与城市总体规划、土地利用规划相适应,与其他相关规划相协调;根据国民发展情况,对上述规划提出改进的要求。

②旅游规划编制要坚持以旅游市场为导向,以旅游资源为基础,以旅游产品为主体,经济、社会和环境效益可持续发展的指导方针。

③旅游规划编制要突出地方特色,注重区域协同,强调空间一体化发展,避免近距离重复建设,加强对旅游资源的保护,减少对旅游资源的浪费。

④旅游规划编制鼓励采用先进方法和技术。编制过程中应当进行多方案的比较,并征求各有关行政管理部门和当地居民的意见。

⑤旅游规划编制工作所采用的勘察、测量方法与图件、资料,要符合相关国家标准和技术规范。

⑥旅游规划技术指标,应当适应旅游业发展的长远需要,具有适度超前性。技术指标参照《旅游规划通则》(GB/T 18971—2003)的附录 A(资料性附录)选择和确立。

⑦旅游规划编制人员应有比较广泛的专业构成,如旅游、经济、资源、环境、城市规划、建筑等专业。

4.1.2 旅游规划的编制方式

旅游规划的编制方式主要包括以下 4 种方式。

1)委托旅游规划专业单位编制

目前,国内从事旅游发展规划的单位有:高等旅游院校(系)和其他院校的建筑设计、城市规划、风景园林、林业、地理和环境、历史和文学专业的教学和科研单位,科学院系统的研究院所,城市规划设计院所,风景园林和林业规划设计院所等。我国实行旅游规划编制机构和个人的资格认证制度。

各地可根据本地区旅游资源的特点,委托相应的规划单位编制旅游发展规划。委托有相应资质的专业单位编制规划,规划的起点较高,技术规格比较规范,质量有保证。

2）本地或本部门专业人员编制

一般由本地区的旅游管理部门和规划管理部门或城建部门牵头,组织本地区的有关专业人员组成编制规划班子。大多数地区的旅游业发展五年计划和十年长期规划都是采取这种方式编制的。在旅游业起步早、水平高、人才集中的地区,本地干部和专业人员可以编制出高水平的规划。因为他们熟悉省情、市情,具有丰富的行业管理经验和很强的能力,善于把握旅游业的纵向走势和横向关联,制定出来的规划有较强的操作性和历史连续性。当然也有不足之处,本地干部、专家在特定的环境中长期形成了某种思维定式,在战略思路、产业布局和管理模式等方面不易有重大的突破和创新。

3）本地相关单位与旅游规划单位和专家联合编制

这种方式使双方的优势可以得到充分发挥,各自的不足可由对方的长处加以弥补,是一种易于成功的编制方式。具体操作又可分为两种。

①以旅游专业单位为主,本地专业干部配合。从调研考察、研讨规划思路、拟定规划大纲、构思规划图纸,到修改、定稿,全过程都由双方共同参与、合作完成。规划文本和图件主要由规划单位完成,有条件的地方当地干部也承担其中的一部分工作。

②以本地干部和专业人员为主,旅游专业单位指导和协助。规划文本和图件主要由本地干部完成,旅游专业单位派出专家在深入调查研究的基础上提出规划编制的指导意见,审定规划大纲、文本和图纸,或者参与文本的修改,承担技术性较强部分的工作,如制作图纸、测定经济指标、投入产出估算等。

4）通过招标投标方式

重大工程的规划设计事务,通过招标投标方式,选定规划编制单位,是国内外常用的方式。这种方式的优点是委托方可以从多家规划单位和方案中选择自己满意的规划设计单位和方案。根据《中华人民共和国招标投标法》,招标人或委托方首先提出招标书,向社会公开征求投标者;或有选择地向若干家规划单位发出招标邀请书,然后招标人与投标人签订合同。招标人按法定程序对几家投标者提交的规划设计方案通过由专家组成的评标委员会进行评选,确定中标者。

随着市场经济的发育,旅游规划设计业务势必实行市场化运作,旅游规划设计单位迟早将走向市场化、企业化。一般来说,编制旅游业发展规划是旅游行政管理部门的工作,旅游项目的规划设计是企业的业务。但不论何种规划,一旦委托或邀请有关单位有偿编制,实质上就成了市场行为。

4.2 旅游规划的基本模式：1231 模式

北京大学城市与环境学院旅游研究与规划中心将区域(目的地)旅游发展规划的主要内容和工作步骤总结为"1231 旅游规划模式"，即"确定一个发展目标、进行二个基本分析、做好三个发展板块设计、构建一个支持系统"。在"1231 旅游规划模式"中，规划的核心问题是"三个发展板块方案的设定"，这也是旅游规划付诸实施的主要操作内容。

4.2.1 制订目标体系

旅游规划的主要作用就在于它能够指导和规范一定时期内政府对旅游事业发展的宏观管理和科学决策，以实现规划时段和规划期末的具体目标。因此，在旅游规划过程中，确定旅游发展的目标是十分重要的。这一目标的确定，将决定旅游业的产业地位和发展速度，是整个规划围绕的核心，是旅游发展的纲领性指标体系。制订旅游发展目标的基础是对现实情况的分析，即情景分析。规划中的情景分析包括宏观背景分析、旅游产业分析、政策背景分析以及 SWOT 分析等，这一系列详细的分析过程是旅游发展目标形成和旅游规划制定的立足点。

确定旅游发展目标和指标，就是针对上述总体形势，从构建旅游产业体系的目标出发，观察目前旅游业对区域经济的贡献率，预测规划期内旅游产业的经济地位，以及旅游业对某些行业的重要性和联动效应；估计旅游业的收益乘数效应和就业乘数效应。规划中预测预设的具体指标一般包括：旅游业在整个地区经济中的地位，包括旅游业收益占(相当于)GDP 的百分比；在此总体目标之下，细分为旅游人数指标、旅游收入指标、旅游就业人数指标等具体目标。上述预测将对政府制定旅游管理政策产生重要影响。这些目标的确定不仅严肃而且难度较大，需要谨慎的预测和客观的分析，不能仅凭主观意志或个人经验判断，或者仅从上级指令性的目标来推算，总体目标的确定应该具有科学依据和理性基础。

西安市 2005—2020 年的旅游发展总体规划将目标体系分解为六个基本目标和十项发展指标。其中，基本目标为：遗产旅游国际典范城市(西方罗马、东方西安)；中国入境旅游首位城市之一、全国出境游西部门户城市；中国最佳历史文化旅游城市；旅游促进遗产(含非物质文化遗产)和历史文化名城保护模范城市；全国散客旅游最方便城市；全国旅游教育培训中心城市。发展指标为：接待入境旅游者 200 万人次，全国排名前五名；接待国内旅游者 4 000 万人次，全国排名前十名；旅游总收入 1 000 亿元人民币，相当于全市 GDP 的 17.6%；旅游业直接就业人数 20 万人；每年为社会培训、输出旅游专业人才 1 万人次；以遗产旅游为主题的多元化产品体系基本形成，西安成为中国传统文化修学旅行最大目的地；完善的、多语种的、符合国际标准的旅游解说与服务体系建设完成；旅游发展体制顺畅、社会与环境效应符合可持续发展要求；旅游业经营者乐意投资的热土，旅游产业投资回报率高；旅游业成为国民经济的重要支柱产业，旅游业成为提高当地人民生活质量的重要手段。

4.2.2　市场与资源分析

在确定了发展的目标之后,应该为实现这些目标提出操作性的方案和行动计划。首先应该对旅游市场和旅游资源进行仔细的调查研究,这是一项十分必要的基础工作。无论是市场还是资源,其调查分析都分为表层分析和里层分析两个层面。对于市场研究来说,其表层的内容就是对客源市场的过去、现在和未来态势进行分析,对未来市场发展进行预测;里层的内容就是确立目的地旅游形象,并向潜在的游客市场进行有效的市场营销,使潜在市场转变为真实的客源市场。对于资源研究来说,其表层的内容就是对各类旅游资源进行调查和评价;里层的内容就是对旅游资源的进一步开发利用和综合配置,构架空间网络,布局重点开发地段。

以市场需求为导向,编制发展规划。因此首先需要分析规划区针对的旅游市场,为旅游资源的开发和项目策划提供依据。针对客源市场,一般以过去的统计数据和按照规划需要专门设计的问卷调查所得数据为基础,研究规划区域当地、国内、海外三大客源市场的特征;预测客源市场流量规模。但是,既有数据仅仅反映市场特征和未来市场走向的部分情况,规划师如果完全依赖这些数据进行未来使用者偏好及需求的预测,是远远不够的。

市场的里层研究,通俗地称为"定调子",就是通过对规划区地方性和游客的地方感知的调查分析(受众调查),设计规划区旅游发展的主旋律,并提出富有创意、语言生动、朗朗上口的宣传口号。这一调子确定以后,对内,要紧紧围绕该主题进行资源开发和吸引物建设;对外,要采取各种措施进行整体促销。

从供给角度对旅游资源进行调查和分析,其重点是进行旅游资源开发,对旅游产品的适宜性进行评价,即资源转化研究,而不在于对资源本身的研究。此外,要对周边相关资源开发和旅游产品竞争进行调查分析,摸清规划区竞争态势,据此确定今后资源开发利用的方向。规划区所在的区位条件和社会经济背景有时是一种特殊的资源,对旅游发展规划发挥了不可忽视的作用,如北京是中国首都的政治地位、上海位处江海交汇处的区位优势、胶东半岛与日韩两国相邻的区位优势等,都对当地旅游发展产生了重要影响。

资源的里层分析,可以通俗地称为"定盘子",就是从空间角度,确定资源的利用和布局规划,就像围棋比赛中考虑好接下来若干步的布局和走法。在以往的规划实践中,出于种种原因,在整个旅游发展布局上常常出现重复建设、主题单一、产品过时等问题。我们认为在开发布局中,不能仅仅依赖旅游资源的赋存情况就贸然决定开发。一项资源是否可以布局为开发对象,除了评价其本身的品位,还必须分析其与市场的距离、可达性、同类产品是否供求平衡等一系列问题。关于旅游地域系统的基础理论研究,如旅游区位论、影区理论、距离衰减理论、客源市场在距离上的变化规律等,在规划区的旅游空间结构规划中将起到重要的指导意义。

4.2.3　以产品为中心的方案设计

在分别对市场和资源进行分析评价的基础上,接下来的工作就是要提出旅游发展的各种规划方案或政策措施。主要包括三个板块的内容:第一板块为前位板块,它是指直接吸引旅游者的旅游吸引物,即狭义的旅游产品和开发项目;第二板块为中间板块,它是指为旅游者提供各种旅游服务,包括交通、住宿、餐饮、娱乐、购物等;第三板块为后位板块,它是指规划区内外的物质环境和社会环境。以上三个板块层层紧扣、相互依存,构成了规划区旅游发展的核心内容。

大板块的研究实际上就是为旅游管理部门提供具体的规划方案和相关政策建议,它包括旅游产品开发、重点项目选择、旅游行业规划、旅游接待设施规划、旅游直接相关基础设施规划、旅游者出行服务规划等。它是最直接面对管理者、最具可操作性的规划内容,规定旅游管理部门应该做什么、如何做。

吸引物和项目是规划区旅游发展的核心要素。吸引物包括各类景区景点以及各种节事活动,即规划中要重点研究开发的旅游产品。这些旅游产品最能体现区域的地方特色,并能获得最佳的经济、社会及环境效益。然后有选择地在已确定的产品类型中研究究竟开发哪些重点项目,以期推动整个规划区旅游业的持续发展。

旅游相关行业、设施与服务,是吸引物的配套内容。规划区内旅游资源开发为狭义的产品(吸引物)后,旅游业的开发组织需要依赖各种企业、机构的执行,依赖于多种直接相关行业和间接相关行业、设施和服务,为旅游者的出行、住宿、餐饮、购物、娱乐等提供的服务。

旅游业对优美舒适的环境有着强烈的依赖。结合环境保护部门的专业规划,在旅游规划与开发中,设计出消除负面影响的基本措施;通过对旅游环境承载力的研究计算,规定旅游开发项目的形式、类型和规模;通过对旅游灾害的认识及现状调查,预测未来旅游业发展中可能出现的灾害及强度,并设计出针对性的防治措施。旅游产品是三大板块的中心,规划应围绕旅游产品进行。旅游产品是资源、设施与服务的综合体,是吸引旅游者出游的决定因素,是旅游目的地塑造独特形象的有力支撑。以旅游产品为中心编制旅游规划方案能够满足不断增加的游客需求,降本增效,吸引更多的细分市场。

4.2.4 支持系统与规划实施

上述 3 个板块规划方案的有效实施,有赖于规划的管理和保障措施的落实。旅游业的多产业关联性使其非常容易受到外部因素的影响。自然环境、技术环境、社会环境、经济环境及政治环境等外部环境的变化都会影响到旅游规划的实施和旅游业的发展,如何对这些外部因素的变化进行识别、控制和应对,都是在规划实施过程中需要考虑的问题。规划方案的实施,将会对规划区的社会、经济、环境等各方面带来影响,采取何种措施控制应对这些影响,实现旅游的可持续发展,是需要重视的问题。在规划文本中,需考虑如何从政府的角度,对上述旅游发展规划方案及其影响进行有效管控,提供相应的支持。这些支持包括政府管理与政策法规、土地供给、资金保障、人力资源等。

4.3 旅游规划编制程序

旅游规划是由许多步骤构成的一个完整的决策系统,一般的旅游规划编制流程主要包括任务确定阶段、前期准备阶段、规划编制阶段和完善与实施四个主要步骤。旅游规划编制流程如图 4.1 所示。

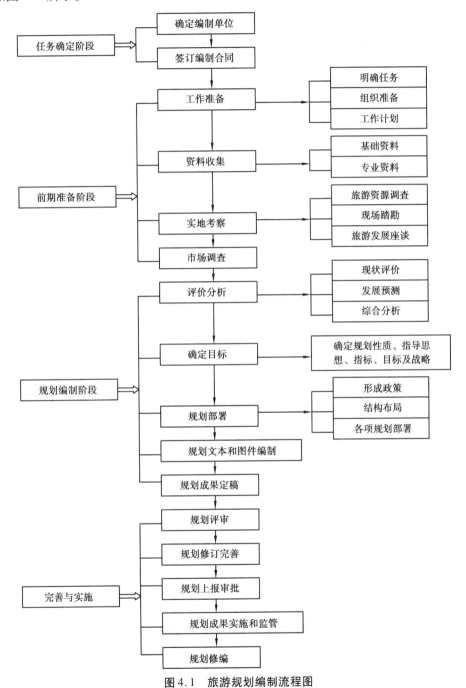

图 4.1 旅游规划编制流程图

4.3.1 任务确定阶段

一个地区的旅游业要实现有序发展,必须先对这一地区进行规划。但是,对于特定的区域,在进行规划之前,还应该明确规划任务。主要从以下几方面考虑:第一,是否有必要进行旅游规划,它所要明确的是当前条件下有无旅游规划的必要,这往往通过规划可行性研究来明确;第二,旅游规划的目的何在,它所要明确的是规划后能达到什么样的目标,往往通过规划任务书或招标合同条款来反映;第三,选择什么样的规划团队,即明确是内部消化还是通过项目外包来完成;第四,若选择聘请专家和规划团队进行旅游规划,还涉及签订旅游规划编制合同,主要明确规划双方的权责利等相关方面内容。

旅游规划编制任务的确定主要分为确定编制单位和签订旅游规划编制合同。

1)委托方确定编制单位

委托方应根据国家旅游行政主管部门对旅游规划设计单位资质认定的有关规定确定旅游规划编制单位。通常有公开招标、邀请招标、直接委托等形式。直接委托是委托方直接委托某一特定规划设计单位进行旅游规划的编制工作。

2)制订项目计划书并签订旅游规划编制合同

规划编制单位确定后,委托方应制订项目计划书并与规划编制单位签订旅游规划编制合同。

4.3.2　前期准备阶段

最初的规划任务确定后,随着规划队伍的选定、规划合同的订立,就要开始前期的准备工作。在合同签订后,规划前期准备中涉及的单位也由开始的一方变为规划双方甚至多方,因此,前期准备工作既包括政府主管部门或旅游开发商(委托方)的准备工作,也包括规划队伍(规划方)方面的准备工作。

委托方前期准备的工作内容相对少一些,主要有资料的准备,设备、技术或专业人员的配置,考察行程安排以及其他方面的准备工作。一般来说,委托方的前期准备工作主要是为了旅游规划的顺利完成或应规划方的要求而进行的配套性工作,如资料方面的准备往往由规划方提请委托方进行收集。规划方的前期准备工作则要复杂一些,既包括规划队伍人员配备、规划工作的具体安排、规划区域资料的前期收集,也包括规划区域的实地考察、旅游服务与设施调查、旅游市场调查等。尽管前期准备只是规划的初始阶段,但这一阶段内所进行的工作将直接影响规划目标的形成、旅游产品的设计、资源配置乃至产业布局。这一阶段的工作是整个规划过程的基础,是规划队伍进行规划设计的源泉。而且在这一阶段,规划双方通过电话、网络、信函、实地考察、座谈会、访谈等方式的交流,有助于双方在观念和想法上逐步达成共识,从而更利于后续规划工作的顺利展开。

1)工作准备

(1)明确任务

以有计划、可控的方式,确定旅游规划的任务、范围。

（2）组织准备

挑选或组建合理的规划小组,组建以旅游规划专家为核心,专业化的多学科专家组成的队伍。规划方人员组织也并非一成不变的,往往需要根据规划范围、规划任务、规划涉及的专业技能、工作量以及委托方的另行要求等组建队伍,而且不同的规划层次,所需要的专业人员、技能层次也有所不同。例如,发展规划和总体规划由于规划范围较广、涉及的专业较多,规划队伍也相应比较多,通常应包括旅游管理、城市规划、环境保护、园林设计、区域经济、自然地理、历史文化等方面的专业人员。组建旅游规划领导小组,由旅游管理部门及与旅游有关的各职能部门的主要领导组成,如杭州市旅游委员会为配合杭州市旅游总体发展规划的进行,组建了规划办公室。委托方人员主要为规划方服务,包括与专业技术人员的配合、行程中陪同人员的安排、座谈会人员的安排等。当然,有些人员可以在行程中临时安排,但从整个规划过程的顺利衔接角度,应预先通知。

（3）工作计划

根据规划人员结构、财力、设备、信息资料和时间条件,有效地组织安排规划编制工作,包括最终成果的内容、完成期限、阶段目标、操作方法与技术可行性安排。

2）资料收集

在规划人员准备的同时或之后,规划双方应就旅游规划所涉及的资料着手准备收集。所需收集的资料一般为以文字为载体的书、报纸、杂志、电子媒体和图件等,由于委托方通常对规划区域相对了解,因此这部分工作往往主要由委托方根据规划方事先列出的资料目录来准备。规划资料包括基础资料和专业资料两大部分。

基础资料通常由旅游规划的委托方提供,要求委托方必须准确地提供有关旅游系统关键要素的信息,包括地质勘查资料、测绘资料、气象资料、水文资料、历史资料、社会文化资料、社会经济统计资料、交通运输资料、基础设施资料、服务设施资料、宣传媒体资料、土地利用状况与权属关系资料、生态环境资料、灾害与治安资料、风景名胜资料、政策法规资料、各类有关规划和图件、各部门积累的有关资料和研究报告等。

专业资料包括外部环境的相关资料,如国内外局势、发展动态研究成果、旅游供求状况、相关案例等。

3）实地考察

经过双方的交流沟通,规划方在整理收集资料中形成对规划区域的大体认知后,接下来就是规划队伍对规划区域的实地考察阶段,行内也称之为“现场踏勘”。规划队伍实地考察的目的除了通过大量的实地勘察和走访来获取第一手资料,对欠缺的信息进行补充,更重要的在于在考察过程中实地感受当地的自然环境、人文风情,形成感性认识;同时,也是规划小组与区域内各阶层不断交流和沟通的过程,理清思路,达成共识,通过逐步创造和提炼形成旅游发展理念和规划思路。在实地考察中,主要应解决以下几方面的问题。

（1）旅游资源调查

旅游资源调查是指在实地考察中,针对旅游区域内的资源进行核查、分析、汇总,形成第一手旅游资源总体情况的工作,它既是对资料收集的完善补充,也为旅游产品设计、功能分区、项目设置打下基础。一般来说,所有能对旅游者产生吸引力的资源都可以成为调查的对象。国家颁布的《旅游资源分类、调查与评价》(GB/T 18972—2017)国家标准中,对旅游资源进行了较完备的分类,可以供旅游资源实地调查中参考使用。

(2)现场踏勘

现场踏勘包括两方面的内容。一方面是指现有旅游产业、旅游设施的布局状况,包括旅游景点、旅游宾馆、餐饮场所、旅游交通、娱乐设施、购物场所等分布情况,以及各自的规模、等级、接待能力等情况。另一方面是指未来发展旅游业可以使用的旅游地块情况及其分布状况,这主要考虑到将来旅游业发展中的用地限制,以便于在此基础上对旅游项目、旅游设施进行合理的分布与配置,通常这一方面踏勘的内容包括用地限制条件、地块大小、地块所处环境、交通情况、与现有产业布局的空间结构等。为了更好地对当地旅游产业进行布局,规划队伍必须对这两方面进行实地踏勘和深入了解。通常可以使用预先设计好的表格将实地踏勘的情况一一登记在案,以供分析使用。

(3)旅游发展座谈

旅游资源和生产力布局踏勘后,为进一步加强与地方各有关部门、地方专家、当地居民的沟通,形成较统一的认识,通常应组织一个专门的旅游发展座谈会。一方面是对可能遗漏的旅游资源、旅游布局情况进行补充调查;另一方面也是旅游动员和旅游宣传,通过座谈会中的双向交流,达到交换认识、沟通旅游思想的目的。

4)市场调查

旅游业发展至今,已不仅仅靠资源吸引游客,而逐渐成为游客引导旅游发展。因此,要使开发后的旅游地吸引游客,旅游产品有市场,必须对游客的心理、行为、偏好和市场总体状况、分类构成以及旅游地季节变化、分异规律、市场形象等进行分析研究。这种思想也应该贯彻进入规划过程,使规划设计的旅游产品符合市场趋势,旅游地产业发展适应旅游者的需求。

旅游市场调查的内容和详细程度随着调查目的的不同而有所差别,但基本上有以下几个方面。

①旅游者有关情况的看法和态度。旅游目的地的形象,对旅游目的地的反应,对宣传、广告和公共关系的反应,营销效益,对旅游设施服务水平的反应,对旅游价格的反应,对旅游分配渠道的反应。

②旅游动机和行为。旅行的主要动机,旅行的方式——散客、家庭、团体、经济、豪华等,对旅游市场经营策略的反应。

③旅游市场有关情况。旅游市场的特点和趋势、旅游市场规模的大小、旅游市场的地理位置、旅游市场的人口分布特点、旅游市场细分情况、旅游市场分类、旅游市场竞争、旅游目的地市场竞争的基本策略、竞争者的旅游产品的长处和短处、竞争对手的市场经营策略、竞争对手的旅游价格策略。

④市场环境有关情况。旅游市场社会人口学情况、人口分布特点、城市化趋势、城乡人

口的生活习惯和闲暇时间、文化和教育水平、不同的年龄群、家庭规模和消费习惯、社会风俗和传统习惯、劳动和就业、经济政治环境、不同阶层的家庭及收入、对旅游产品的购买力、旅游市场国的宏观经济形势与币值、消费者的政治倾向性、旅游给目的地或旅游市场国带来的政治影响、政府在开发旅游方面的作用、税收政策。

4.3.3 规划编制阶段

规划编制是整个旅游规划的核心工作,它是规划队伍根据基础资料对旅游地发展方向、旅游产品和旅游项目的创造性设计过程,也是规划方将前期的准备工作、规划思想、规划设想转化为文字、图片等格式,并形成规划文本的过程。

1)评价分析

评价分析主要是指规划队伍对规划地区的旅游资源、客源市场、地域形象等内容进行分析、整合的过程。评价分析的主要目的在于通过对资源、市场、形象的分析,确定规划区域旅游发展的主要方向,从而明确规划功能区划、旅游产品系列和旅游项目创意。

(1)现状评价

现状评价主要包括市场评价、资源评价、开发状况评价、产业结构评价、管理机制评价、已有规划与政策的实施情况评价。

(2)发展预测

考虑旅游者到达该地区所需的时间和花费能力,并与竞争地的情况相比较,确定旅游者的种类及数量,作出现实旅游需求分析与预测。这是对经济规模、服务设施和基础设施建设、劳动力需求的预测,以及经济、环境和社会影响评估的前提。旅游者消费兴趣和消费习惯的变化非常重要,必须充分借助有关调查和研究,及时捕捉市场的需求变化。

(3)综合分析

综合分析是旅游规划的核心,对调查所得的信息必须进行认真的量化和定性综合分析。综合分析包括对各类旅游景点和旅游市场类型、范围有关的各种要素的分析。还要包括对自然、社会和经济要素的关联分析,如确定游客承载力以明确整个国家或地区的总体旅游发展上限;对当地社会经济发展规划、城市规划和其他相关规划的关系进行研究,并研究旅游发展政策、管理机制。在全方位把握现状的基础上,通过优势、劣势、机会、风险分析,确认目前所具备的优势与可能、劣势与阻力。

综合分析的一个重要类型是找出旅游开发区的主要机遇、存在的问题和发展的瓶颈,这种机遇和制约的分析是未来旅游发展决策的基础。综合分析是规划的一项重要任务,需要一定的时间和专业资源的投入,但综合分析的深度和质量在很大程度上取决于调查数据的准确性和适用性。

2)确定目标

目标是指发展旅游业所期望得到的结果,一般是指旅游所带来的各种社会、经济、生态利益及一些其他考虑,如减少对环境和社会文化的影响等。

规划区域的旅游发展目标决定着旅游的政策和规划,因此发展目标应经过详细探讨之后才能确定。目标应在项目开始之初就确定下来,因为它将直接影响到调查分析的方式和政策、规划的制定。最初确定的目标是暂定目标,如果调查分析和政策制定的结果与最初的目标相矛盾,说明原定目标有部分不现实或目标之间相互冲突。如目标之一可能是使旅游经济效益最大化,而另一个目标是使环境和社会文化影响最小化。建立的两个目标有时可能不能同时实现。

分析后,需再次明确目标是否能实现。因为此时目标中的一些矛盾之处会显现出来。如果发现有些目标不可能实现,可以准备一份备选目标供政策制定者参考并作出最终规划和目标的决策。如果有些目标制订得很不现实,就需要对目标进行调整或对是否发展旅游进行重新评估。

旅游目标应与国家或地区的总体发展目标相一致,不过有时会因旅游发展的变化而对总体发展目标进行调整。确定目标的工作包括以下几个方面。

(1)确定旅游区性质

旅游区的性质指规划范围内的旅游业在国民经济和社会发展中所处的地位和作用,以及该区域在区域旅游网络中的分工和职能。通过现状定位、理想定位等进行旅游区定性,反映旅游区发展的方向。只有定性准确,才有可能确定合理的规划依据和评价标准。旅游区定性有上级确定、当地政府确定、开发商确定、规划确定等方式。

(2)确定规划指导思想

指导思想是指导规划工作的方针,一般是对宏观政策、社会价值观、科技发展、经济发展等客观条件的综合分析和理性认识。

(3)制订规划目标

制订目标即确定旅游区发展的预期方位。该目标无论由谁、用何种方法确定,均需在规划范围内根据实际情况进行市场可能性、资源承受性、社会接纳性的检验。旅游发展目标必须综合平衡经济、环境及社会要素。

(4)选定发展指标

发展指标反映了发展的具体坐标。它将定性、概略和抽象的规划目标具体化为一组量化的技术数据。发展指标初步确定后,通常在规划编制过程中依据所反馈的信息加以斟酌。

(5)制定规划战略

根据现状定位和理想定位所提出的发展任务、总体目标和具体指标,在全面综合分析优势与可能、劣势与阻力的基础上,研究、选择和制定发展方针、战略举措和发展模式。

3)规划部署

(1)形成政策

选择最佳的发展政策并加以完善。有关的利益集团应参与选择最适宜的政策,了解他们选择的原因,为政策的制定奠定坚实的基础。国家或地方旅游政策包括专项旅游政策和相关旅游政策。专项旅游政策是一个国家或地区发展旅游业的专门政策,常与旅游业发展总体目标有关。在西方国家,旅游的政策目标通常包含四个方面的内容,即经济目标、社会目标、环境目标和政府职能目标。相关旅游政策是指政府部门制定的与旅游业有关的政策。虽然这些政策不是专门针对旅游业的,但对旅游业的发展有很大影响。如制定旅游规划时不能不考虑出入境政策、文物保护政策和涉及娱乐活动等政策。

(2)结构布局

依据规划目标、战略和政策,对旅游系统进行结构性调控,推动旅游系统结构向特定的方向变换,以满足旅游系统合理发展的要求。以规划目标为中枢,通过结构布局,解决条条和块块的矛盾、保护与开发的矛盾、规模与承受力的矛盾、重点与一般的矛盾、近期与远期的矛盾,建构各部分的协同关系。

(3)各项规划部署

各项规划部署是旅游规划的主体。通过旅游客源市场的分析,确定旅游系统的主体消费市场;通过旅游产品体系规划,建构起旅游系统运行的主体结构;通过支持体系的规划,将本地区社会经济体系中已有的服务设施、基础设施,提升到支持旅游系统合理运行的水平;通过保障体系规划,使原本保障本地社会发展、经济发展的组织体系,提升到能保障旅游者需求的水平(一般均高于或远远高于本地原有水平)。旅游规划应包括以下专项规划。

①旅游产品体系规划,包括旅游项目策划、游览体系规划、娱乐体系规划、接待体系规划、旅游线路组织规划、信息与营销策划。

②支持体系规划,包括土地利用规划、道路交通规划、基础设施规划、投资分析与资金筹措、劳动教育科技规划。

③保障体系规划,包括容量规划与旅游流调节、安全防灾规划、生态环境保护规划、文化保护与社会发展规划、旅游管理机制规划。

在实际规划过程中,规划工作组一般分为综合组、专题组、专项组。综合组的工作主要是在综合分析的基础上,提出规划目标、总体部署、结构调整和综合平衡方案。专题组的工作主要是调查、研究、解决旅游系统的关键性难题。专项组的工作主要是调查、研究、编制部门或专项规划,通常由专门的技术专家承担。各项规划部署必须将总体的、远期的规划目标逐层分解,落实到各部分和专项规划之中,不断进行反馈校正,直至与现行政策法规、相关部门规划及周边地区规划相协调。

4)规划文本和图件编制

规划文本和图件编制是规划成果的逐步完成过程。根据前期的基础工作,按照任务书及规划大纲来编制。这也是旅游规划的创意过程,划定功能分区、提炼旅游产品、旅游项目设置等是旅游规划创意最直接的体现,客源市场开发规划、旅游商品开发规划、游线设计与游览组织、绿化美化与生态环境建设规划、规划实施建议和旅游管理措施等也体现了旅游规划队伍的经验与创新相结合的过程。整个编制过程往往需要经过多次讨论、修改。规划编制双方应组织专家对规划草案进行中期评估,审查草案是否达到规划编制的要求,若未达到

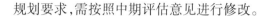

规划要求,需按照中期评估意见进行修改。

5）规划成果定稿

规划成果定稿有两种含义:一是作为评审成果的定稿;二是作为最终成果的定稿。在规划编制中,规划成果定稿一般取前一种含义,后一种含义通常是完善实施阶段的工作。规划文本和图件编制完成后,一般要经过自身审定、形成规划初稿、委托方初审、规划方初稿修改等步骤,最后形成规划评审稿,这也是本阶段的规划成果定稿。规划成果分为规划文件和规划图纸两大部分。规划文件包括规划文本、规划说明书和基础资料汇编三个组成部分。规划文本是对旅游规划的目标、战略、规划内容所提出的规定性文件;规划说明书是对规划文本的具体解释;基础资料汇编收录在规划编制过程中汇集整理的基础资料、技术数据、调查统计资料、计算过程、专题研究报告等。规划图纸的比例、内容分项、绘制手段、绘制精度,可视规划阶段、规划类型及实际需要而定。但是,勘察测量图件必须符合勘察测绘主管部门的有关规定和质量要求。

4.3.4 完善与实施

完善与实施过程是对旅游规划的进一步升华、提升以及将其付诸实际的工作。尤其是旅游规划的实施,它不仅是用规划来指导开发的实践,也是旅游开发对规划成果的检验和印证。这对于加强旅游规划管理、深化旅游理论研究、实现旅游地发展都具有重要意义。旅游规划的完善实施阶段通常包括以下几方面:规划评审、规划修订完善、规划上报审批、规划成果实施与监管、规划修编。

1）规划评审

在旅游规划程序中,评审是一个很重要的工作和程序,作为旅游规划管理中的一环,它不仅是评价和检验、监督规划成果的工作,也是对旅游规划进一步完善的过程。完成旅游规划评审稿之后,由规划委托者聘请有关的专家组成规划评审委员会,对规划的结构完整性、内容科学性以及可行性等进行评审,最后提出规划评审意见。若规划方案被通过,应根据评审委员会的建议加工修改,以形成最终的规划文本,并经政府、人大审批,成为地方性旅游发展的法规性文件,指导规划期内当地的旅游发展;若未通过,则由原规划组或聘请新的规划小组重新规划。

2）规划修订完善

规划评审工作完成后,评审委员会将形成书面的评审意见,规划成果也面临一致通过、原则通过、暂缓通过或不予通过的判定。对于予以通过规划评审的成果,规划队伍也需要根据评审意见和建议对规划成果进行修订完善。对不能修订或不需要修订的意见,应就意见反映的内容提交书面说明,解释规划队伍坚持的理由。这些材料将会随成果归档进行统一管理。

3）规划上报审批

规划成果完善定稿后,规划开发商或行政部门需要将规划成果报请上级主管部门进行审批,以便开展后续的开发实施工作。规划成果经评审、上级审批后,就可以作为具有约束力的条文对旅游地的开发实施进行指导、协调和约束,起到政策和法规的作用。

4）规划成果实施与监管

规划编制的最终目的在于开发实施,规划的开发实施通常是由规划委托方进行的。实施旅游规划,委托方必须建立一个行使开发职能的机构或部门,安排合适的人员。通过拟订旅游规划的实施计划、协调各个相关部门的工作、执行旅游规划的设计成果,使整个旅游开发工作有计划、有步骤、有秩序地进行。在实施中和实施后要对旅游发展情况进行监控以确保能按规划实现目标,同时不会产生经济、环境或社会文化方面的负面问题。一旦发现问题要立即采取补救措施,把旅游发展进程拉回到规划限定的轨道上来。

旅游规划通过审批以后,对规划成果需要实施一系列保障措施。要使合理的旅游发展成为现实,必须进一步通过行政、经济、法律、技术等手段实施旅游规划,这是旅游规划整体过程中最有价值的组成部分之一。

5）规划修编

规划完成一段时间以后,随着旅游区旅游业发展及当地实际情况的变化,规划的内容如果不能满足当地的需求,就要进行旅游规划修编。

4.4 旅游规划招投标

4.4.1 招标的含义

招标首先出现于工程项目中,是指发标方对特定的对象或目标、项目等任务的实施者,采用市场采购的方式进行选择的方法和过程。应该说,在旅游规划项目上采用招标的方式时间并不长,而且由于规划所涉及的任务内容相对工程项目而言比较简单,因此整个过程相对简单。近年来,随着规划市场竞争的加剧,市场范围的扩大,以及规划程序越来越规范化,招标在旅游规划项目中应用也越来越多。采用招标方式选择规划队伍,能够体现平等性、竞争性、开放性。

4.4.2 招标的分类

对于单纯的旅游规划,按招标方式分类,有公开招标、定向招标、直接委托等;按分包方的组合方式分类,有总包、分包、联合承包等。如果旅游规划与开发建设等任务集中在一起进行招标的话,还有阶段招标、建设招标、咨询招标等。

4.4.3　招标的条件

招标不仅仅是一个选择的过程,更重要的目的是更好地完成旅游规划任务,更好地发展当地的旅游产业。作为一个规范意义的招标,它应满足以下条件:旅游(景)区开发意向已经得到认可或有正式协议;开发项目已经列入建设计划或议程,开发商已报批建手续;开发资金基本落实;前期配套工作已经完成。

4.4.4　招标程序

1)招标准备阶段

招标准备阶段一般是针对规划项目发标方或由其委托的专业监理单位、咨询单位承担的。它通常包括组织招标班子、申请批准招标、编制招标文件、发布招标公告,同时组织评标委员会。当然,后一项工作也可以在开标评标前进行。

2)投标准备阶段

投标准备阶段主要针对投标方,即旅游规划方而言。在该阶段,投标方主要的目的是在投标资格基础上,编制出投标书以供评标议标。这一阶段主要包括投标资格预审、根据招标书条件编制投标书以及准备相应的资料、投递标书及投标保证金。

3)开标评标阶段

招标方或招标监理方在收到投标方投递的投标书后,组织评标委员会进行开标和评标,通常会组织一个小型的会议。在会议上,由投标方对标书进行陈述和解释,然后评标委员会专家对各投标单位进行评标。

4)议标签约阶段

对所有投标单位进行评标工作后,由评标委员会针对各投标单位的标书、投标方的陈述、条件等进行综合评定,根据一定的选择标准评定中标单位,并与之就进一步的合同签订进行再次磋商。

4.4.5　招标书和投标书编制

招标和投标书的编制应该明确、规范,即所要阐明的内容应明确,能够向对方清楚地传递足够的信息,以便于对方取舍。就编制格式而言,招标和投标书应该规范,目前对旅游规划招投标书具体的编写格式并无明确规定,这可以参照工程或建设项目招投标书的资格审查。资格审查是指招标方对投标方是否具有完成规划项目的资格、能力进行初步评定。资格审查的内容一般包括:法人资格和单位资质,具体要求检查营业执照、项目准入资格,如主要规划经历、规划队伍状况、技术能力以及其他方面的情况。

4.5　旅游规划过程管理

4.5.1　社区参与

社区参与包括居民参与、社区制度参与、组织参与和设施参与等,其中居民参与是根本,在此基础上,方可推进社区的全面参与。

居民参与并不是将居民作为管理对象,而是将居民的参与程度作为规划效果的指标之一,而且居民也作为积极的主体成为规划的基本组成力量。

1)居民参与的途径

(1)成立居民参与组织

居民原本是松散无序的,如果不组织起来,居民的利益难以保障。官方组织起来的居民组织运行效果可能不理想,最好是官方发起并给予支持,待正常运转后官方再退出去。目前较好的形式是农民旅游协会和第三方组织(官民合办)。

(2)制定规划地管理条例

居民参与需要有章可循。规划地制定一个旅游开发条例,内容从组织成员的组成、任期、决策程序,到融资渠道、利益分配等方面,需要逐一落实。

(3)规划过程中设置居民意见参与途径

保障居民参与的途径。规划中可以多次召开座谈会、入户访谈、设置反馈网页、举行规划听证会等,可以将居民参与途径写进规划条文中并形成惯例。

(4)表决制度

委员会的组织形式只适合决策小的事情,或者适合超大人口样本的情形,村镇一级的旅游规划,需要村民大会表决,委员会只具有管理权。

(5)明晰居民参与旅游经济的途径

居民对旅游的态度几乎完全决定于是否得到利益。居民参与需要落实居民获取利益的途径。如设置居民主导经营的旅游项目,开发旅游纪念品项目,决定旅游收费的分配比例等,都是规划中应该考虑的内容。

(6)培训居民参与技能

居民,特别是农村居民,缺少旅游从业的技能,政府有责任进行培训。居民为旅游规划提供了空间和旅游资源,通过旅游来扶持弱势居民群体是当地政府的义务。

(7)居民参与规划区重大事宜的谋划和决策的全过程

居民整体上缺少专业知识和足够的信息支持(信息不对称),即便是给予居民参与规划的表决权,整体上参与效果也不太好。况且由于村镇级别的居民人数有限,容易出现一面倒现象。为此,提倡居民全过程参与规划区重大事宜的谋划和决策。

(8)圈定聚落区

由于目前在实践中居民参与做得还很不理想,为了保护居民利益,应该圈定聚落区,确保居民固有文化及习俗不受侵犯。待居民能够完全行使自主权利,居民整体上深得旅游之利,全域开放旅游就是顺理成章了。

总之,居民参与途径是建立在居民形成自发组织、与其他成员依法协商的基础之上的。除了组织运作形式的考虑,在内容上可以从利润流、时间空间分割、心理、政治、社会等方面考虑。

由于不同国家和不同地区的发展水平不一致,居民参与途径还要具体问题具体分析。在经济发达地区,可以适度增加居民参与的分量,如果是大型规划地(城市),由于居民全体人口众多,集中民意的成本十分高昂,而且工业、商业等力量也是十分重要的旅游力量,居民参与只是旅游规划的影响因子之一,需要采取"民主集中制"的方式设置居民参与途径。而对于已经进入富庶阶段的个别村镇,比如文化遗产地——周庄,由于居民深知旅游的重要性,而且居民人数有限,可以加大居民参与力度,包括采取全员参与方式,来对重大项目或重大事件进行全体村民表决。对于落后地区,还是提倡"政府主导、市场导向"的规划方式,居民参与一步一步地来。

2)居民参与模式

(1)居民主导型

对居民正在使用中的古村落进行规划,必须以居民参与的最高形式(居民主导)来完成。即便是委托专家来进行规划,居民也是委托方,此时政府应是出资方,政府应该尽量压制其意志,其原因在于此种情况下居民更把资源当作资源,况且居民对自我生活空间资源的理解更深刻,如果由政府主导,可能出现丧失本真性的结局。周庄就是这样成功的例子,类似的例子还有很多。

居民主导情形下,要求居民组织是自发的或者是利用已有的且一直发挥作用的其他组织,让这些组织转换功能是非常有效的办法。居民主导还必须有权威领导者,让符合条件者承担重任,并给予启发、鼓励和支持。

(2)特许经营的居民参与模式

特许经营的居民参与模式适合风景区旅游规划。风景区的所有权属国家,保护工作是风景区的重要任务,其核心区和缓冲区不允许进行商业经营活动。为了保护工作的开展和满足旅游者必要的需求,可有限度地设置一些规模较小、较为分散的服务设施。

美国在这方面做得比较成功,风景区向部分居民发放特许经营许可证,指定经营地点、确定经营规模和内容,并限定经营时间。风景区将旅游利润的边缘部分让给部分居民,虽然带来了居民内部的不公平,但比完全排除居民参与要好得多,这属于发展中的不公平,是可以接受的。我国风景区大多设置管理委员会,仅少部分居民参与特种经营。风景区管理者既参与管理又参与经营,"一套人马两个牌子"(管委会和开发公司),占据了大量的旅游利润,而且大部分收入用于发放工作人员的工资和奖金,尽管实行了"收支两条线"的制度,但上缴利润与财政拨款几乎等额。

旅游规划中"区内游、区外住"的空间布局方案,为居民参与提供了机会,被认为是特许经营的一种异化结果。从居民参与的状况看,无组织的市场运作造成了局部环境的恶化,而政府主导下进行的居民参与则秩序良好,促进了规划的实施。从长远看,还应通过培养居民组织实行市场化运作。

(3)分红模式

分红模式适合于自然保护区的居民参与。我国出台自然保护区制度的历史较短,在自然保护区被确定之前区内就有居民生活,先入为主的理念又表明指定保护区是对原居民的一种不公平行为。因此行政法规与惯例发生了冲突,划定保护区的同时需要对居民进行补偿,为了保护资源,居民原有的一些生产和生活将受到限制,有必要对居民进行适当的经济补偿,提供一种参与旅游经营的途径。

分红模式就是这样一种典型形式。该模式首次出现在南非的洛克泰尔湾,自然保护区由非营利性公司主持,即营而不利(己)。当地居民以持有旅馆所有权和经营权双重股份,获得旅游收入。居民每季度分一次红,营业额大幅度提高时可以得到配股。非营利组织接受社区成员的项目建议,与农村发展委员会协商决定项目,对于重大项目,实行社区大会公决制度。

分红模式的可借鉴之处在于让非营利组织主持营利活动而又不截留利润。从开始到结局的整个过程中,非营利机构没有远离利润,而是将获得利润作为工作任务,盈利而不私留,既保持了非营利的"清洁",又帮助居民做了挣钱的事情,而居民则做了非营利机构想做的事情。这种"目的唯一而方式不唯一"的发展方式,"你想我做"和"我想你做"的解决问题方式,值得深入研究和借鉴。

(4)股份合作模式

股份合作模式是居民以实物资产、资金、技术和劳务等多种形式入股,形成兼有资本合股和劳动联合的经营组织形式。厦门岛东海岸区的曾厝垵和黄厝两个村庄实践了这一模式。自 20 世纪 90 年代后期以来,厦门市政府对该区进行风景旅游为主导功能的规划、开发建设的前期,由于没有重视协调生态保护、社区居民利益与经济发展之间的关系,致使区域生态功能急剧下降,造成社区居民与政府之间关系紧张的局面。后来加拿大国际发展署将该区作为项目示范区,选择生态旅游(以黄厝村为主)作为该区最优开发方案。通过股份合作模式,设置一种内在的经济激励机制,把社区居民的责(任)、权(力)、利(益)有机结合起来,引导公众自觉参与他们赖以生存的生态资源的保护。

股份合作模式不适合自然与遗产地区,因为随着入股资本的增大,遗产对象物会遭到破坏。而在环境资源优越、体量大、级别不高(没有被认定为国家或省级旅游对象物)的状况下,是可以实行股份合作模式的,即泛旅游资源地区(气候疗养地、一般生态型山区、非保护区的沿海地区等)适合股份合作模式。

(5)多主体协作模式

规划地的各有关主体(如政府、企业、旅行社、居民组织等)都对旅游开发感兴趣,但又不能成立一个统一的经济组织,就需要协作,此时的居民参与只能以协作成员的形式出现。不能形成统一的旅游企业的原因是多方面的。首先,政府是全面负责地区发展的行政机构,显然政府不能入股企业。其次,从目前旅游的实践经验来看,除了在人口非常密集的地区建设主题乐园,一般的规划地还不能承载一个大企业,因为旅游季节性决定了这一点,最多的做法是某些企业在很多地方发展连锁经营,而规划地的政府和居民显然一般不会到其他地区发展旅游。最后,一个统一的大企业也可能造成旅游项目单调化,主体多一些,项目种类也就多样化。

贵州省安顺市平坝区天龙屯实践了居民参与的多主体协作模式。这个协作组织的成员分别是政府、公司、旅行社和农民协会。各成员各负其责、各司其职,政府负责基础设施建设和协调各方利益关系,公司负责项目投资,旅行社负责客源,农民协会负责聚落卫生和组织演出等,旅游所获的利润在扣除生产性积累后采取平均分配的方案。

从旅游资源的角度研究这类居民参与模式会发现,多主体协作模式适合民俗民情类无形人文旅游资源的开发,因为居民本身是资源的载体,这类旅游资源的开发必须要求居民参与。当居民缺少足够的资金和组织能力主导旅游开发时,需要采取多主体协作的模式进行开发。

4.5.2 过程管理

过程管理是指从旅游规划立项到旅游规划成果评审前以规划编制为核心的管理工作。

1)计划管理

旅游规划计划是为实现规划地旅游规划的目标而对未来一个时间段内的工作安排和行动布置。总的来说,它是解决旅游规划做什么和如何做的粗略性行动方案和行动指南。

计划管理主要包括确定目标、制订计划方案、成本估算等内容。目标是指旅游规划应达到的最终目标或委托者期望达到的结果。根据旅游规划层次以及委托者对旅游规划的认识与设想,委托者要以书面形式确定规划应达到的目标。计划方案是指委托者依据自身的知识及对旅游规划的认识程度编制、制订的行动指南和工作流程,甚至包括控制要求,它是指挥和协调委托者自身内部活动的工作性文件和政令,通过计划方案,可以使委托者或委托组织明确需要做什么、何时做、如何分工、如何做等问题。

2)实地考察管理

实地考察工作也是整个旅游规划过程的重要环节之一,实地考察不仅涉及规划者对旅游区的整体考察和第一手资料的搜集,如地形地貌、旅游资源、人文风情等,也涉及考察过程中规划双方的交流与沟通,因此对实地考察的管理也显得十分重要。而目前考察工作中实际往往是规划者浮光掠影、草草了事,委托讲解人员也敷衍其事,最后是考察工作形同虚设。从规划实践出发,必须加强实地考察管理工作,主要是提高考察质量和实地勘察效果。这方面,国内也有不少的经验,如规定专家考察的最短时间、组织座谈会最低次数、考察专家人数等。

实地考察管理的内容主要包括考察人员的组织、考察范围的确定、考察行程安排和考察过程的沟通。

(1)考察人员的组织

考察人员组织管理主要包括委托者人员的组织,如考察陪同人员、考察点的接头人员等;规划者考察人员的组织,包括人员规模、专家构成、专业队伍构成、专业队伍工作分配等。

(2)考察范围的确定

考察范围确定是指委托者根据规划要求确定或应规划者要求确定考察范围,具体到考察点和考察详细程度等。

(3)考察行程安排

考察行程安排是指根据规划要求确定考察的详细程度,并以此安排考察路线、考察时间等。

(4)考察过程的沟通

由于合同约定或在前期的沟通过程中,只是规定了规划的大概思想和要求,对具体地域的规划要求并未给予具体规范,这就需要规划者在考察过程中进一步与委托者相关人员、陪同人员、当地居民等加强沟通,以便更好地完成规划。

3)旅游市场调查管理

旅游市场调查是旅游市场研究工作中的基础工作,它不仅可以搜集基础的市场数据和资料,而且可以通过观察旅游行为,发现规划区域的旅游市场趋势。市场调查的数据资料搜集和整理的结果是市场分析的基础。对市场调查的管理主要是为了更好、更高效地完成调查任务,而对市场调查工作进行计划、组织、实施等管理工作。它又可以具体细分为调查任务和内容的确定、调查地点的选定、调查方法的选择、调查人员的组织、调查资料的整理等。市场调查的最终目的在于真实地掌握市场数据和资料,所以,如果历史数据相当充分,可以适当减少市场调查工作。

4)旅游规划进度管理

旅游规划进度管理是指规划者在委托者进度计划或双方约定的合同计划约束下,通过对比计划时间与实际工作时间,以对整个旅游规划工作进程进行控制的工作。进度管理的工作流程,主要包括确定编制计划、衡量实际编制进度、进度反馈并及时纠正偏差。目前,比较有效的进度管理方法是进度表法。该方法是在工作结构分解的基础上,对每一细节工作确定其用时时长,然后进一步结合工作衔接时间差,编制出时间进度表。以时间进度表为依据,在关键工作结束时对其进行分析比较,以确定旅游规划主要工作是否延期、准时或提前,并根据不同的状况确定相应的管理工作。

4.6 旅游规划评审与实施管理

4.6.1 旅游规划评审

评审人员根据相关理论和自己的经验,评审规划成果的优缺点,并提出对应的改善对策和措施。传统意义上,规划评审也是旅游规划整个工作的终结标志。对于旅游规划评审管理工作,主要包括三个方面:一是评审程序,即程序的逻辑性、严密性和方法性;二是评审重点,即在整个评审过程中需要予以关注的要点;三是评审结论,作为评审工作的结束表征,结论直接反映整个评审过程质量以及评审对旅游规划的效用性。

1)评审程序

根据目前我国旅游规划的实践,旅游规划评审一般分为两个阶段,即初次评审(初审)和最终评审(终审)。对一些小型的、简易的、规划层次较低的规划,也可以一次终审定稿。

规划的第一次草稿是中间成果,通常称为"征求意见稿",规划委托方通常组织审议小组并邀请主管部门对草稿进行审议,在征求上级主管部门、本地各相关部门意见的基础上,召集各相关学科的专业人士进行研讨与座谈,有可能还需要征求本地主要景点、饭店和旅行社的意见。在征集了大量正反面意见后,由委托方整理形成初审意见稿,提交规划方,规划方根据意见或建议对文本作合理解释或二次修改。一般来说,规划初稿的改动工作量较大,有些部分甚至可能推倒重来。

规划工作组对规划成果根据汇总后的初审意见并结合实际情况进一步修改定稿,形成"送审稿",在规划正式评审会上供领导和专家评审。相对来说,初审只是规划的中间过程,其形成的意见或措施也属于建议性质。而终审对规划具有决定作用,因为终审的意见最终反映为规划成果是否被评审会专家组认同和接受。

规划评审通常包括三个主要阶段:评审准备阶段、评审会阶段和规划完善阶段。下面介绍评审准备阶段和评审会阶段相关内容。

(1)评审准备阶段

旅游规划评审稿完成后,由规划委托方提出申请,上一级旅游行政主管部门组织评审。旅游规划的评审采用会议审查方式。在组织评审前,应邀请业内专家、主管部门等组成评审专家小组,规划成果应在会议召开5日前送达评审人员审阅,保证其在会前要有充足的时间了解和深入研究规划成果。

旅游发展规划的评审人员由规划委托方与上一级旅游行政主管部门商定;旅游区规划的评审人员由规划委托方和当地旅游行政主管部门确定。旅游规划评审组由7人以上组成。其中行政管理部门代表不超过1/3,本地专家不超过1/3。规划评审小组设组长1人,根据需要可设副组长1~2人。组长、副组长人选由委托方与规划评审小组协商产生。旅游规划评审人员应由经济分析专家、市场开发专家、旅游资源专家、环境保护专家、城市规划专家、工程建筑专家、旅游规划管理官员、相关部门管理官员等组成。

在评审会召开之前,应组织评委会成员对规划区域的主要旅游资源、设施和环境进行实地考察,这些工作一般由规划委托方完成。

(2)评审会阶段

评审会阶段通常包括四个主要内容:规划组陈述、评委和与会人员发言、规划组答辩、评委总结。规划编制组代表应就规划编制的过程、指导思想和基本内容向全体评委作陈述,并向评委和与会人员展示规划图件及有关规划成果材料。随后,评委和与会人员分别就规划过程和规划成果发言,主要针对规划成果存在的问题或缺陷进行探讨,如有可能也提出改进或完善意见。规划编制组的代表有义务回答评委和与会人员的提问,对提出的意见作补充说明和回答。规划编制组答辩结束后,评委会应在规划双方回避的情况下单独举行会议,研讨评审意见或评审结论。规划的评审需经全体评审人员讨论、表决,并有 3/4 以上评审人员同意,方为通过。评审意见应形成文字性结论,并附有评委会主任、副主任和全体委员的签名,评审意见方为有效。评审会最后,由评委会主任在向全体与会人员宣读评审意见后,规划双方可对评审意见作必要的说明;也可在正式宣读前向双方通报评审意见的草案,随后再正式宣读评审结论。

对于未能通过评审的成果,规划双方应对旅游规划进行理性的磋商,探讨重新进行的可能性。而已经通过评审的规划,规划方也有义务按照评审会形成的意见,就规划成果中存在的问题和缺陷作进一步修改完善。

2)评审重点

评审是旅游规划过程中最重要的验收把关程序。对于评审重点,应围绕规划的目标、定位、内容、结构和深度等方面进行重点审议,包括:①旅游产业定位和形象定位的科学性、准确性和客观性;②规划目标体系的科学性、前瞻性和可行性;③旅游产业开发、项目策划的可行性和创新性;④旅游产业要素结构与空间布局的科学性、可行性;⑤旅游设施、交通线路空间布局的科学合理性;⑥旅游开发项目投资的经济合理性;⑦规划项目对环境影响评价的客观性、可靠性;⑧各项技术指标的合理性;⑨规划文本、附件和图件的规范性;⑩规划实施的操作性和充分性。

规划评审着重对规划内容的科学性、前瞻性和可操作性进行评议。评审的关键在于公正、全面、实事求是,由于各地旅游开发情况不同、没有统一的参照评判标准,它是一项实务性的连续过程,应抓住规划中的基本内容,如指导思想、产业地位、发展目标、市场定位、开发布局、主导产品、配套建设、环境保护等方面进行评议,不宜苛求细枝末节。

3)评审结论

目前,评审结论(或意见)尚无固定的格式,一般包含下述内容:第一,评审会的时间、地点和参会人员概况;第二,对规划基本内容的简要介绍;第三,对规划的基本评价。如规划是否符合实际情况,是否与国民经济和社会发展规划、城市总体规划以及交通、土地、园林、文化、环保等其他专业规划相衔接,客源市场定位是否准确,资源开发方向是否正确,旅游产品是否形成具有竞争力的特色,是否具有可操作性,其投入产出分析与结论是否可靠等,这些问题都是规划中的关键性问题。在此基础上,再综合地对规划的特点、长处和不足作出评价。

评审结论是一个决断性意见,它应对规划是否达到编制委托书的要求作出明确的判定,当然,最主要的判断原则在于旅游规划是否符合规划区域旅游经济和产业的发展。规划等级判断上一般用"一致通过""原则通过""暂缓通过""不予通过"等用语;评审专家认为规划不符合国家规定的有关要求、不符合当地实际情况、不符合旅游发展趋势的,应明确指出存在的主要问题,要求规划编制组作必要的修改。对规划成果或规划双方的建议和措施可以作为评审意见在评审结论中出现,也可以形成"会议纪要"供双方参考。

规划如通过了评审,规划方应根据评委会的意见和建议,对规划成果作进一步修改补充,使之更加完善。除有重大或原则性修改,评审后的规划定稿一般不需再通过专家审查。旅游规划如未通过评审,由委托方与规划方按照规划合同的规定或双方协商处理。未通过评审的规划成果,经过修改再次定稿,须重新举行评审会。

4.6.2 规划成果管理

规划成果管理主要是指对旅游规划成果的上报、审批以及归档和成果预执行等方面进行管理,一方面加强信息的畅通,另一方面使规划成果能得到有效使用。

1)规划上报与审批管理

根据国家旅游局颁布的《旅游规划通则》(GB/T 18971—2003)中的有关规定,"旅游规划文本、图件及附件,经规划评审会议讨论通过并根据评审意见修改后,由委托方按有关规定程序报批实施"。作为法定程序的一个环节,规划委托方必须履行该项工作,并对规划报批进行跟踪管理。

2)成果归档管理

成果归档管理有两个方面的意义:一方面是对旅游规划文本的数量控制及发放范围控制,并对发放的规划文本进行记录与跟踪。对委托者而言,旅游规划成果是其通过支付一定酬金取得的对旅游地开发的规范性文本,因此,必须对其实行严格的管理,尤其是旅游规划实施前。另一方面是对成果进行归档备案和保管,统一使用。对于上报的规划成果,必须在上级主管部门中进行备案,以便查询。对于委托方控制的规划成果,必须进行归档保管,在借阅和使用中进行统一管理。

4.6.3 规划实施管理

旅游规划的实施管理,是一个对旅游系统的持续的控制过程。通过这一过程,及时了解旅游系统各部分的发展状况和趋势,发现旅游规划实施过程中出现的问题与偏差并在它们还未变得十分严重之前进行调整和纠正。

1）对开发建设活动的监管

对开发建设活动的监管,包括开发项目的立项申报管理、建设用地与工程的规划许可证管理、执行查验管理。在旅游城镇、服务中心、旅游度假集聚区内,常通过用地性质、建筑密度、容积率、建筑高度、停车用地、开发坡度、视域控制、建筑风格、广告牌要求等要素在各分区的不同规定,对其开发建设实施规划管理。在旅游活动集聚区之外的广大区域,通过区划手段,分别实施不同的管理。

2）对经营活动的监督检查

旅游规划的主管部门,有权力、有责任对管辖范围内的旅游规划实施状况作例行检查,单独或会同有关部门(园林、城建、交通、环保、卫生、消协等),行使对经营服务质量的检查监管权力,以确保质量、协调矛盾、总结经验、防止失职、纠正偏差。

3）接受社会监督

旅游规划经批准后,要通过媒体,公开旅游规划的内容及实施管理标准,让各类有关企业和广大群众了解旅游业的地位、发展方向、结构布局及各项安排,鼓励和保障社会监督,以利于提高全社会了解和参与旅游规划的实施,掌握解决相互矛盾的依据,自觉维护旅游规划的权威性。

4.6.4　旅游规划修编

旅游规划经审批后,必须严格管理、严格实施。但是,旅游规划的实施是一个连续的过程,没有哪一个旅游规划是可以永远有效的。由于经济和旅游业的发展、消费者消费方式和消费水平的变化,以前编制的旅游规划的许多内容可能不适应现时的旅游市场需要,因此旅游规划的修编成为一项长期的工作。对旅游规划实施管理的重要程序,是对旅游规划的有效性进行定期的评估,必要时可作局部的调整或者全面的修编。我国目前各级各类的旅游规划,一般每 5 年都要进行综合评估和规划修编。通常最需要修改的是重新评价市场发展趋势,考虑开发新的旅游产品及旅游业未来的发展方向等。当目的地趋于成熟和饱和时,应采取有效的控制措施,并制订新的短期开发计划。

调整后的旅游规划报所在地人民政府及上一级旅游行政管理部门备案,但涉及旅游产业地位、发展方向、发展目标和产品格局的重大变更,须报原批复单位审批。

教学实践

模拟规划某一旅游地,熟悉旅游规划的编制程序。
成立规划评审组,对学生的规划方案进行评审,熟悉整个评审过程。

本章自测

1. 谈谈你对旅游规划基本模式的理解。
2. 简述旅游规划招标的程序。
3. 论述居民参与的几种模式。
4. 简述旅游规划评审的重点。
5. 简述旅游规划的编制程序。

第 **2** 编

旅游规划技术

第 5 章
旅游资源调查与评价

学习目标

　　理解并掌握旅游资源的概念和基本分类;了解旅游资源调查的程序,掌握旅游资源调查的内容;掌握旅游资源评价的内容与常用评价方法。

关键概念

　　旅游资源　资源调查　资源评价

问题导入:

彻底了解旅游供给和旅游需求,对于任何旅游规划开发都是必要的前提。评估旅游区的旅游供给,可以识别旅游区产品储备,确定旅游开发的方向。旅游资源则代表了供给——需求方程式中的供给方,因此旅游区拥有什么旅游吸引物?这些旅游吸引物的独特之处是什么?准确深入地调查、分析与评价旅游资源是本章要具体阐述的内容。

5.1　旅游资源

成功的旅游目的地创造了一种令人愉悦的空间,一种与其竞争者不同的身份,从而向旅游者提供独特旅游体验,这种独特就是旅游景区吸引游客的所在,也就是旅游资源。如果没有旅游资源,旅游者便不会被吸引前来旅游;也就意味着不存在需求市场,旅游业也就无法生存。可见,旅游资源是旅游活动构成体系的主要因素,是旅游业赖以存在和发展的基础和前提条件,是旅游目的地对游客产生吸引力的源泉。

旅游资源意味着旅游目的地吸引游客前来的所有特征,自然景观和人文景观,节日事件、活动,基础设施,甚至旅游目的地的好客程度和交通服务等诸多因素均对游客产生吸引力,可归之为旅游资源,范围极其广泛。

因此,本书认为旅游资源指自然界和人类社会凡能对旅游者产生吸引力,可以为旅游业开发利用,并可产生经济效益、社会效益和环境效益的各种事物和因素,是旅游目的地吸引目标旅游群体的牵引力,包括使旅游活动得以实现的客体(自然景观与人文景观)和载体(基础设施和旅游服务)。

第一,旅游资源首先要对旅游者产生一定的吸引力。旅游资源是旅游目的地吸引目标旅游群体的牵引力。旅游活动的开展就是针对旅游者求新求奇的心理特征,利用旅游资源的吸引力吸引游客前来旅游体验。因此,旅游资源必须具备一定的旅游吸引力。

第二,旅游资源可以通过开发为旅游业利用。旅游资源要对旅游产生牵引力,势必要经过人为的开发。只有进行了旅游资源的开发,旅游资源的吸引力才为人们所感知,旅游业才得以进行。对旅游资源加以开发包括改善旅游环境、完善旅游产品及配套服务设施、挖掘旅游资源内涵、对旅游资源加以营销推广等。

第三,旅游资源要能够产生经济、社会和生态环境效益。市场经济条件下,经济活动是以利益为动力的。近年旅游业的飞速发展向人们展示了旅游业是一个新兴的、具有高效益、高关联性的朝阳产业。作为旅游业发展基础和前提的旅游资源,经过开发后可以产生效益,拉动地区经济和社会发展。

第四,旅游资源既可以是物质的,也可以是非物质的,可以是有形的,也可以是无形的。自然山水、亭台楼阁这一类的观赏物是旅游资源,民风民俗、宗教信仰等文化传统也属旅游资源。物质的旅游资源是旅游者所能切实感受到的,而非物质的旅游资源也是许多旅游景区旅游吸引力的灵魂,尤其一些广为流传的传说典故、文学典籍等旅游资源。如黄鹤楼在历史上数次重修重建,游人络绎不绝,主要是得益于诗歌《黄鹤楼》的魅力。

综上所述,旅游资源的概念应从其吸引力、可开发性、效益性及其存在四个方面加以把握。因此,旅游资源是指自然界和人类社会凡能对旅游者产生吸引力,可以为旅游业开发利用,并可产生经济效益、社会效益和环境效益的各种事物和因素。

值得注意的是,目前所处的数字经济时代,有效扩展了旅游资源的内涵边界,也大大扩展了旅游业的发展空间和可能路径。工业城市淄博"一串烧烤,带火一座城",其关键就在于流量经济将"烧烤"这一市井文化转化为具有强烈吸引力的旅游资源,为旅游资源的外延化与旅游业发展提供了可行经验。规划者应运用范围经济和规模经济等理论,发挥流量经济的旅游资源创新效应,理性识别和有效利用那些游离在社会经济环境中的有价值的、稀缺的、不可模仿的、不可替代的"网红"旅游资源,提高旅游吸引力和竞争力。

5.2　旅游资源的分类

旅游资源分类是开展旅游资源调查、制订旅游发展规划和确定旅游重点开发项目的基础性工作。由于旅游资源包括的范围十分广泛,旅游目的地的大多数特征都可看作目的地整体旅游资源库的一部分。同时,随着旅游业的发展,人们对旅游资源的认识逐步拓宽,旅游资源无限化已经成为目前旅游资源发展的趋势,因而其分类相当复杂。

旅游资源的分类研究,始于 20 世纪中叶。由于此项工作开展得比较晚,目前国内外旅游学界从学科建设角度对旅游资源尚未形成比较确切统一的分类方法,多数学者都是从社会实践的不同角度,对旅游资源进行多种分类。本书介绍国内比较流行和实用的旅游资源分类。

5.2.1　传统的基本属性分类法

国内旅游学界根据旅游资源的科学属性,将其分为自然旅游资源和人文旅游资源两大类。

自然旅游资源是指自然地理环境经亿万年的演变形成的具有旅游功能的事物和因素,包括地貌旅游资源、气象气候旅游资源、水文旅游资源、生物旅游资源等。

人文旅游资源是人类创造的反映各时代各民族政治、经济、文化和社会风俗、民情状况,具有旅游功能的事物和因素,包括古迹与建筑、休闲求知健身场所、休疗养和社会福利设施、动植物园、公园、体育场馆、游乐场所、节庆活动、文艺团体和购物场所等。

这种分类简单粗略,但实用性更强、包容性更大,更容易找到资源对接场的"点"。

5.2.2　资源利用角度的分类

从旅游资源的可持续利用潜力角度,分为可再生性旅游资源与不可再生性旅游资源。

可再生性旅游资源系指那些在旅游过程中被部分消耗掉,但仍能通过适当途径为人工再生产所补充的一类旅游资源,如森林、水域、生物等均属此类。

不可再生性旅游资源一般系指在自然生成或在长期历史发展过程中的遗存物,这类旅游资源一旦在旅游过程中遭到破坏,就无法挽回,即使能部分复原,其原有的旅游价值也大为降低。例如,古建筑、古墓葬和古文化遗址等。

因而,对可再生性旅游资源要充分利用,在其可再生能力(速度)范围内创造更大的价值;对不可再生的旅游资源则应进行以保护为前提的适度开发。

5.2.3 资源经营角度的分类

从旅游资源经营的时空属性来看,分为有限的旅游资源和无限的旅游资源。

有限性和无限性包括时间和空间的二维性质。如生物和气候旅游资源在时间和空间上都可以说是无限的,而古建筑则无论是在空间上还是时间上都是有限的,有限的旅游资源在有限的空间、时间范围内容纳有限的游客,过度开发和利用会影响其持续利用,所造成的破坏或自然损耗可使有限的利用时间缩短。无限的旅游资源其供给不受时间和空间限制,使用过程中也基本不会消耗或耗尽。一次民俗的表演时间是有限的,因此必须充分利用有限的时间增加收益,而对山色、海景的观赏时间是无限的,就不一定过于追求经济效益。

5.2.4 旅游目的地导向的旅游资源分类

克里·戈弗雷根据旅游资源的吸引力将旅游资源划分为首要资源和支持性资源。高亚芳进一步细分,提出了构建以旅游目的地打造为导向的"H-CSSR"资源分类、评价体系,即把旅游资源划分为人力资源(Human Resources)与核心资源(Core Resources)、支持性资源(Supportive Resource)、配套资源(Subsidiary Resource)和储备资源(Reserved Resource)。

人力资源是指资源评价的主体,要结构合理。资源评价由调查组成员完成。为保证评价的客观性与公平性,调查组应由多学科的专家、旅游行政管理部门官员、投资商、专家型游客和资源所在地社区居民共同参与构成。

核心旅游资源是指拥有最强的牵引力,通常代表着旅游者旅行决策过程关键激发因素的旅游资源。它是能激发游客特定的或综合性的出游动机,实现游客核心利益的目的地型产品的旅游资源。核心旅游资源一般资源品级高(一般为特品级)、主题鲜明、内涵丰富、生命周期长、交通通达性好、游客承载量大。

支持性旅游资源是对目的地的核心资源进行补充,对目的地的旅游吸引力有贡献,但在激发旅游行为动力上不起关键作用的资源。它是一般用以直接支持旅游目的地打造、旅游线路构建、丰富旅游目的地游览内容和功能、强化游览主题、提供更加多元服务的资源。

配套旅游资源属旅游目的地打造的间接支持型资源,虽处于旅游目的地更外围的地区,但处于旅游交通线路廊道中,能够以核心资源为节点,满足深度体验需要和多元利益,增加游客逗留时间,是能够建构旅游宽带、圈层或网络体系的资源。

储备旅游资源是指一定品级,有开发利用的价值,但由于处于同类或相近核心资源、可替代资源、抢占先机的资源等阴影下而被遮蔽的资源。它是由于资金约束、交通条件限制和市场需求量不足等因素在开发时序上予以后置的资源。这些资源的存在增加了旅游目的地的资源丰度、市场容量和规模,是未来各类资金介入时的参、备选资源。从游客的角度看,一个区域内还有未开发的资源,留下了发展空间,能够增添旅游地的魅力,吸引重游。

这种分类方法要求在进行旅游资源的分类时需要一定的判断力。旅游资源具有宽广而普遍的吸引力,通常不同类型的资源之间以及同一资源对不同的目标群体而言,其相对重要性会有所不同。

事实上,不是所有的旅游目的地都拥有核心旅游资源,而是由支持性旅游资源组合起来而形成的一种"综合性"核心旅游资源。因此不同类型的旅游资源之间可能重叠和混合。

此种分类摒弃以往为分类而分类的简单思想,从旅游目的地科学发展的立场,构建这个地区旅游业的核心竞争力,从这个角度去分析旅游目的地的旅游资源,科学合理地分类旅游资源,为下一步有重点、分主次实现旅游资源开发提供了基础,有利于实现旅游规划空间布局的最优化,打造竞争力强的旅游目的地,实现旅游业的可持续发展。

5.2.5　国家颁布标准的分类

2017 年 12 月,在对原有国家标准《旅游资源分类、调查与评价》(GB/T 18972—2003)进行继承性修编和内容的革新后,国家旅游局发布了新的国家标准《旅游资源分类、调查与评价》(GB/T 18972—2017)(以下简称《国标》),并于 2018 年 7 月 1 日起代替原有国标开始实施。现行《国标》由国家旅游局规划财务司和中国科学院地理科学与资源研究所起草,明确界定了旅游资源的类型体系、调查规范和评价方法等实用技术路线。

《国标》将旅游资源分为稳定的、客观的实体旅游资源和不稳定的、客观存在的事物和现象两类对象,据此细化分为 8 个主类、23 个亚类、110 个基本类型 3 个层次。8 个主类包括 A地文景观、B 水域景观、C 生物景观、D 天象与气候景观、E 建筑与设施、F 历史遗迹、G 旅游购品、H 人文活动,其中 A,B,C,D 属于自然旅游资源,E,F,G,H 属于人文旅游资源。旅游资源分类见表 5.1。

表 5.1　旅游资源分类表

主类	亚类	基本类型
A 地文景观	AA 自然景观综合体	AAA 山丘型景观、AAB 台地型景观、AAC 沟谷型景观、AAD 滩地型景观
	AB 地质与构造形迹	ABA 断裂景观、ABB 褶曲景观、ABC 地层剖面、ABD 生物化石点
	AC 地表形态	ACA 台丘状地景、ACB 峰柱状地景、ACC 垄岗状地景、ACD 沟壑与洞穴、ACE 奇特与象形山石、ACF 岩土圈灾变遗迹
	AD 自然标记与自然现象	ADA 奇异自然现象、ADB 自然标志地、ADC 垂直自然带
B 水域景观	BA 河系	BAA 游憩河段、BAB 瀑布、BAC 古河道段落
	BB 湖沼	BBA 游憩湖区、BBB 潭池、BBC 湿地
	BC 地下水	BCA 泉、BCB 埋藏水体
	BD 冰雪地	BDA 积雪地、BDB 现代冰川
	BE 海面	BEA 游憩海域、BEB 涌潮与击浪现象、BEC 小型岛礁

续表

主类	亚类	基本类型
C 生物景观	CA 植被景观	CAA 林地、CAB 独树与丛树、CAC 草地、CAD 花卉地
	CB 野生动物栖息地	CBA 水生动物栖息地、CBB 陆地动物栖息地、CBC 鸟类栖息地、CBD 蝶类栖息地
D 天象与气候景观	DA 天象景观	DAA 太空景象观赏地、DAB 地表光现象
	DB 天气与气候现象	DBA 云雾多发区、DBB 极端与特殊气候显示地、DBC 物候景象
E 建筑与设施	EA 人文景观综合体	EAA 社会与商贸活动场所、EAB 军事遗址与古战场、EAC 教学科研实验场所、EAD 建设工程与生产地、EAE 文化活动场所、EAF 康体游乐休闲度假地、EAG 宗教与祭祀活动场所、EAH 交通运输场站、EAI 纪念地与纪念活动场所
	EB 实用建筑与核心设施	EBA 特色街区、EBB 特性屋舍、EBC 独立厅、室、馆、EBD 独立场、所、EBE 桥梁、EBF 渠道、运河段落、EBG 堤坝段落、EBH 港口、渡口与码头、EBI 洞窟、EBJ 陵墓、EBK 景观农田、EBL 景观牧场、EBM 景观林场、EBN 景观养殖场、EBO 特色店铺、EBP 特色市场
	EC 景观与小品建筑	ECA 形象标志物、ECB 观景点、ECC 亭、台、楼、阁、ECD 书画作、ECE 雕塑、ECF 碑碣、碑林、经幢、ECG 牌坊牌楼、影壁、ECH 门廊、廊道、ECI 塔形建筑、ECJ 景观步道、甬路、ECK 花草坪、ECL 水井、ECM 喷泉、ECN 堆石
F 历史遗迹	FA 物质类文化遗存	FAA 建筑遗迹、FAB 可移动文物
	FB 非物质类文化遗存	FBA 民间文学艺术、FBB 地方习俗、FBC 传统服饰装饰、FBD 传统演艺、FBE 传统医药、FBF 传统体育赛事
H 人文活动	HA 人事活动记录	HAA 地方人物、HAB 地方事件
	HB 岁时节令	HBA 宗教活动与庙会、HBB 农时节日、HBC 现代节庆

注:如果发现本分类没有包括的基本类型时,使用者可自行增加。增加的基本类型可归入相应亚类,置于最后,最多可增加 2 个。编号方式为:增加第 1 个基本类型时,该亚类 2 位汉语拼音字母+Z;增加第 2 个基本类型时,该亚类 2 位汉语拼音字母+Y。

(资料来源:国家质量监督检验检疫总局. 旅游资源分类、调查与评价:GB/T 18972—2017 [S].北京:中国标准出版社,2017.)

《国标》建立的旅游资源分类系统包容、合理,内容全面、界定精准,具有很强的实践应用指导价值。各级旅游部门基本上均以此为依据开展工作,适用范围包括旅游资源开发与保护、旅游规划与项目建设、旅游行业管理与旅游法规建设、旅游资源信息管理与开发利用等领域。

5.3 旅游资源的调查

旅游资源调查是对区域的旅游资源进行考察、勘查、测量、分析整理的过程,是衡量未来旅游发展的基线。旅游业发展的好坏取决于旅游资源的赋存状况,即旅游资源数量的多寡、旅游资源类型的多样性、旅游资源的独特性和旅游资源空间分布与组合的合理程度,还取决于人们对当地旅游资源的认识程度、综合评价和合理开发。要促进旅游业的发展,就必须全面准确地调查旅游资源。

旅游资源调查不仅仅是简单的资源列表,更是为了要系统地、全面地查清区域旅游资源的规模、类型、特色、分布、功能、价值等信息,建立一个相对完备的旅游资源信息数据库,从供给角度对旅游规划区域的资源优势和劣势进行深入细致的分析,以便确立旅游发展战略,包括资源开发时序、旅游产品开发和促销等。

5.3.1　调查班子

旅游资源调查工作是一项细致、庞杂的工作,其开展需要多人努力,确保调查总结的资源数据库能涵盖规划区域旅游资源的全部谱系,因此,旅游资源调查对调查人员提出较高的要求。

现行《国标》中明确规定,调查组成员应具备与该调查区旅游环境、旅游资源、旅游开发有关的专业知识,一般应吸收旅游、环境保护、地学、生物学、建筑园林、历史文化、旅游管理等方面的专业人员参与,并进行技术培训。调查应吸纳对区内旅游资源了如指掌的本地专家参与,鉴于旁观者清,调查也要吸纳新眼光、新思维的外地专家参与。同时,旅游区的吸引力是对游客和开发商的吸引力,是激励社区居民广泛介入、亲和游客的吸引力,是政府实现旅游产业收益的吸引力,因此,在资源调查、评价时必须吸收一定比例的旅游行政部门领导干部、投资商、专家型游客和资源所在地社区居民参加。

因此,调查班子最好是 3 个结合:旅游专家与经济、文史、地理、生物、园林、建筑、交通等多学科专家相结合,本地专家与外地专家相结合,地方主管行政部门领导干部与旅游企业管理干部、社区居民相结合。

5.3.2　调查阶段与内容

旅游资源调查是一个结构化的系统工程,包括室内准备、实地调查和资源评估 3 个阶段。旅游资源的调查阶段如图 5.1 所示。

图 5.1　旅游资源的调查阶段

1)室内准备

在此阶段,成立旅游资源调查考察组,搜集整理相关文字和图件资料,准备实地调查所需的设备,制订调查计划任务书。

首先,资料和设备准备工作。全面搜集阅读与旅游资源单体及其赋存环境有关的各类文字描述资料,包括地方志、相关乡土书刊、旅游点介绍、规划与专题报告等,在系统整理之后,作为野外考察的参考;搜集与旅游资源调查区有关的各类图形资料,重点是反映旅游环境与旅游资源的专题地图、航空和卫星图片,进行初步判读,选择大比例的地形图,供实地调查时进行资源填图;收集与旅游资源调查区和旅游资源单体有关的各种照片、影像资料;准备实地调查所需的定位仪器、简易测量仪器、影像设备等设备。

其次,制订调查计划任务书。调查计划任务书应涵盖以下内容:调查目标与任务,调查区域与调查内容,调查方法与技术要求,人员配置,所需设备、器材,预期的工作成果,等等。

2)实地调查

实地调查在本质上类似于一个头脑风暴的练习。为发掘规划区的旅游潜力,本阶段要全面细致地调查规划区域旅游资源的环境条件、品级价值、开发基础等。工作广泛深入,是调查过程的重心。调查务求扎实、可靠,力求取得第一手资料。对文字书写的、口头流传的,都要实地勘查、核实,避免以讹传讹。在这个阶段主要调查规划区域的旅游资源及其所处环境状况。其中,旅游资源的环境调查包括规划区域的区位条件调查、自然环境调查和人文环境调查。

区位条件是地区在区域大环境背景下所处的位置与地位,是地区与周围事物的相对关系,包括区域的自然地理区位、经济地理区位、交通地理区位。主要调查内容见表5.2。

表5.2 旅游区位条件调查内容一览表

自然地理区位	绝对地理区位	区域地理坐标位置、所处气候带位置等
	相对地理区位	与周边地区的空间距离等
经济地理区位	绝对经济区位	经济发展水平、产业状况等
	相对经济区位	与周边地区的主要经济发展指标比较,地域分工关系,地缘经济关系等
交通地理区位		区域内部、区域之间的时间距离,区域与交通枢纽之间的时间距离等

自然环境是指调查区内的地质地貌环境、气候气象条件、水文条件、生物条件等组成的自然环境,是旅游业发展的基础。实地调查要涵盖自然环境的各个因素,包括地质构造、地貌地形、水文、气候气象、生物等。调查的内容见表5.3。

表5.3 旅游自然环境调查内容一览表

旅游自然环境	地质地貌环境	地质构造、地壳运动,地貌类型,自然灾害等
	水文环境	地表水、地下水的类型、规模、分布,特殊的水文现象等
	生物条件	生物特性、分布,特色生物类型等
	气候气象条件	降水、气温、光照、湿度、舒适性等

旅游人文环境包括地区的经济环境、社会文化环境、政策法规环境等。表 5.4 中列出了旅游资源调查过程中通常调查的内容。

表 5.4 旅游人文环境调查内容一览表

旅游人文环境	经济环境	宏观经济环境	区域经济发展速度、经济发展水平,产业结构、主导产业状况等
		微观经济环境	区域居民收入水平、消费偏好等
	社会文化环境	区域概况	区域名称、地域范围、面积,中心位置、腹地或依托城市等
		历史沿革	区域发展历史、重大历史事件、重要历史名人等
		文化环境	区域居民教育程度、文化水平及职业构成等
		社会环境	主要民族、主要宗教信仰、风俗习惯、审美观点和价值观念等

旅游资源本体依据国家标准《旅游资源分类、调查与评价》(GB/T 18972—2017)调查旅游资源的类型、数量、结构、规模、级别、成因等,见表 5.5。

表 5.5 旅游资源本体调查内容表

旅游资源	旅游资源的类型	规划区内旅游资源的主类、亚类及其基本类型的数量等
	旅游资源的规模	旅游资源数量、分布范围和面积及分布密集程度等
	旅游资源的组合结构	旅游资源类型上的组合、旅游资源空间上的组合等
	旅游资源的开发现状	旅游资源的开发程度、开发效果等
	旅游资源的保护现状	旅游资源的保护现状、保护措施等

在室内准备的基础上,调查小组为便于满足旅游资源评价、旅游资源统计、区域旅游资源开发的需要,划分调查小区,设计野外考察路线图,并依据相关标准制订调查的有关表格。调查小区一般按行政区划分,也可按现有或规划中的旅游区域划分。调查线路按实际要求设置,一般要求贯穿调查区内所有调查小区和主要旅游资源单体所在的地点。

在调查过程中,调查组依据《国标》中对旅游资源的定义、分类、调查和评价的详细规定,对旅游资源进行分区、分类调查,把与旅游有关的所有资源均进行详细定位。对于调查小区,需对该区内的各种资源的组合状况进行总体评价,分析其核心旅游资源、支持性旅游资源、配套旅游资源等,确定该旅游区的客源对象、景观特色、功能定位和景区等级。还要填写旅游规划功能区旅游资源调查表,见表 5.6。调查小区内的各单体资源,包括区址、历史、形状、面积、体积、特征、质地、保护级别、保护和利用状况等,以及现有附属设施和隶属关系等,必要时需附以照片或摄像。旅游资源单体调查表格式见表 5.7。

表 5.6　旅游规划功能区旅游资源调查表

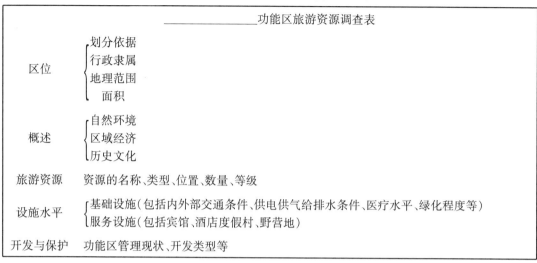

表 5.7　旅游资源单体调查表格式

_____旅游资源单体调查表

基本类型：

代号　　　　　;其他代号:①　　　　②

行政位置

地理位置　　　东经　°　′　″;北纬　°　′　″

性质与特征(单体性质、形态、结构、组成成分的外在表现和内在因素,以及单体生成过程、演化历史、人事影响等主要环境因素)

旅游区域及进出条件[单体所在地区的具体部位、进出交通、与周边旅游集散地和主要旅游区(点)之间的关系]

保护与开发现状(单体保存现状、保护措施、开发情况)

共有因子评价问题

(资料来源:国家质量监督检验检疫总局.旅游资源分类、调查与评价:GB/T 18972—2017[S].北京:中国标准出版社,2017.)

3)资源评估阶段

在实地调查的基础上,凭借调查所获取的资料,通过一定的评价方法对旅游资源的规模、品质、结构、开发环境以及开发方向进行科学分析,为旅游资源的规划、开发和管理决策提供科学依据。本节内容将在旅游资源评价一节中进行详细论述。

本阶段的主要成果是编写《旅游资源调查报告》,基本篇目如下。

前言

第一章　调查区旅游环境

第二章　旅游资源开发历史和现状

5.3.3　调查方法

1)实地勘查

实地勘查是最基本、最可靠、最重要的调查,可以取得第一手、最真实的资料,可以验证、补充或纠正文献资料上的记载和人们的传说。实地勘查包括观察、踏勘、测量、绘图、填图、素描、摄影、摄像、录音等,必要时提取标本(水样、植物、石质、土质)、仪器测试(负离子测量、矿泉水化验等)。实地勘查时须备有地形地貌图。对重点旅游区、旅游景点、旅游路线应深入、反复考察。在实地考察过程中要勤看、勤问、勤议、勤记、勤摄。

2)文献查阅

在实地勘查的同时,查阅文献是不可缺少的重要手段。充分利用各部门的调研成果,如省(市县)志、文化、文物、园林、农林、水利、地质、气象等部门的调研资料和规划统计资料,以及有关地方风物的刊物、汇编、著作。充分利用网络资源,查阅有关旅游资源的资料或线索。

3)座谈访问

各地都有一批熟悉本地自然风貌、历史掌故、民俗风情、经济文化的资深人士,特别是政协中的一批老专家,能对本地的历史沿革,尤其对散落于民间的口头艺术、奇闻轶事和具有文化与观赏价值的民居、器具、玩物等提供丰富的资料和线索。

4)新技术手段

采用新的科技手段进行调查,可对资源的旅游功能、特征和价值提供精确的数据依据,如可测试空气中的负离子数,利用卫星遥感和航空照片进行地形地貌分析,采用旅游规划信息系统、大数据、虚拟现实等技术对旅游资源进行综合评价、优化组合,设计最佳的规划方案。

5.4　旅游资源的评价

旅游资源评价是在旅游资源调查的基础上探讨旅游资源的旅游价值高低的过程,是旅游规划过程中必不可少的重要环节。其目的在于:通过对旅游资源类型、规模、等级、功能、价值等多方面的评价,确定旅游地的核心旅游资源,为旅游业发展、旅游区规划确定导向、主题形象及为发展规模提供参考依据。明确旅游地的性质,拟定旅游资源的结构(主次关系)

和规划设计方案;通过对旅游地旅游资源的综合评价,为合理利用资源、保护环境、发挥整体效应提供经验。

5.4.1 评价内容

由于旅游资源的复杂、旅游活动的特殊,旅游资源评价内容繁多。从不同的评价主体看,包括旅游资源利用价值评价(包括旅游资源开发价值评价、旅游景观质量评价、资源—产品转化适宜性评价、旅游容量评价等)和旅游地评价(包括旅游开发条件评价、旅游地感知评价、旅游地竞争力评价、旅游形象与品牌力评价、旅游开发效益评价)。

从旅游资源的综合开发利用来看,包括旅游资源利用价值评价、旅游资源—产品转化适宜性评价和旅游资源货币化评估。其主要评价内容如下。

1)旅游资源利用价值评价

旅游资源利用价值评价是分析评价旅游资源所处环境,理解旅游资源的产生、形成,从中挖掘旅游资源的特点与特色。主要包括旅游资源基础性评价、旅游资源质量评价、旅游资源开发条件评价、人类福祉和健康价值评价、旅游容量评价等内容。

(1)旅游资源基础性评价

①旅游资源的自然环境。旅游资源所处的自然环境作为旅游活动的重要载体,会对旅游资源的开发产生影响。地质地貌是规划区域自然景观的骨架,气候条件决定了旅游的最佳旅游时间,水文条件包括地表水和地下水的类型、分布、水文特征,决定了旅游活动的内容,生物环境包括规划区域特色生物、植被状况、生物多样性等,是自然景观的灵气所在。这些因素组成丰富多彩的旅游环境,是旅游资源自然环境评价的重要内容。此外,自然环境中也存在不利于开展旅游活动的自然条件,例如环境污染、生态退化,以及恶劣的气候条件,地震、滑坡、泥石流等地质灾害。这些也是评价中的重点内容之一。

②旅游资源的社会环境。旅游资源所处社会环境指旅游资源所在区域的政治局势、社会治安、医疗保健和当地居民对旅游的认识等。旅游是一项对社会环境较为敏感的经济活动,在稳定的社会环境中能以较快的速度发展,而一旦社会环境出现波动,旅游活动也会作出相关的反应。如泰山东麓一度发现老虎的踪迹,近半个月的时间里,泰山风景名胜区尤其天烛峰、东御道景区基本没有游人,入口两侧的酒店、山庄也全部停业,损失巨大。2020年新冠疫情使世界旅游业一片萧条。

③旅游资源的经济环境。旅游业对所处地区经济的依赖性很强,这决定了旅游资源所处地区的经济环境也是旅游资源评价的重要内容之一。首先,要评价规划区是否有坚实的经济基础做后盾。因为旅游地的游乐、卫生、餐饮、住宿、交通及供水、供电、通信等基础设施建设,旅游资源的开发、保护,景区景点、特色节庆等项目建设,都需要一定的财力、物力、人力。这些均与该地区经济发展水平密切相关。其次,要分析判断宏观经济走势。旅游业过分依赖宏观经济。全球经济的增长与衰退、各国经济的繁荣与萧条、汇率的上升与下降等都会对旅游业造成影响。一旦宏观经济形势发生不利变化,旅游业将迅速萧条。

（2）旅游资源质量评价

旅游资源质量评价主要对旅游资源的景观质量、特色、规模、结构进行评价。旅游资源的景观质量评价主要衡量景点的艺术欣赏价值、文化价值、科学价值、经济价值和美学价值，是旅游资源的品质、品相和品位的直接反映，关系到旅游地的开发规模和发展潜力。

旅游资源的特色是旅游资源开发的突破口。旅游资源的特色鲜明与否决定了其对游客吸引力大小，也决定了其有无开发的必要。因此，旅游资源的特色是旅游资源开发的先决条件之一，对旅游资源的利用功能、开发方向、开发程度和规模及其经济和社会效益起着决定性作用。不同类型的旅游资源有其独特的性质，即使完全同类的旅游资源也各具特色。对旅游资源的特色必须作出科学的评价，特别是在国内和世界上所占的地位，更须作出严谨的评价。

旅游资源的分布面积、种类和数量决定旅游资源的规模，决定旅游资源开发的综合优势和级别。旅游资源的空间结构是旅游资源在空间范围内的分布状况和组合状态，是资源优势和特色的重要表现。旅游资源的规模和空间结构是区域旅游资源开发规模和可行性的重要决定因素，在评价中必须予以足够的重视。一般景观数量大、分布相对集中，又有多种类型的协调配合且结构合理，呈线型、环闭型或马蹄型旅游线排列的地区是理想的旅游开发区，而旅游资源景观少、分布分散并且结构不合理的旅游开发区对旅游资源的开发是极为不利的。

（3）旅游资源开发条件的评价

旅游资源开发条件的评价主要从旅游资源所处地区的区位条件、投资条件、建设施工条件和现有开发水平等方面进行评价。旅游资源的区位条件是决定旅游资源开发可行性、开发效益、开发规模和程度的重要外部条件，它包括旅游资源所在地区的地理位置、交通条件以及与周围旅游区之间的相互联系等。

旅游资源所在地区的社会经济环境、经济发展战略以及给予投资者的优惠政策等因素都直接影响投资者的开发决策。为此，必须认真研究旅游资源开发区的投资条件和政策环境。

旅游资源的开发必须有一定的场所。这种场地主要用于建设游览、娱乐设施和各种接待、管理设施。如修建游览道路、娱乐载体、宾馆饭店、停车场等。这些设施要求不同的地质、地形、土质、供水等条件。旅游资源的开发与上述条件的难易、优劣有密切的关系，因此也应列为开发条件系列评价的内容。

有些旅游资源已经经过初步开发，在评价时应注意总结其开发过程中的成功经验和失败教训，找出存在的主要问题，为下一步旅游资源的开发和保护提出建设性建议。

（4）人类福祉和健康价值评价

人类福祉和健康价值评价主要评价旅游资源对于人类身心健康的裨益程度。旅游活动是人类追求精神愉悦放松的高阶活动。优美的自然景观可以舒缓精神，减少心理上的焦虑和生理上的紧张，在温泉、森林等地区开展旅游活动还可改善心理痛苦、降低血压，起到医疗保健的作用。

目前，大多数地区经常评价规划区旅游生理气候和空气负离子评价。旅游生理气候的评价就是根据人体的感受分析气候对人体的舒适性的影响，从而评判旅游开发的必要性和旅游活动的开发类型。空气中的负离子是空气中一种带负电荷的气体离子，是评价空气质量的重要参数。负离子对人体生命活动有着十分重要的影响,被誉为"空气维生素"。因此,空气中负离子含量也是旅游资源的福祉和健康价值评价的重要内容之一。

（5）旅游容量评价

旅游容量又称旅游承载力,是一个旅游区在提供令旅游者满意的接待并对资源产生很小影响的前提下,所能进行旅游活动的规模(世界旅游组织,1997),一般用容纳的旅游者人数来表示。旅游容量评价对于旅游资源的可持续开发是至关重要的。

2）旅游资源—产品转化适宜性评价

旅游市场需要的是旅游产品,而不是旅游资源,因此,旅游资源向产品的转化能力和如何转化是旅游资源评价中的一个特别重要的内容,主要评价区域旅游资源适合于开发哪些类型的旅游产品以及产品的组合等内容。评价需充分考虑旅游市场对资源转化产品的需求,在此基础上分析识别可进行参与性、大众性开发的旅游资源,以及有限度转化开发的旅游资源。对于资源分散地区,还需要进行区域旅游产品的一体化开发,构建区域旅游的组合优势。

旅游资源—产品转化适宜性评价着眼于旅游资源诸要素对于旅游者从事特定旅游活动适宜程度的评价,一般采用游憩机会谱(Recreation Opportunity Spectrum, ROS)、资源—产品关系(R-P 关系)模式等评价方法。

3）旅游资源货币化评估

传统观念认为,旅游资源不符合"劳动创造价值"的定律,是没有价值的,这导致了对旅游资源的无偿占有、掠夺性开发和浪费使用。同时,只有当旅游资源对潜在市场产生足够的吸引力,吸引足够多的游客时,产生的经济效益才能与开发所需的投入保持平衡或超过开发,这样的资源才是有效的资源。鉴于此,旅游资源的货币化评估是非常有必要的。

旅游资源的货币化评估,又称旅游资源计价,是旅游资源经济价值的一种体现,其意义在于核算旅游资源开发的成本,在旅游规划中日益引起重视。目前旅游资源的货币化评估常采用传统的利益评价方法,以价格衡量资源价值,如旅行成本法(Travel Cost Method)、环境享受价值法(Hedonic Property Value)等;对某些公共旅游资源还以评价者的态度来评价资源价值,如随机态度评价法(Contingent Valuation Method)。

5.4.2　旅游资源综合评价方法

旅游资源综合评价方法着眼于对旅游地的旅游资源的整体价值评估,包括定性评价和定量评价两种。

定性评价法又称经验评价法,主要是通过评价者的感性认识,对旅游资源得出定性的评价或分级,一般无具体数量指标。主要有一般体验评价法、美感质量评价法、三三六评价法、资源与环境综合评价法等。定性方法虽然简便易行,但评估结果难以避免主观性,往往会受到评价者自身主观意向、偏好的局限。而定量评价则是根据一定的评价标准和评价模型选择评价项目和评价因子,然后将各评价因子逐项予以赋值,经汇总后得到该旅游资源或旅游地的整体开发利用价值。这种办法可以克服评价者的主观意向,避免受个人偏好的影响,使旅游资源综合评价工作更客观、更科学。

目前在旅游规划中应用范围较广的是国家标准《旅游资源分类、调查与评价》(GB/T 18972—2017)的旅游资源的综合定量评价方法。

该标准主要采用了打分评价方法,按照本标准的旅游资源分类体系对旅游资源单体进行评价。评价由调查组完成。

1)评价体系

本标准依据"旅游资源共有因子综合评价系统"赋分。评价系统设"评价项目"和"评价因子"两个档次。评价项目为"资源要素价值""资源影响力"和"附加值"。其中,"资源要素价值"项目中含"观赏游憩使用价值""历史文化科学艺术价值""珍稀奇特程度""规模、丰度与几率""完整性"5 项评价因子。"资源影响力"项目中含"知名度和影响力""适游期或使用范围"2 项评价因子。"附加值"含"环境保护与环境安全"1 项评价因子。

2)计分方法

评价系统中评价项目和评价因子用量值表示。资源要素价值和资源影响力总分值为 100 分,其中:"资源要素价值"为 85 分(分配如下:"观赏游憩使用价值"30 分、"历史科学文化艺术价值"25 分、"珍稀或奇特程度"15 分、"规模、丰度与几率"10 分、"完整性"5 分);"资源影响力"为 15 分("知名度和影响力"10 分、"适游期或使用范围"5 分);"附加值"中"环境保护与环境安全",分正分和负分。

每一评价因子分为 4 个档次,其因子分值相应分为 4 档。旅游资源评价赋分标准见表5.8。

表 5.8　旅游资

评价项目	评价因子		赋值
资源要素价值(85 分)	观赏游憩使用价值(30 分)	全部或其中一项具有...值、使用价值	30 ~ 22
		全部或其中一项具有很...值、游憩价值、使用价值	21 ~ 13
		全部或其中一项具有较高的观赏价值、游憩价值、使用价值	12 ~ 6
		全部或其中一项具有一般观赏价值、游憩价值、使用价值	5 ~ 1
	历史文化科学艺术价值(25 分)	同时或其中一项具有世界意义的历史价值、文化价值、科学价值、艺术价值	25 ~ 20
		同时或其中一项具有全国意义的历史价值、文化价值、科学价值、艺术价值	19 ~ 13
		同时或其中一项具有省级意义的历史价值、文化价值、科学价值、艺术价值	12 ~ 6
		历史价值、文化价值、科学价值、艺术价值具有地区意义	5 ~ 1

续表

评价项目	评价因子	评价依据	赋值
资源要素价值（85分）	珍稀奇特程度（15分）	有大量珍稀物种,或景观异常奇特,或此类现象在其他地区罕见	15～13
		有较多珍稀物种,或景观奇特,或此类现象在其他地区很少见	12～9
		有少量珍稀物种,或景观突出,或此类现象在其他地区少见	8～4
		有个别珍稀物种,或景观比较突出,或此类现象在其他地区较多见	3～1
	规模、丰度与几率（10分）	独立型旅游资源单体规模、体量巨大,集合型旅游资源单体结构完美、疏密度优良级,自然景象和人文活动周期性发生或频率极高	10～8
		独立型旅游资源单体规模、体量较大,集合型旅游资源单体结构很和谐、疏密度良好,自然景象和人文活动周期性发生或频率很高	7～5
		独立型旅游资源单体规模、体量中等,集合型旅游资源单体结构和谐、疏密度较好,自然景象和人文活动周期性发生或频率较高	4～3
		独立型旅游资源单体规模、体量较小,集合型旅游资源单体结构较和谐、疏密度一般,自然景象和人文活动周期性发生或频率较小	2～1
	完整性（5分）	形态与结构保持完整	5～4
		形态与结构有少量变化,但不明显	3
		形态与结构有明显变化	2
		形态与结构有重大变化	1
资源影响力（15分）	知名度和影响力（10分）	在世界范围内知名,或构成世界承认的品牌	10～8
		在全国范围内知名,或构成全国性的品牌	7～5
		在本省范围内知名,或构成省内的品牌	4～3
		在本地区范围内知名,或构成本地区品牌	2～1
	适游期或使用范围（5分）	适宜游览的日期每年超过300天,或适宜于所有游客使用和参与	5～4
		适宜游览的日期每年超过250天,或适宜于80%左右游客使用和参与	3
		适宜游览的日期超过150天,或适宜于60%左右游客使用和参与	2
		适宜游览的日期每年超过100天,或适宜于40%左右游客使用和参与	1
附加值	环境保护与环境安全	已受到严重污染,或存在严重安全隐患	−5
		已受到中度污染,或存在明显安全隐患	−4
		已受到轻度污染,或存在一定安全隐患	−3
		已有工程保护措施,环境安全得到保证	3

（资料来源:国家质量监督检验检疫总局. 旅游资源分类、调查与评价:GB/T 18972—2017 [S].北京:中国标准出版社,2017. ）

3）计分与等级划分

根据对旅游资源单体的评价,得出该单体旅游资源共有综合因子评价赋分值。依据旅游资源单体的评价总分,从高级到低级将其分为五级。

五级旅游资源,得分值域≥90分;

四级旅游资源,得分值域≥75~89分;

三级旅游资源,得分值域≥60~74分;

二级旅游资源,得分值域≥45~59分;

一级旅游资源,得分值域≥30~44分;

未获等级旅游资源,得分≤29分。

其中,五级旅游资源称为"特品级旅游资源";五级、四级、三级旅游资源被通称为"优良级旅游资源";二级、一级旅游资源被通称为"普通级旅游资源"。

该方法适用性较强,操作起来简单易行,是一种简单实用的旅游资源评价方法,尤其适用于在区域旅游发展规划层面上开展的旅游资源分类评价。但是旅游资源评价工作应因地制宜,有所侧重。比如在旅游区规划层面上把若干个价值较低的资源单体整合为一个复合型资源进行评价会更加科学实用。

教学实践

选择某一地区(包括旅游区、城市等)进行旅游资源调查,并运用所学方法评价这一地区的旅游资源。

本章自测

1. 什么是旅游资源?

2. 旅游资源有哪些分类?

3. 简述旅游资源调查的程序与内容。

4. 简述旅游资源评价的内容。

5. 简述旅游资源评价的方法。

6. 谈谈你对《旅游资源分类、调查与评价》(GB/T 18972—2017)中旅游资源评价方法的看法。

知识链接:文脉、地脉

文脉、地脉是一个地区自然基础、历史文化传统和社会心理积淀本质特征的高度概括,也是旅游规划中常用的两个术语。所谓文脉是一个地域(国家、城市、风景区)的背景,包括自然条件、文化氛围和文经脉承,以及社会人文背景。主要从历史文化特征和民族民俗文化两方面进行分析。历史文化特征分析是对地方的历史过程进行考察和分析,寻找具有一定知名度和影响力的历史遗迹、历史人物、历史事件和古代文化背景。民族民俗文化分析是考察当地的民族文化、风俗的构成,哪些具有地方特色,其分布状况如何,符合旅游者审美的哪个层次(是感知层次还是想象层次,理解层次还是情感层次)。

地脉分析是对旅游景区的地文、地貌进行考察和分析。根据区位理论重点分析旅游景区的区位条件、地理构造、分布,区分出核心旅游资源、辅助旅游资源和潜在旅游资源(现在无法开发或者不是需求热点),合理选择加工转化为旅游产品。

文脉和地脉是对旅游资源调查的总结,准确地把握和分析一个地区文脉、地脉的旅游吸引力,从而确定开发主题,再对主题进行深化,挑选适当的项目加以组装,是旅游开发的一条重要思路。

[资料来源:牟红,姜蕊.旅游景区文脉、史脉和地脉的分析与文化创新[J].重庆工学院学报,2005(2):69-70.

齐子鹏,段红艳.试论旅游规划中的文脉分析[J].科技进步与对策,2003(9):171-172.]

第 6 章
旅游空间规划

学习目标

　　了解旅游空间规划的意义,理解地缘空间结构对地区旅游业的影响;掌握旅游功能分区体系与分区建设规划的内容;掌握景区的典型空间布局模式,及景区中的建筑区位选择和旅游线路设计,了解旅游区旅游设施、基础设施规划的内容和方法。

关键概念

　　旅游空间规划　地缘空间　旅游区　旅游功能分区　旅游线路　旅游设施

问题导入：

旅游空间是游客获得旅游体验的直接载体。如何组织旅游空间以使游客获得更多更好的旅游体验、使旅游经营者获得更多收益、旅游空间发挥最大效益？这需要旅游空间规划来凸显旅游主题、展示旅游精华、优化旅游体验、增加旅游收益。同时，旅游活动在空间上的分布和强度呈不平衡发展态势。如何促使旅游业从空间上的不平衡转向全域的持续协调发展？这对旅游业的可持续发展带来挑战。旅游规划中的空间规划可以帮助解决这个问题。随着地方旅游业的不断发展和旅游资源组合方式的多元化，旅游空间规划也成为旅游规划研究走向纵深的一个重要方面。

旅游空间规划是旅游规划与开发过程中的一个战略性工作，将规划构思和规划对象通过不同的规划手法和处理方式，全面系统地安排在适当位置，为规划对象的各组成要素、各组成部分均能共同发挥其应有作用创造最佳条件，使旅游区域成为旅游发展的有机整体。

旅游空间规划有利于开发特色旅游产品和保护生态环境，决定了未来旅游发展的空间网络体系，体现了未来规划区发展的重点区域、优先发展级别与区域协作关系等，规划区旅游将依此重点展开与梯度推进，对于旅游区的规划开发以及今后的建设和管理起着指导性作用。

6.1　旅游空间规划

6.1.1　旅游空间

旅游空间是旅游要素存在、运动的地点和场所，是旅游长期发展过程中旅游者空间活动和区位选择的累积结果，是旅游活动的重要载体和基础。旅游空间超越了通常几何学和传统地理学的概念，是通过人类主体的有意识的旅游活动而产生的，反映了旅游活动的空间属性和相互关系，是区域旅游发展状态的重要的"指示器"。

旅游空间基本由旅游目的地区域、旅游客源市场、旅游区、旅游节点、旅游线路、旅游通道等要素构成。这些要素的相对区位关系和分布形式，成为旅游空间结构。空间结构合理对于保护生态环境、提升旅游体验、实现旅游业的可持续发展具有重要意义。

6.1.2　旅游空间规划

旅游空间是旅游活动在地理空间上的投影。随着旅游活动的不断展开，旅游空间不断发展演化。出于环境保护、旅游体验和经济收益等目的，旅游规划者需要综合考虑文脉、地脉、水脉、交通干线和国家重大发展战略，统筹生态安全和文旅产业发展，以旅游资源为依托，构建"点状辐射、带状串联、网状协同"的旅游空间格局，对旅游空间发展进行有意识的控制和引导。相关主管部门在综合评价旅游区域的发展潜能及对各种空间要素的依赖性等基础上，对旅游优先开发地域、旅游生产要素配置、旅游接待网络、旅游合理容量等进行策划或规划。其目的是实现区域性旅游空间结构合理化及规划布局优化，建构高效、完备的区域旅游系统。规划既要符合旅游宏观布局的总体要求,又要能对旅游微观布局进行指导;既要实现规划区与上级和同级区域的协同,又要实现区域整体与局部、局部与局部的协调。

旅游空间规划是对空间资源进行合理配置、科学控制、持续利用的重要手段和方法,具体内容包括规划区域的总体格局和功能区划,通过对土地及其承载的旅游资源、旅游设施进行区划,明确不同分区的旅游功能、主题定位、旅游形象、规划设计、项目选址,明确空间开发的进度计划等,将旅游六要素的规划状态落实到合适区域,并将空间部署进行可视化表达。

规划区域的尺度不同,规划类型不同,旅游空间规划的内容和深度也各有侧重。国土空间规划体系根据我国的行政管理体系,划分为国家级、省级、市级、县级、乡镇级五级;根据规划类型,分为总体规划、详细规划、相关的专项规划。旅游规划作为空间规划体系下的专项规划,不同层级和不同类型,其侧重点和规划深度是不一样的。其中总体规划侧重战略性、协调性和综合性,是对旅游区的旅游活动做全局性的安排,其空间规划更侧重空间布局和功能分区;景区规划或详细规划侧重实施性,对具体地块的用途、开发强度和场所设计等做出实施性安排,更侧重项目设计。

6.2　旅游功能分区

功能分区是指按照满足不同旅游需求和旅游管理的需要,对规划区域进行主题性空间区域划分。通过功能分区实现旅游区在空间上的相互关联、功能上的相互配套,有助于打造旅游系统的有机整体。没有功能定性,规划区总体布局就将困难重重,因此功能分区是空间布局的基础。

一般按照旅游资源的地域分异性及区域社会、经济、交通、行政等条件的组合和内部联系程度,在地域上划分出不同等级的旅游功能分区。大的规划区域(如省、市、县)一般按照景观的类似性与地域的连续性进行功能分区,小的规划区域(如旅游景区、主题公园)一般按照不同的用地性质进行功能分区。

6.2.1　旅游功能分区的原则

在充分掌握旅游资源等级、分布的基础上,以区域经济发展、城镇建设规划为指导进行旅游功能分区,既要方便管理,又要考虑各功能分区的功能互补互动,还要有利于生态环境保护。除此之外,旅游功能分区还应遵循以下原则。

1)突出特色原则

特色是旅游业的灵魂与生命,没有特色,旅游便没有竞争力,也便没有生存的基础,因此,突出特色是旅游区空间布局的首要原则。规划应根据资源特色和市场特征进行功能分区,并据此确定其功能定性。

2)综合性原则

综合性原则就是在旅游功能区的划分时不仅要考虑不同区域的特色,而且要综合考虑自然旅游资源和人文旅游资源,综合考虑旅游资源和旅游环境、旅游设施,综合考虑旅游景点、路线的搭配以及旅游的便捷性,强调"食、住、行、游、购、娱"要素的优化配置,划分出综合性、系统化的旅游功能区。

3)整体性原则

功能区的完整性主要表现为两个方面:一方面,在划分功能分区时,尽量保持那些具有鲜明特征的旅游资源的完整性,保持功能区为游客提供旅游产品的完整性,应避免自然环境与人文环境的人为割裂;另一方面,在旅游业起步阶段,旅游市场发育不充分,旅游企业尚不能担当开发和经营的主体,地方政府仍起着主导作用时,应考虑旅游区行政范围的完整性。因此,一般以山水界线为基础,以行政界线为依托划分功能区。

4)协调发展原则

协调发展原则主要表现在旅游区与周围环境的协调、旅游区空间结构与功能分区的协调、功能分区之间的协调等。在规划设计时,根据其资源特色、规模与类型差异,开发出服务全局、景观各异、产品互补的旅游功能区。尽量把资源类型相近者划在同一旅游区内,以求形成规模效应,也避免近距离内旅游产品过多的雷同和重复,造成功能区之间的空间竞争。

6.2.2 功能分区体系

根据便于旅游和管理,功能相对一致和突出特色等原则,划分旅游区如下。

1)类别体系

依照开发方向和资源的地域组合结构,划分为4个等级:旅游区、游览区、景区、景点。

2)等级体系

依照旅游资源的质量等级及开发出的旅游产品的吸引范围,划分为3个等级:一类区、二类区、三类区。①一类区:旅游资源特色鲜明,交通便捷,客源层次广泛,在省内外、国内外市场有较大的竞争力;②二类区:旅游资源特色较为鲜明,交通较为便捷,客源层次较为广泛,客源市场以近、中地域为主,对远距离游客也有一定的吸引力;③三类区:以吸引近距离市场为主的旅游区。

3)旅游网络系统

根据旅游区空间结构在时间纵轴上的发展历程,从空间尺度上划分为3个等级:点、轴、面。

①点。点又称节点,是旅游区主要的旅游接待地、集散地,对区域旅游业发展既有辐射作用,又有凝聚作用。

②轴。轴指节点之间的联系,可以是实体的带状旅游区域,如交通轴,也可以是概念上的旅游发展轴线,如文化轴等。

③面。在区域旅游空间演化过程中,依托发展条件较好的节点,在其周边涌现出新的节点,呈现为紧密环绕旅游发展节点的圈层结构。随着原有节点的不断扩张,新节点的不断涌现,节点之间的联系日益紧密,形成"点轴结合、辐射全面"的扩散态,最终形成以点、线、面为主的网状结构,形成全域旅游发展格局。这是旅游中心极化、区域旅游发展平衡的成熟态空间结构,也是旅游空间发展的最高层次。

除此以外,旅游规划中还常根据开发时序划分优先发展地区和一般地区。将旅游区内那些具有较强吸引力和竞争力的旅游资源、便捷的区际交通网络、完备的服务设施、健全的组织管理机构的地段作为开发的重点,进行优先开发,即优先发展地区。

6.2.3 旅游功能分区建设规划

1)确定范围

与旅游区相比,旅游功能分区是根据资源的地域分布、交通区位以及旅游业开发现状和未来发展趋势进行的划分,行政界限比较模糊。因此,在功能分区建设规划中,明确各功能分区的地域范围,为以后的旅游开发工作和管理工作提供了依据。

2)分析现状

通过调查数据,分析各功能分区的旅游业发展状况,包括以下几个方面。

①旅游业发展概述。区内旅游业发展的历史、现有的经营情况、在旅游区产业中的地位如何等。

②旅游产业基础。旅游资源的特色、开发优势、客源市场占有率、年接待游客量、品牌知名度、产品的发育程度等。

③旅游产业要素。旅游产品结构、市场规模、饭店规模与档次、旅行社规模等旅游产业要素是否齐备等。

④对各功能分区的旅游业发展现状进行分析是建设规划的前提和依据。尤其是旅游资源的特色分析和旅游业发展中存在的问题分析,是工作的重点,为今后有关开发思路的选择、市场定位、形象策划以及项目规划与建设提供依据和支撑。

3)功能区定位

功能区定位一般包含3方面内容:形象定位、功能定位、市场定位。其中形象定位是立足资源条件,为景区确定一个主题形象,用鲜明、凝练的语言概括提升出景区的性质与精髓,既朗朗上口,又引人遐想,令人向往。功能定位主要从旅游产品转化的适宜性的角度,根据可开发的旅游产品的性质,分析功能区在旅游区旅游发展中所承担的旅游功能。市场定位则是在前两者的基础上通过分析功能区吸引的市场范围,确定功能区的主攻市场、后备市场等。

4)空间布局

每个功能区的旅游资源和旅游活动同样也不是均匀分布在地理空间上的,因此为了各功能区的开发建设、经营管理的方便,功能区内部的空间布局也是必要的。

功能区的空间布局内容更加细化,一般沿用功能分区的类别体系,即旅游区、游览区、景区、景点4个层次,详细列出各功能区所包含的景区与景点。对那些特色突出、代表性强、开发基础较好的景区、景点要进行进一步的分析与规划。

6.2.4 旅游空间布局规划案例:山东省泰安市岱岳区旅游规划

1)岱岳区概况

岱岳区位于山东省泰安市中部偏北,位于泰山脚下,处于"山—水—圣人"旅游热线中间。北与泰山区、济南历城区、长清区和章丘区为邻,东与莱芜、新泰市接壤,南与宁阳县隔大汶河相望,西与肥城市相连。南北长66千米,东西宽56千米,面积1 750平方千米,交通便利。岱岳区经济发展较快,全区已形成了以机械制造、石膏资源开发、建材、化工、轻纺、塑料、食品、饲料、农副产品加工等10个门类34个行业、160多种产品、2 000多个花色品种的轻重工业体系。

泰山古时亦称岱岳,区名由此而来。岱岳区是1985年泰安建市划区时设立的县级区,2000年4月19日由泰安市郊区更名为泰安市岱岳。该区是古代文明——大汶口文化的发祥地,在春秋战国时期就有"自古文明膏腴地,齐鲁必争汶阳田"的美誉。

2)地缘结构分析与规划

与泰山毗邻成为岱岳区最大的地缘特征。泰山作为国家重点风景名胜区,旅游开发历史悠久,闻名中外,对岱岳区旅游产生极大的影区效应,处在泰山的阴影之下,降低了岱岳旅游的吸引力。同时,岱岳区旅游发展与泰安徂徕山、天平湖等景区的关系问题也成为其地缘结构的重要特征。

对此,规划做出相应的措施以利用和改善现有的地缘关系。首先通过构建与泰山、徂徕山、天平湖的竞争与合作关系,营造当地居民与外来游客友好共处的良好氛围,建立旅游景点、景区与社区居民利益共享开发机制,形成岱岳区旅游发展的良好环境。其次在定位上,泰山以静态观光为主,岱岳区作为泰山的外环以动态休闲度假为主。与泰山形成如下关系:拱卫泰山——将岱岳区建成泰山的绿色项链,彰显泰山的魅力;互补泰山——旅游产品与泰山的互补,多设立参与性项目;分流泰山——吸引部分来泰山的游客;依托泰山——凭借泰山旅游的品牌效应;拓展泰山——形成大泰山旅游概念,把泰山旅游产品做大做强;跳出泰山——最终形成岱岳区旅游的独立品牌。最后,利用徂徕山、天平湖的旅游开发带动环徂徕山周边和近郊休闲旅游的发展,形成良好的互动发展关系。

3)旅游发展理念与主题定位

(1)旅游发展理念

①跳出岱岳,依托泰山,形成品牌。岱岳区地处中国国山——泰山周边,环抱泰山。历代帝王封禅泰山必涉足岱岳区,这里是泰山——国山的基础,是泰山——国山的环境。"岱

岳"即泰山,泰山是岱岳区无法回避也不能回避的事物。依托泰山这一"国内首山",借泰山之势发展自我自然是明智的选择。这有利于借助泰山形成自己的品牌。因此岱岳区的定位应该包含"泰山因素",体现环抱泰山的自然格局,为泰山发展提供坚实的环境基础。

②跳出泰山,寻找空隙,塑造独立品牌。寻找空隙和薄弱环节,突出特色和最佳作用的发挥。泰山是观光旅游胜地,在此层面上与泰山竞争无异于以卵击石。只有跳出泰山另辟蹊径,才能形成自己的独立品牌。从区域旅游协作发展的要求来看,岱岳区处在"山—水—圣人"黄金旅游线上,可以发展这条黄金旅游线缺乏的大型参与性娱乐休闲旅游项目;从构建大泰山、与泰山互补来看,泰山发展双遗产观光旅游产品,岱岳区可以做"欢乐泰山""休闲泰山"的旅游产品,既突出和衬托泰山的形象,又互补和拓展了泰山,使泰安、泰山、岱岳成为山水圣人旅游区集娱乐、观光、特色休闲、度假的综合性旅游目的地,在大泰山旅游圈中形成"泰山观光,岱岳休闲"的旅游格局。

③大汶口遗址是岱岳区重要品牌,鉴于大汶口文化相关资源遗存较少,形成旅游吸引力尚需较长时日,且目前旅游主流市场仍以自然观光和休闲为主,因此确定岱岳区旅游总体形象时,大汶口文化仅作为辅助形象。

(2)岱岳区的旅游主题定位

岱岳区的旅游总体形象定位为泰山休闲走廊。

(3)辅助形象

辅助形象为:环泰山休闲带;环泰山休闲走廊;托起国山的地方;华夏初光,国山之源;泰山金项链。

4)空间布局

根据岱岳区的旅游资源现状,进行可操作性整合,重在打造环泰山休闲带。将旅游区分为五大板块,分别为三个景观带和两个重点景区:即泰山近郊景观带、环徂徕山景观带、大汶河沿岸景观带和泰山山外山景区、泰山天外天景区。

(1)泰城近郊景观带

形象定位:泰山明珠、休闲乐园。

功能定位:娱乐、休闲、观光。

(2)环徂徕山景观带

形象定位:花果世界、盛唐温泉。

功能定位:休闲、观光、度假。

(3)大汶河景观带

形象定位:国山之源、汶阳腴地。

功能定位:农业观光休闲。

(4)泰山山外山游览区

形象定位:青山碧水山外村。

功能定位：观光、休闲、娱乐、度假。

（5）泰山天外天游览区

形象定位：泰山西部果园或天外天旅游休闲果园。

功能定位：休闲、观光。

根据资源禀赋特点，在这5个板块内划分若干个景区，并通过对各景区的旅游资源、旅游产品特点分析，确定各景区的功能及规划的亮点和引爆点，见表6.1。

表6.1 山东省泰安市岱岳区旅游规划旅游功能分区一览表

游览区	景区	主要功能	亮点、引爆点	建设分期	
				近期	中远期
泰城近郊景观带	环天平湖景区	休闲娱乐	动感天地、儿童乐园	√	
	漕河老街坊	旅游购物、市民休闲	御道古桥、漕河风光	√	
	泰山西御道景区	休闲、观光	古梨园、梨园剧场、西林柿园、大亨墓冢	√	
	王耀武故里景区	民俗村、名人故里	上王庄民俗村		√
环徂徕山景观带	彩山景区	度假、观光、休闲	樱桃沟	√	
	龙湾外景区	观光、休闲、度假	十八连潭	√	
	徂徕景区	休闲、度假	徂徕村、野人洞	√	
	温泉度假区	度假、休闲	乾封汤、石介墓	√	
	黄石崖外景区	度假、休闲	太白度假村		√
大汶河景观带	"三汶流域"农业观光区	农业观光、农业体验	农耕文化和现代农业		√
	大汶河湿地保护区	湿地观光、湿地休闲	湿地生态		√
	汶河湿地开发示范区	湿地观光休闲	湿地观鸟	√	√
	柴汶河流域特色蔬菜园	观光、休闲	有机蔬菜园、桑蚕基地、农博园	√	
	汶阳田农业观光区	特色农业观光、文化观光、文化休闲	汶口古镇、上泉涌翠	√	√

续表

游览区	景区	主要功能	亮点、引爆点	建设分期	
				近期	中远期
泰山山外山游览区	黄前水库清洁观光区	观光、休闲、娱乐	饮水思源看黄前、自驾车、农家饭	√	
	齐鲁长城景区	避暑、度假、休闲	避暑山庄、空中休闲走廊	√	
	山外山度假区	餐饮、休闲、度假、娱乐	马蹄峪杏花村、高空漂流、泰山大寨	√	√
泰山天外天游览区	里峪—天外天景区	休闲、观光	西部果园、黄巢山寨	√	
	龙门口景区	观光、休闲	鱼池老街	√	

6.3 景区空间规划

6.3.1 典型空间布局模式

1）核环式布局模式

核环式可分为以下两种情况。

①以旅游服务中心为核心,各旅游吸引物分散在四周,在服务中心与吸引物综合体之间有交通连接。这种布局主要用于各旅游吸引物比较分散的景区。

②以自然景观为核心,各种服务设施环绕在自然景观四周,设施之间的交通构成环状,设施与中心景观之间的交通网络呈伞骨状。这种布局主要用于温泉、湖泊、滑雪场等景区以及自然景观保护要求极高的景区。

2）双核式布局模式

双核式1974年由特拉维斯提出,出于满足游客需求和保护自然环境两个方面的考虑,双核布局为游客需求与自然保护区之间提供了一种商业纽带,将服务设施集中在位于自然保护区边缘的辅助型社区内,形成旅游服务中心与自然保护区两个中心,中间的娱乐区则成为商业纽带。

3）三区结构布局模式

三区结构布局模式由 Forster 提出，是典型的生态旅游区布局模式。核心是受到严密保护的自然区，限制乃至禁止游客进入。围绕它的是娱乐区，规划时布置了野营、划船、越野、观景点等服务设施。最外层是服务区，为游客提供各种服务，有饭店、餐厅、商店或高密度高污染的娱乐设施。

4）带状布局模式

带状布局模式主要用于河流、峡谷地带的景区。这类景区布局受地理环境影响较大。

6.3.2 景区形态结构与旅游建筑区位选择

1）点状结构

点状结构景区一般指小型山岳地带、小型湖泊地或小型山林地等，如北京香山公园、北海公园。这类结构旅游区的建筑布局应根据景区的地形地貌特征采取分散或相对集中的方式。建筑在不破坏原有风景的情况下，要与环境相得益彰，做到融景、点景，成为景观的一部分。

2）线状结构

线状结构景区多为河流或峡谷类旅游区，如漓江、长江三峡等。旅游区的主体建筑应位于景区的进出口处的开阔地带，在景区内地形低缓且较开阔的地带，可建一部分小型购物点、饭店与观景亭等。

3）面状结构

面状结构景区指总面积大于 100 平方千米的大型旅游风景区，如泰山、张家界、九寨沟等。这类结构景区的建筑布局除考虑地形位置和交通条件外，还要从生态保护的角度进行布局。如我国自然保护区按功能可划分为核心区、过渡区、缓冲区。核心区是各种原生性生态系统保护最好的地方，是自然保护区规划的中心区域，除设少量的观测站外，不允许人们在此活动。缓冲区内只能开展一些与保护相符的活动，主要包括研究、培训和其他一些有益活动，非保护区工作人员不能入内。过渡区（实验区）位于核心区和缓冲区的外围，可开展各种旅游活动，旅游建筑主要布置在这个区域。

6.4 旅游线路设计

旅游线路是指旅游经营者或旅游管理机构整合和重组交通、住宿、餐饮、游览、娱乐等旅游要素资源，向社会推销的依赖于景区（点）分布的线型产品。旅游线路，一方面可推动线路沿线的旅游资源的科学规划与合理开发,有效支持旅游业投融资,完善旅游设施配套,优化旅游发展环境;另一方面,可以加强经营单位、管理机构之间的协作,促进各类旅游经营者共享发展红利,推动区域统筹协调发展等。旅游线路因此成为旅游地规划的重要内容。《"十四五"旅游业发展规划》提出"继续推出一批国家旅游风景道和自驾游精品线路,打造一批世界级、国家级旅游线路",将其纳入各地旅游业发展规划及相关专项规划,把旅游线路作为打造特色旅游产品和品牌、完善旅游设施配套、共享旅游发展成果的载体与抓手,并发布了一系列国家精品旅游线路,如"西部行"自驾游精品旅游线路、春节黄金周体育旅游精品线路等。

根据研究角度和研究空间范围的不同,旅游线路可分为两类。从区域旅游规划的角度出发,旅游线路是指在一定的地域空间内,为使游客以最短的时间获得最大观赏效果,由交通线把若干旅游点合理地贯串起来,并具有一定特色的路线。从景区景观设计的角度出发,旅游线路又称游径,是旅游景区的游览线路实体,是在一定的地域空间上为方便游客观赏而设计的行动路线,具有刚性的特点。

总之,旅游线路是区域旅游空间的组织与展示,也是区域提高旅游吸引力的重要措施,其设计水平的高低对区域旅游开发具有重要影响。

6.4.1　旅游线路设计的原则

旅游线路应遵循尽可能满足游客旅游和便于组织与管理旅游活动两个原则进行设计。在此基础上,还应兼顾以下原则。

1)主题特色原则

旅游线路的设计要突出主题、体现特色。主题突出、形象鲜明、富有特色的旅游线路,可对旅游者构成较大的吸引力,因此,要充分挖掘区域内文化内涵,分析区域内旅游资源特色,面向市场,推出主题旅游线路,形成区域内的拳头产品和特色品牌。

2)面向市场原则

随着社会经济的发展,旅游市场的总体需求与消费热点也在不断地发展变化,一个好的旅游路线的设计,需要对旅游市场有充分的理解与调查,以市场需求为导向,才能够对旅游者产生吸引力。特别是主题旅游线路要面向不同的目标市场进行设计,旅游活动中的食、住、行、游、购、娱等方面都要适应市场的需求。

3)行程不重复原则

旅游线路应该设计成由一些旅游依托地和尽可能多的不同性质的旅游景点串联而成的环形回路,以避免往返路途重复,有时表现为环形主线路上连接重要的旅游依托地作为中心的多个小环形支线和多条放射线。对于环形旅游线路,最受欢迎的是将主要购物地安排在最末一站,这样既有利于旅游者大量采购各种物品又方便携带。

4）顺序与节奏原则

在旅游路线的设计中，必须充分考虑游客的心理和体力、精力状况，并据此安排其结构顺序与节奏，做到动静结合、快慢结合。同样的旅游项目，会因旅游路线的结构顺序与节奏的不同而产生不同的效果。一条旅游路线应如同一部艺术作品，体现由序幕—发展—高潮—尾声的顺序。在条件许可时，旅游线路规划应尽可能体现出上述特点。

5）开放性原则

县市由于区域范围较小，高知名度的旅游景点数量有限或者缺乏，因此，在旅游规划的旅游线路的设计中要遵循开放性原则，在完善区内旅游线路的同时，尽量设计与区外旅游线路的接口，将区内旅游线路与更大区域背景下的区外旅游线路相结合，特别是要将区内旅游线路编入相邻县市开发较早、发展比较成熟、有一定知名度的旅游线路当中，如编入旅游国线或是旅游省线更有利于县市旅游的发展。

6）内容的互补原则

旅游线路的设计中，既要体现旅游主题的内容，又要做到在旅游活动项目上的多样化，景点与项目安排不要重复，要动静结合、自然与人文结合、历史文化与现代文明结合。通过互补融合、功能重组，达到价值创新的叠加效应，增加旅游趣味性、丰富旅游内涵、增强旅游魅力。

6.4.2　旅游线路的类型

在设计过程中，旅游线路一般按照主题和地域两个原则进行规划设计。

1）主题旅游线路

该种旅游线路具有一个吸引游客的、个性鲜明的主题，主题贯穿旅游线路的始终，线路中几乎所有的旅游景区（点）都围绕这一主题来选择，通过参与旅游线路的旅游活动，游客对主题能够有非常透彻的了解和深入的体验。

文化和旅游部以 2022 年北京冬奥会为契机，推出了"筑梦冰雪·相伴冬奥"冰雪旅游主题的精品线路，包括"冰雪京张·冬奥之城""长城内外·冰雪丝带""冰雪秘境·心灵牧场""乐游辽宁·不虚此行""长白有约·滑雪度假""白山黑水·冰情雪韵""北国风光·两极穿越""丝绸之路·人文冰雪""中国雪都·纯净北疆""冬日烟火·南国雪乡"；围绕"守护黄金水道　促进绿色发展"主题，设计并发布 10 条长江主题国家级旅游线路，包括长江文明溯源之旅、长江世界遗产之旅、长江安澜见证之旅、长江红色基因传承之旅、长江自然生态之旅、长江风景览胜之旅、长江乡村振兴之旅、长江非遗体验之旅、长江瑰丽地貌之旅、长江都市休闲之旅，全面体验真实、立体、发展的长江等。这些主题旅游线路纵贯南北、横贯东西，涵盖多个省市区，空间跨度大，通过特定主题，有机关联、串珠成链，彰显区域历史文化和自然特征,打造有国际知名度和全球竞争力的区域文旅品牌和形象。

【案例】

长江国际黄金旅游带精品线路

(1)长江文明溯源之旅

线路组成:四川—云南—重庆—湖北—湖南—江西—安徽—江苏—浙江—上海。

线路简介:长江造就了从巴山蜀水到江南水乡的千年文脉,是中华民族的代表性符号和中华文明的象征。该线路以三星堆博物馆、湖北省博物馆、良渚国家考古遗址公园等为载体,集中展现源远流长、博大精深的长江文明,让人们在探寻长江文明起源、发展脉络和灿烂成就的过程中汲取精神滋养和前进力量。

(2)长江世界遗产之旅

线路组成:四川—云南—贵州—重庆—湖北—湖南—江西—安徽—江苏—浙江。

线路简介:长江沿线拥有风光绮旎的自然景观和巧夺天工的文化景观。该线路串联起九寨沟风景名胜区、丽江古城、黄山、苏州古典园林、杭州西湖文化景观等世界文化和自然遗产,形成集灵山秀水与深厚文化于一体的世界遗产旅游长廊,让旅游成为人们感悟中华文化、增强文化自信的过程。

(3)长江安澜见证之旅

线路组成:四川—重庆—湖北—湖南—江西—安徽—江苏—浙江—上海。

线路简介:善治国者必善治水,兴国必先兴水。从两千多年前的都江堰到"世纪工程"——三峡水利枢纽,从激流险滩到高峡平湖,从水患频发到旱涝无虞、安居乐业。该线路以长江沿线主要水利枢纽和世界灌溉工程遗产为载体,让旅游者走近三峡水利枢纽、都江堰等重大水利工程和治水实践,深刻体会流淌千年的治水智慧,见证长江安澜、百姓安居、生态优良的美好画卷。

2)行政区域旅游线路

整合同一行政区域内的旅游景区(点),使其形成一条完整的旅游线路,这在规划文本中比较常见。这类旅游线路由于行政区划上的统一性,便于游客以某一行政区为范围进行完整体验,也便于行政区的旅游经营者进行统一经营管理。县市旅游规划中旅游线路的设计主要按旅游目的和旅游时间来进行编制。按旅游目的设计的旅游线路多为专题旅游线,按时间跨度设计的旅游线路往往以游客逗留的时间为依据。

(1)按时间的长短编制的旅游线路

按时间的长短编制的旅游线路一般分为一日游、二日游、三日游等,此种类型的旅游线路一般要安排出每日的旅游行程和旅游活动。如泰山一日、二日、三日旅游线路安排。

①泰山登天古道游一日游。

上午:岱庙(含遥参亭)、岱宗坊—(徒步登山)一天门—红门宫—万仙楼—斗母宫—经石峪—柏洞—壶天阁—中天门。

下午:中天门—快活三里—云步桥—五大夫松—望人松—朝阳洞—十八盘—南天门—天街—望吴胜迹—碧霞祠—大观峰—玉皇顶—拱北石—瞻鲁台—仙人桥—天街—中天门索道、旅游车(或桃花源索道、旅游车)—下山。

线路特色:此登山线路为登封御道,是帝王封禅泰山的经典路线,阶梯盘旋而上,文物古迹众多,彰显中国传统文化魅力。

②泰山西路"旷"区游一日游。

上午:天外村—步游黑龙潭瀑布、长寿桥、无极庙—竹林寺乘车至中天门—中天门索道—南天门—天街—望吴胜迹—碧霞祠—大观峰—玉皇顶—拱北石—瞻鲁台—仙人桥—天街。

下午:南天门—十八盘—朝阳洞—望人松—五大夫松—云步桥—快活三里—中天门—壶天阁—回马岭—柏洞—经石峪—斗母宫—万仙楼—红门宫—一天门。

线路特色:此登山线路泉清石奇,山光水色,风景如画,谷深峪长,豁达开阔,令人神怡心旷,且交通方便,是最休闲的登山路线。

③泰山山阴"秀"区游一日游。

上午:桃花峪—钓鱼台—碧峰寺—彩石溪—红雨川—一线天、猴愁峪—桃花源—天街—南天门。

下午:天街—望吴胜迹—碧霞祠—大观峰—玉皇顶—拱北石—瞻鲁台。

线路特色:此登山线路桃花满谷,奇峰垒列,林深涧曲,千潭叠瀑,千壑汇川,蔚然深秀。

④泰山天烛胜景游一日游。

上午:天烛胜景坊(步行)—仙鹤湾—好汉坡—山呼台—小天烛峰—后石坞索道—北天门—丈人峰—玉皇顶—探海石—大观峰—天街。

下午:南天门—乘中天门索道、旅游车(或乘桃花源索道、旅游车)—下山。

线路特色:自然风貌保持完好,山野气息浓郁。呈现了泰山原始古朴的一面,是泰山"奥绝"所在。

⑤泰山二日游。

第一日:岱庙—登封御道—玉皇顶—夜游天街。

第二日:探海石观日出—后石坞—北天门—桃花源—一线天—猴愁峪—桃花峪。

线路特色:面向初次游览泰山的游客,在两天时间内,游览泰山的新老景区,力求对泰山能有一个比较全面的印象。

⑥泰山三日游。

第一日:岱庙—岱宗坊—王母池—普照寺—五贤祠—冯玉祥墓—老县衙。

第二日:岱庙—登封御道—玉皇顶—夜游天街。

第三日:拱北石观日出—桃花源—后石坞—北天门—元君庙—大天烛峰—仙鹤湾—封禅大典演出。

线路评点:泰山三日游,游得比较轻松、比较全面、比较深入,是最为理想的组合。第一日,山城望山,城栖于山,人栖于景,可参观环山路诸景,亦可古城内休闲娱乐;第二、三日登山,内容相当充实。

(2)专题旅游线

专题旅游线是将行政区域内有关某一主题的旅游景点串联在一起设计的专题旅游活动,专题旅游线能够充分利用和整合区域内的优势资源,体现出区域内的旅游特色,形成旅游规模,产生整体的效果。专题旅游线特色突出,形象鲜明,有利于产品的形象推广和产品的市场推广。同时专题旅游线路也便于参与区外的相关专题旅游线。专题旅游线路设计应包括以下内容:旅游线路名称、旅游活动范围、旅游总体特色、主要旅游景点、旅游主题活动、交通衔接等。如"一山一水一圣人"旅游线路、北京长城冬奥冰雪运动之旅、北京中轴线旅游精品线路等。

①"一山一水一圣人"旅游线路。

线路主题:一山(泰山)、一水(济南泉城)、一圣人(曲阜三孔)。

线路特色:品泉城之秀丽、登泰山之巅峰、仰万世师表之光华,领略封禅文化、平安文化、泉水文化和儒家文化的传统文化魅力。

第一日:济南(四面荷花三面柳,一城山色半城湖)

路线:大明湖—趵突泉(天下第一泉)—千佛山。

第二日:泰安(泰山安则四海皆安)

路线:岱庙—泰山红门—玉皇顶(帝王封禅泰山的经典路线)—丈人峰—天烛峰—中华泰山封禅大典演出。

第三日:曲阜(鲁国古都、孔子故里)

路线:孔庙—孔府—孔林。

②长城冬奥冰雪运动之旅。

线路主题:"长城脚下看冬奥、冬奥赛场看长城"。

线路特色:欣赏长城景观,体验运动乐趣,感受长城所凝聚的自强不息的民族精神与更快、更高、更强、更团结的奥林匹克格言交融。

第一日:北京居庸关长城—八达岭长城—国家高山滑雪中心。

第二日:河北大境门景区—太子城考古遗址公园—崇礼长城—国家越野滑雪中心—国家冬季两项中心—国家跳台滑雪中心。

③北京中轴线旅游精品线路。

线路主题:"长城好汉——中轴之旅"。

线路特色:通过建筑、非遗、市井、美食、运动等元素,展示源远流长的古都文化、特色鲜明的京味文化以及蓬勃兴起的创新文化。

线路主题:"城之轴—建筑之旅"。

路线:中轴线南端的起点北京大兴国际机场—景山顶上欣赏故宫—北京古代建筑博物馆参观隆福寺的藻井。

线路主题:"艺之轴——非遗之旅"。

路线:中国工艺美术馆中国—中国非物质文化遗产馆—杨梅竹斜街的兔儿爷店里制作兔爷—正乙祠剧院昆曲表演体验。

线路主题:"民之轴——胡同之旅"。

路线:钟楼湾胡同体验晨练—史家胡同博物馆体验胡同文化—坐着黄包车—什刹海周边胡同。

线路主题:"味之轴——舌尖之旅"。

路线:都一处烧卖—全聚德北京烤鸭—护国寺小吃等。

线路主题:"潮之轴——活力之旅"。

路线:鸟巢—奥森公园体验皮划艇项目—国家速滑馆体验滑冰—北京坊里。

6.4.3 旅游线路设计程序

旅游线路设计要受到旅游资源、旅游景区(点)的空间分布与组合、客源市场特征以及旅游交通设施等因子的影响,在充分掌握相关资料的基础上有步骤、分阶段地进行旅游线路的设计。大致可分为4个阶段。

①确定目标市场的成本因子,决定了旅游线路的需求背景,也决定了旅游线路的性质和类型。

②根据游客的类型和期望,明确符合线路要求的旅游资源、景区(点)的基本空间格局,旅游资源的旅游价值必须用可量化的指标表示出来。

③综合考虑景区(点)与旅游基础设施和服务设施的搭配,设计若干条可供选择的线路方案。

④选择最优的旅游线路(可以有几条)。

其中,第三阶段是设计工作的关键环节,也是技术含量较高的一个环节,需要规划者花费较多的时间和精力。

6.4.4 景区游径设计

景区游径既是分割各景区(点)的景界,又是联系各个景点的纽带,是造园的要素,具有导游、组织交通、划分空间界面和构成园景的艺术作用。因此,鼓励旅游者去感受景区(点)的一个好办法就是开发建设有趣的自然游径,使其成为让游客接触到旅游区的主要吸引物。

1)设计原则

为了使旅游者体验到景区的美丽,景区游径设计需坚持:宜曲不宜直(尤其小路要蜿蜒曲折,避免直线前进)、宜狭不宜宽、宜粗不宜平(人工痕迹不要太重)、宜险不宜夷;高低相宜、险中求夷;欲扬先抑、欲露先藏。

2)设计内容

(1)自然游径的设计

为充分展现景区的景色风貌,提高游客体验,游径设计本着"美则显之,丑则隐之"的原则,将景观的最佳的观赏点串联起来,同时考虑距离对景观观赏的影响,形成远景、近景、特写景的组合,打造具有最佳观赏体验的旅游线路。另外,利用光照变化,借助朝霞夕照,将景区最美的一面通过线路的组织与设计展示给游客。

自然游径设计充分考虑游客的生理和心理特征,长度限制在 0.5~1.5 千米,使旅游者在 30~60 分钟内走完;游径的理想形态为一环形单行线路,起点和终点在同一地方;沿途设解说系统;游经的景观有吸引力,途中不应有陡坡、泥泞地和障碍物;环境整洁干净,途中设置垃圾箱,定时清扫植物和碎石。

(2)自然游径的开发规划

①考察、调查景区,将景观目标群标注在地图上,设计一条尽可能连接所有景点的路线。

②沿路线走一次,考察其长度、可达性及铺设道路的可能性。

③尽可能小地干扰自然风貌,认真监督施工者,避免建设中的不必要破坏。

④在不破坏环境的前提下清除沿途障碍,把悬下的植物枝条砍到距离地面 2 米以上。

⑤避开陡峭的山坡和含水的地带,保证排水是在地面上,而不是在小路下面,修建挡水和排水系统,铺设木桥或在水中铺设蹬步通行。

【案例】

旅游线路设计的意境流设计

旅游者在旅游线路中的体验过程是一个程序化的心理活动过程,因此规划师在进行游览线路组织时,应该有意识地强调某种文化主题,使游历过程成为一种意境流体验程序。线路组织需要有一个感情酝酿的过程和渐入佳境的空间,即需要引景和点景。

王衍用在三孔的旅游路线设计中即采用意境流进行设计。他认为要使旅游者体验历史文化名城和孔子在中国儒家文化体系中的崇高地位,建议旅游者由神道开始进入景区,沿神道北行,围墙封闭的纵向狭窄空间、苍劲古朴的侧柏树引出历史的氛围,营造出肃穆、神秘的气氛,使旅游者进入孔庙特有的意境。参观完孔庙,旅游者由金声玉振坊走出孔庙,通过孔庙与孔府之间的街道、马路的规划整治,使旅游者从古墙夹峙、古柏森然的封闭空间穿越阙里牌坊、过街钟楼,经鼓楼、照壁,街道两侧店铺林立,旅游商品琳琅满目,进入孔府之前的引景空间,踏入孔府大门。游览完毕后组织游客从后花园出孔府,北行出曲阜古城北门,进入通往孔林的神道,通过这一具有营造引景氛围的通道,进入孔林。

本章自测

1.谈地缘空间结构对地区旅游业的影响。

2.辨析旅游区与旅游功能分区。

3.简述旅游功能分区的体系。

4.简述景区空间布局的典型模式。

5.简述景区旅游线路设计的原则与程序。

相关链接

访问北京大地风景文旅集团和北京巅峰智业旅游文化创意股份有限公司中的旅游规划案例,从两个规划设计机构的旅游规划案例中探讨其旅游空间规划布局及功能分区的划分依据,并对案例进行简要分析、评价。

第 7 章
旅游市场营销规划

学习目标

通过本章的学习，了解旅游市场分析的内容；掌握旅游市场调查的内容和方法；了解旅游市场细分的特征；掌握目标市场定位的影响因素；了解旅游市场预测的几种方法；掌握旅游市场营销的策略；初步学会调查问卷设计、旅游市场定位、旅游市场预测、旅游市场营销策划等的方法和技巧。

关键概念

旅游市场结构　旅游市场调查　旅游目标市场细分　旅游目标市场定位　旅游市场预测　旅游市场营销

问题导入：

文旅项目开发前期市场调研的意义和价值

文旅项目在开发前，如果没有做足充分的市场调研，就盲目开发建设，很容易导致重金打造的项目不符合市场需求，或者中途烂尾，投资打水漂，造成严重的资源浪费。充分的市场调研非常重要，可以让我们更全面地了解目标市场的需求和竞争情况，有助于制订更为有效的开发策略和推广方案，提升项目的成功率和盈利能力。

文旅企业国艺中联集团的创始人兼董事长刘兵认为，市场调研的重点应该包括以下几个方面。

对游客需求调研：了解潜在游客的人口和消费特征、旅行目的和时间、出游预算等信息，可以有针对性地设计和推广文旅项目，提高游客参与度和满意度。同时还要了解潜在游客对于文化、自然景观等方面的关注度，以此来确定文旅项目的主题和方向。

竞争环境分析：对于同类或相近文旅项目的调查和分析，可以了解其他项目的市场表现和短板，制订不同的商业模式和市场定位，可以避免重复建设、降低市场竞争，提高项目的成功率。

地域环境调查：了解文旅项目周边的地理环境、人口分布、文化资产等情况，避免重复建设，从而优化文旅项目的布局。区位选址非常重要，最好选择距离城市1小时车程左右、常住人口和流动人口都比较大的地区。

投资风险评估：对于文旅项目投资的预期收益、资金回报的可行性、财政支持政策以及法规等方面的调查，使投资方可以更好地了解投资风险和市场前景。

（资料来源：楚天都市报，2023-06-30）

目前，在我国旅游理论与旅游规划实践中，旅游市场常特指旅游客源市场。随着我国社会主义市场经济体制的进一步完善，旅游客源市场的偏好、结构、规模及旅游客源市场运动的规律等决定了区域旅游开发的方向与发展的规模，旅游开发与规划必须要面向市场，以市场为导向。

7.1　旅游市场现状分析

旅游市场现状分析是通过旅游市场调查所获得的数据资料，分析旅游客源市场的市场范围、空间结构及细分市场结构。

7.1.1　旅游客源市场空间结构分析

旅游客源市场的空间分布结构主要包括旅游者的地理来源和强度，在规划的实践中主要是确定规划区未来旅游客源市场范围。

旅游市场范围与旅游目的地吸引力及旅游客源地的出游能力有关，可以用引力模型来确定。克朗蓬首次将万有引力定律应用于旅游研究，认为旅游次数与旅游客源地的人口规模、财富、旅游倾向及旅游目的地的吸引力、容量和客源地与目的地之间的距离有关。

根据旅游客源地居民出游的距离规律划分旅游市场。吴必虎等运用抽样调查的方法在上海、成都、西安、长春等城市进行实证研究,总结了中国城市居民出游客源市场在距离上的分布规律:一个城市 37% 的出游市场分布在距离城市 15 千米的范围内,24% 的出游市场分布在 15~50 千米的范围内,21% 的出游市场分布在 50~500 千米的范围内。500 千米以外的广大空间仅分割了城市出游市场的 18%,其中 500~1 500 千米占 12% ,1 500 千米以外占 6% 。即中国城市居民旅游和休闲出游市场随距离增加而衰减,80% 以上的出游市场集中在距离城市 500 千米以内的范围。中国城市居民到访率在空间上的分割如图 7.1 所示。

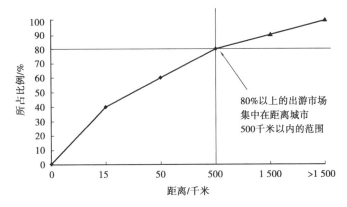

图 7.1 中国城市居民到访率在空间上的分割

根据客源地居民到旅游目的地的时间距离划分旅游市场。旅游者在不同的情况下能忍受的旅途的时间是有限的,旅游者闲暇时间也是有限的,因而可以旅游目的地为中心,把旅途所需时间相等的旅游客源地联结起来,绘制成旅游等时线图。一般情况下,时间距离越近,旅游的机会越大。

7.1.2 旅游市场时间分布结构分析

旅游需求随时间的变化使旅游客源市场随时间呈规律性的变化,对旅游市场时间分布结构的分析将对旅游规划和经营决策有着十分重要的意义。旅游客源市场的时间结构表现在市场时间分布的集中性,包括季节性、节律性、高峰性。

1)季节性

气候的季节变化使旅游客源市场具有季节性,中国特殊的气候使每年的春秋两季具备良好的出游条件。中国不同地区的调查显示,居民出游大都存在春季高峰和秋季高峰。夏季虽然天气炎热,但由于夏季处于学校长达 40 天左右的暑假,教师、学生及学生家长出游比例较高,也是一个不容忽视的出游高峰。

2)节律性

一周 7 天的生活节律,影响着人们的出游节律,特别是我国双休日的周末旅游以其游客人数的极端高峰对客源地周边地区和城市近郊的旅游区(点)产生深刻的影响。

游憩者一日之内对游憩设施的使用也呈周期性的变化。对游憩者流动的实地观测记录表明,一日内有9时、15时两个高峰期,在东北寒冷的冬季,上午的高峰期滞后,而下午的高峰期则提前。

3)高峰性

一年中特定的时间段旅游出游率高,旅游地接待游客人数多,该时间段接待的游客人次占全年总接待游客人次相当大的比重。如近年来火爆的假日旅游,"五一""十一"的两个旅游黄金周曾形成了全年旅游接待的高峰期,对旅游设施的使用造成很大的影响。

随着我国法定假日的调整,形成了春节、国庆节两个7天的"黄金周"和元旦、清明节、五一节、端午节、中秋节5个3天的"小长假",既增加了假日的次数,使节假日的分布更加合理,又适当分散了居民出游的密度,降低了旅游接待地区交通、住宿、安全、市场、环境、企业经营等方面的压力。

7.1.3 旅游市场结构分析

旅游市场结构分析主要是对游客构成特征进行分析,是市场细分和定位的基础,主要包括以下方面。

1)地域构成

旅游市场的地域构成是指把客源市场划分为本地市场、周边市场、省内市场、省外市场和国外市场等,国外市场还可以按国家或地区进一步细分,如韩国市场、日本市场、东南亚市场、欧洲市场等。

2)人口学特征构成

旅游市场的人口学构成是指按性别、年龄、文化程度、职业、收入等人口学指标对客源市场进行细分。

3)消费行为构成

旅游市场的消费行为构成是按出游目的、出游方式、出游交通工具、停留时间、住宿方式等指标对客源市场进行细分。

7.2 旅游市场调查

旅游市场调查是指运用科学的方法和手段,较为系统地搜集、记录、整理、分析、总结各种旅游消费需求和旅游营销活动的信息、资料,找出旅游市场的特征和变动规律,了解现实旅游市场和潜在旅游市场,并以此为基础充分考虑旅游资源的等级和旅游项目的吸引力,为下一步旅游目标市场的定位与开发提供可靠依据。

7.2.1　旅游市场调查的内容

旅游市场调查的主要内容包括客源地市场环境、市场需求、市场潜在需求、产品组合和游客评价 5 种。

1）客源地旅游市场环境调查

客源地旅游市场是旅游开发规划区生存与发展的基础,旅游的规划开发活动必须与客源市场相协调和适应。客源地市场环境调查包括政治环境调查、法律环境调查、经济环境调查、科技环境调查、社会文化环境调查和地理环境调查。

2）客源地旅游市场需求调查

旅游市场需求,是指旅游者愿意付出一定的代价换取旅游产品的实际要求,是决定旅游市场购买力和市场规模大小的主要因素。其特点是,游客不仅愿意按一定价格购买旅游产品,而且要为此付出闲暇时间,所购买的是一种异地旅游经历。针对旅游者进行的需求调查是旅游市场调查内容中最基本的部分。

①旅游者规模及构成调查。其包括经济发展水平与人口特征;收入与闲暇时间;旅游者数量与消费构成,即调查旅游产品或服务的现实与潜在的旅游者数量和特征(旅游者国籍、年龄、性别、职业、出游方式及地区分布、民族特征等),统计旅游者消费水平及构成(食、住、行、游、购、娱等方面)和滞留时间等;旅游者对旅游产品质量、价格、服务等方面的要求和意见;等等。

②旅游动机调查。旅游动机是激发旅游者产生旅游行为到达旅游目的地的内在原因,包括身体健康动机、文化动机、交际动机、地位与声望动机等。

③旅游行为调查。旅游行为是旅游者旅游动机在实际旅游过程中的具体表现。旅游行为的主要形式有文化观光旅游行为、度假休闲旅游行为、专项旅游行为、会议旅游行为或特色旅游行为等。

这一类需求的调查旨在调查客源市场旅游者的实际状况,如果要衡量该客源市场的需求潜力,还需要借助客源地旅游市场潜在需求调查。

3）客源地旅游市场潜在需求调查

客源地市场潜在需求主要通过出游率、重游率、开支率等指标来衡量。

出游率是指一定时期内一个地区的出游人次与其人口的比率;重游率是指来旅游地的旅游人次与旅游人数之比,亦即旅游者来目的地旅游次数的算术平均值;旅游开支率是指旅游开支与其年均收入之比。

4）客源地旅游产品组合调查

旅游产品组合,是通过生产不同规格、不同档次的旅游产品,使一个旅游区所生产的产品更为科学、合理,旅游产品结构更能适应市场的需求,从而以最小的投入,最大限度地占领旅游市场,以实现旅游区的最大经济效益。

实施旅游规划与开发,推出新的旅游产品,以弥补市场空缺和优化产品组合,从而迅速开拓旅游市场,推动旅游业快速发展。因此,客源地旅游市场的产品组合现状调查必不可少。

旅游产品组合的调查主要包括3个方面。①产品组合的广度,指客源地市场现有的旅游线路的多少。②产品组合的深度,指某一旅游线路中旅游活动项目的多少。如果某一旅游线路中旅游活动项目多,游客逗留时间长,称为产品组合较深;反之,产品组合较浅。③产品组合的相关性,指现有旅游产品的生产,与旅游生产机构——饭店、宾馆、交通、旅游景点、娱乐、旅游购物等方面的一致性。一致性程度高则产品相关性就大;反之,相关性较小。

5)客源地游客评价调查

旅游者对旅游产品或旅游目的地的评价和态度直接影响他们的购买决策。因此进行新的旅游开发活动时,要调查收集客源地旅游者对市场内旅游产品现状的意见和评价,包括旅游者对旅游产品的评价和接受程度,从而有针对性地实施开发;旅游者接受或购买产品的频率;旅游者对旅游产品还有哪些未体现出来的要求和意见;旅游者的心理价格状态等。

7.2.2　旅游市场调查的方法

旅游市场调查的方式可分为第一手资料的调查和第二手资料的调查。第一手资料是指研究人员针对当前的调查问题,直接从目标客源市场搜集的信息;第二手资料是指他人出于其他目的早先搜集的资料。

1)第一手资料的搜集方法

搜集第一手资料又称为现场调查,具体可分为询问法、观察法、实验法。

(1)询问法

询问法是旅游市场调查人员向被调查人员询问,根据被调查人员的回答来搜集信息资料的方法。可分为口头询问和书面询问两种方法。

①口头询问法。口头询问法是由调查人员亲自向被调查者询问,根据其口头回答取得所需资料的方法。询问可以采取自由式交谈,也可按事先拟订好的提纲提问;可采取个别询问形式,也可采取开座谈会的形式;如果是个别询问,也可采用电话询问形式。

口头询问法由于双方有直接的口头交谈,便于沟通思想,被调查者能充分发表意见,信息反馈快,调查者搜集的资料比较全面,真实性较大。缺点是调查中花费的人力及财力较多,对调查人员的素质要求高。

②书面询问法。书面询问法是调查人员事先设计好调查表,然后分发给被调查者,根据被调查者的书面回答来搜集所需资料的方法。具体方式为:邮寄给被调查者,被调查者填妥后寄回,或当面交给调查者,或是被调查者在网上读出问题、做出答案。

这种方式的最大优点是被调查人员有较多的时间思考问题,避免受调查人员倾向性意见的影响。另外可适当扩大调查区域,增加调查对象,减少人力。但这种方法的不足之处是调查表的回收时间长,回收率低。

（2）观察法

观察法是旅游市场调查人员通过直接到调查现场观察和记录被调查者的言行从而取得第一手资料的方法,也可配备照相机、摄像机、录音笔等进行拍摄和录音。

由于旅游市场调查者与被调查者不发生直接对话,甚至被调查者并不知道自己正在被调查,被调查者的言行完全在自然状态下表现出来,因此这种方法的最大优点是可以客观地搜集资料、记录被调查者的现场情况,调查的结果较真实可靠。不足之处是观察的是表面现象,无法了解被调查者的内心活动及一些仅靠观察无法获得的资料,如消费心理、购买动机等。

（3）实验法

实验法是指从影响调查问题的众多因素中选出一个或两个因素,将它们置于一定条件下,进行小规模的实验,然后对实验结果作出分析判断,进行决策。

这种方法的优点是可以有控制地观察分析某些市场变量之间的内在联系,并且这种调查所取得的资料、数据较为客观、可靠。其缺点是影响销售的因素很多,可变因素难以掌握,测试结果容易出现误差,而且实验所需时间长,费用开支较大。

2）第二手资料的搜集

第二手资料包括与旅游市场直接和间接的统计资料,主要来源有:政府部门发布的报告,如各种统计年鉴、统计报告、调查报告等;各类报纸和专业刊物;和旅游相关行业协会的报告或定期出版物;旅游类专业的市场咨询公司的研究报告;互联网,通过百度等搜索引擎,或直接登录政府机构网站、旅游专业网站等。通过相关统计资料的综合分析,可以从宏观上把握旅游规划区的旅游市场的相关特点。

第二手资料的搜集方法有:检索、直接查阅、索取、交换、购买、咨询旅游领域的专家,以及通过情报网搜集和复制等。

7.2.3　调查问卷的设计

调查问卷是旅游市场调查中最常用的一种重要工具,其功能主要是全面记录和反映被调查者回答的事实,提供较为真实的信息,达到调查的目的;统一的调查问卷还便于调查资料的统计和整理。

1）调查问卷的结构

一份调查问卷在结构上,按照顺序通常包括以下 5 个部分。

①开场白。开场白是调查员与应答者见面时说的话,它要求在短时间内说明“我是谁,从哪里来,来做什么,需要对方如何配合等”。开场白的要求是很高的,必须逐字斟酌,好的开场白可以调动应答者的积极性,使调查能顺利进行。

②被调查者个人资料。应依据调查目的而定,通常要求填写被调查者的电话、年龄、性

别、教育程度等。

③调查问题。调查问题是问卷的主体,调查者期望得到的资料,都是通过问题来搜集的。

④作业证明的记载。这是指要在调查问卷的最后注明调查员的姓名、访问日期、访问时间等。

⑤问卷说明。一份完整的调查问卷应包括必要的问卷说明,通常包括调查的目的和意义,指标解释、调查须知及其他事项说明等。如涉及需为被调查者保密的内容,必须指明予以保密,不对外提供等,以消除被调查者的顾虑。

2)调查问卷设计的要求

一份设计良好的问卷,应具备以下3项条件。

①能正确反映调查目的,问题具体,重点突出。即将调查目的,以询问方式具体化、重点化地列举在问卷上。

②促使被访问者愿意合作,提供正确信息,协助达成调查目的。

③便于事后的统计和处理。问卷的形式应有利于数据录入和数据处理。

3)问卷内容的设计

(1)问题内容

问题的设置应简明扼要、准确无误、通俗易懂,避免提出暗示某种特定答案的问题,问题的数量不宜过多、过于分散,否则易令人生厌,影响调查质量。

(2)问题的形式

调查问卷多以封闭式问题为主,适当辅以开放式问题。

(3)问题的类型

问题的类型包括是非题、选择题、序列题、问答题、回忆式等。

①是非题,即提出问题,请被调查者回答"是"或"否","有"或"无",二者必答其一,因此又叫二项选择法。是非题可在很短时间内得到明确的回答,调查的结果也容易整理和记录,但不能表示出意见和程度差别。

②选择题,也叫多项选择法,就是调查者对调查的问题预先列出几个可能的答案,让被调查人员从中选出一个或数个答案。

③序列题,又称顺位题,这类问题主要是让被调查者判断某项目的重要程度,按先后顺序排列而设置的。

④问答题,又叫开放式问句或自由回答题,即调查者不提供任何答案,被调查者可自由回答,能广泛、深入地搜集资料。

⑤回忆式,用以调查对旅游目的地景点、商品或服务的印象程度,主要用于测定记忆程度。

(4)问题排列顺序

通常第一个问题必须有趣且容易答复;重要问题放在重要地方;容易的问题在前面,慢慢引入比较难答的问题;问题要一气呵成,且应注意问题前后连贯性,不要让被调查者情感或思绪中断;私人问题和易引起对方困扰的问题,应最后提出。

4)调查问卷设计时应注意的问题

设计调查问卷时应注意以下问题:①所拟的问题都是有必要的;②所拟的问题是被调查者有能力回答的;③询问要注意语言和措辞。询问的问题避免含糊不清,避免用多义词或笼统的询问,避免用带有暗示性或引导性的词提问,避免用一些涉及个人隐私或使人难堪的提问句,如:您家庭的月收入是多少? 应改为您家庭月收入(人民币)是下列数字中的哪一类?

| 5 000 元以上□ | 4 999~4 000 元□ | 3 999~3 000 元□ | 2 999~2 000 元□ |
| 1 999~1 000 元□ | 999~500 元□ | 499 元以下□ | |

7.3　旅游市场的细分与定位

7.3.1　细分旅游市场特征分析

旅游市场细分也称为旅游市场细分化。所谓旅游市场细分也就是将全部旅游市场依据旅游者的某种或某些特点划分为不同的细分市场。一般的划分标准有地理因素和旅游者的年龄、性别、职业、受教育程度、家庭收入水平、来访目的、旅行方式等。下面对职业和年龄细分市场进行特征分析。

1)职业细分市场

以旅游者的职业作为标准,可以将全部旅游市场划分为企事业单位管理人员旅游市场、公务员旅游市场、企业人员旅游市场、文教科技人员旅游市场、学生旅游市场、农民旅游市场等。因为职业的不同,导致旅游市场在消费形式、旅游时间、旅游偏好等方面都有所不同。

(1)企事业单位管理人员旅游市场

企事业单位管理人员旅游市场属于事务型旅游市场的一部分,该市场的主要特征是:

①个人收入高,出游频率高,旅游目的以商务活动为主。

②停留时间较长,花费最高。

③旅游过程中注重形象,多入住中、高档宾馆,一般选择高铁、航空、自驾车等交通方式,对服务质量要求比较高。

(2)公务员旅游市场

该市场的主要特征是:

①出游频率高。由于公务员的工作性质,其每年因公出差频率较高,客观上为目的地旅游业的发展做出了贡献。同时,公共假期相对比较多,因此出游机会也比较大。

②出游时间较分散,自驾车比例较高。除公共假期期间较集中,其余时间较为分散。随

着带薪假日的落实,旅游的时间将更为分散。

③公务员受教育程度比较高,在旅游过程中往往更注重精神享受,在旅游服务方面强调舒适和方便。

（3）企业人员旅游市场

企业人员旅游市场大多属于消遣型旅游市场的一部分。这类旅游市场的特征主要有以下几点。

①青年比例较高。企业青年人员出游积极性高,这与他们需要开阔眼界、负担较轻、体力充沛并希望在旅游中结识朋友和增加对世界的认识和理解有关。

②出游季节性强。企业人员出游时间较为集中,全国公共假期期间是其出游最高峰,近几年随着双休日的出现,企业人员周末近距离出游比例增大。但由于经济结构正处于调整、重组之际,企业之间的个人收入差异加大,企业人员出游的不可预见因素增多,这对出游不利,从现实表现看,企业人员出游比例近几年有下滑趋势。

③企业人员旅游市场在旅游目的地、旅行方式、出发时间方面拥有较大程度的选择自由。这种选择的自由是在其时间和可支配收入的范围之内。

④对价格较为敏感。这主要是因为企业人员可支配收入不高,且多为自费旅游。如果旅游产品过于昂贵,就会将这部分旅游者拒之门外。

（4）文教科技人员旅游市场

文教科技人员是旅游市场的中坚力量,其主要市场特征为以下几点。

①以自费为主,对价格有一定的敏感性。

②偏好集中,文化程度高,对具有一定文化内涵的项目容易认同。

③出游时间集中,出游方式多样。文教科技人员旅游多集中在"五一""十一"和寒暑假期,其中暑假更为集中,这与其职业性质有关。文教科技人员是脑力劳动者,平时由于教学、科研任务较重,精神负担重,工作时间常延伸至一般节假日、双休日,唯有寒暑假期时间较长,可充分休息、出游。

④影响面较大。尤其是教师,平时与学生交流多,其旅游经历会自觉不自觉地表达出来,有时可以影响、带动学生的假期出游。

（5）学生旅游市场

学生旅游市场是近几年涌现出来的非常活跃的一个市场,其特征为以下几点。

①出游频率高、时间较集中。有关调查显示,95%的学生有旅游经历,参加过两次以上旅游活动的人占62%,这与该群体流动性强、异地求学比重高、出游热情高有关。学生出游时间多集中在"五一""十一"与寒暑假期,其中,暑假出游比例占到60%。

②偏好集中,注重求知。上海市进行的一项调查(为多项选择)显示,学生游客中观景占93%,求知占71%,探亲访友占33%,了解风土人情占51%。

③对价格较敏感。学生基本为自费旅游,且属于无收入或低收入人群,对价格很敏感。但学生对导游图、文化书籍、文化衫、小纪念品、特色文创产品等购买积极。

④信息传播速度快,影响面广,后续影响大。学生思维活跃,同学、亲友之间联系多、宣

传效应大、带动性强,同时对毕业后的旅游地宣传、选择亦有较大影响。

(6)农民旅游市场

农民旅游市场的特征主要有以下几点。

①收入水平较低,对价格敏感程度高。单从收入水平看,农民出游条件还不充分,但农民的家庭规模较大,有能力集中支持个别成员出游。同时,农民的收入差距很大,部分从事第二、第三产业的农民收入较高,有一定的出游能力。

②文化程度低,旅游偏好集中,而且多结伴跟团游或自驾出游,停留时间短。

③出游时间集中,农闲季节是农民出游的集中季节,出游时间充足;出游距离短,以近距离为主。

除以上六大主要旅游市场,军人、离退休人员、个体私营业主等旅游市场也不容忽视。其中,个体私营业主的旅游特征与企事业管理人员有相似之处,只是花费略低;离退休人员的旅游特征则与文教科技人员类似;而军人旅游时的旅游目的则带有鲜明的职业特征。

2)年龄细分市场

以年龄为标准,可以将旅游市场细分为 15 岁以下的儿童市场、15~24 岁的青少年市场、25~44 岁的青壮年市场、45~64 岁的中年市场、65 岁以上的老年市场 5 个细分市场。

儿童天真活泼,对新鲜事物充满好奇心,特别是对游乐设施非常感兴趣,同时这个年龄段是儿童长身体、长知识的阶段,在旅游上多侧重求知与体验,对事物充满好奇;青少年精力充沛,活泼好动,新鲜感较强;青壮年市场一直都是国内游客的中坚力量,这个年龄段的人年富力强,工作压力较大,旅游以放松身心为主,颇爱追求浪漫情调,偏好娱乐与标新立异,偏好特色美食、发泄性娱乐(如射击),多数应家庭成员的要求而出游,一般以家庭为单位;中年人家庭、事业、收入都比较稳定,以家庭集体出游为主,对文化、历史的理解相对较深,除偏好自然景观外,对文化景观的偏好较明显,易怀旧,对古老民俗往往情有独钟;老年人沉着老练,活动量不大,喜爱清静,对文化积淀深厚的景点比较偏好。

7.3.2　旅游目标市场的定位与开发

旅游目标市场的定位与开发是根据国内外旅游市场的走向,在充分把握规划区旅游资源、产品现状的基础上,对各级目标市场进行定位,对未来的市场变化进行预测,并提出相应的旅游市场营销战略。

通过前一步骤有关旅游市场特征的调查,得到关于目前客源市场的特征认识,为本阶段目标市场的定位与开发提供了基础资料。目标市场的定位与相应的开发措施是旅游市场规划的重中之重,因为定位准确与否关系整个旅游产业的健康发展。在现有的经济体制下,市场决定着旅游资源开发的力度,决定着旅游产品开发的力度,有了市场,才会吸引投资,吸引人才。可以说,旅游目标市场的定位是编制旅游规划的基础。

1)目标市场定位的原则

只有分辨出最具吸引力的目标市场,将有限的营销资源尽量集中在目标市场上,才能获得客源市场较高的回报。为此,确立目标市场需遵循如下定位原则。

(1)规模效益原则

规模效益原则是指目标市场的规模要大到足够获利的程度。只有具备一定规模,才有利于建立稳定可靠的通道,从而避免市场的大起大落对旅游地带来不良冲击,也就是集中优势力量用于核心市场。

(2)资源与市场良性互动原则

单纯的资源导向与单纯的市场导向一样,都很容易走向"一厢情愿",从而使目标市场定位发生偏离,应使二者结合起来,因为资源可以引导、创造市场需求,而市场需求也可以引导旅游地优化产品、重组资源。

(3)互达性原则

互达性原则是指使旅游规划区的信息有效到达目标市场,目标市场中的旅游者也能有效到达旅游地,从而可以方便自如地出入。

(4)行动可能性原则

行动可能性原则是指为吸引和服务于目标市场而提出系统的有效计划与策略,保证在目标市场实施。

2)旅游目标市场定位应考虑的因素

(1)距离远近因素

旅游者在选择旅游目的地时,距离衰减规律所起的影响作用是非常大的,即旅游目的地的可达机会随着两地之间距离的增加而急剧地衰减。"中国城市居民出游客源市场在距离上的分配研究"表明:中国城市居民旅游和休闲出游市场集中在距离城市500千米以内的范围。在这个范围内,旅游者认为有能力进行自费旅游,但是对于偏远地区的自费旅游,很多旅游者都要积蓄很久。因此,在对目标市场进行定位时,要将旅游距离衰减规律作为重要的规律,将距离旅游地近的一些客源地列为核心市场。

(2)交通便利因素

尽管现代运输和通信工具已经十分发达,但是交通便利与否仍然是影响旅游的重要因素。距离长、交通不方便,成为核心目标市场的可能性越小。空间组织的距离衰减规律在目标市场的确定方面仍然起作用。因此,可进入性程度是旅游市场定位时要考虑的重要因素。客源产出地与规划区的距离、交通条件和交通费用的组合是衡量可进入性程度方面的主要因子。

(3)经济水平因素

客源地的经济发展水平是旅游者实现旅游活动的物质保证。经济发展水平高,挖掘旅游者的潜力大;反之,则小。衡量客源地经济发展水平的因素中,除要考虑现有的社会经济水平如国内生产总值即GDP、人均GDP等之外,还要看其GDP的增长速度、居民可支配收入、恩格尔系数、居民的消费习惯、旅游意识等。一般来说,GDP高、国民经济增长速度快、恩格尔系数小的地方比较适合定位为旅游目标市场。

（4）旅游需求因素

旅游需求因素主要指的是要考虑目的地与客源地之间旅游资源或旅游产品的差异性。旅游是一种体验，游客外出旅游是体验自然或文化上的新奇，差异性越强，新奇度越大，对游客的吸引力越大。因此旅游资源的互补性、差异性是吸引多层次游客，激发其旅游动机，带动市场发展的基本要素，也符合游客对外界事物的认知规律。一般来说，若两地之间旅游产品特色相同或类型比较相似，则两地之间的需求吸引力就会比较小；而若两地之间旅游资源或旅游产品的性质存在互补性，则两地之间的需求吸引力就会比较大。这种旅游需求方面的互补性，构成了目的地与客源地之间吸引力的基础。在旅游目标市场确定的过程中，要充分考虑旅游需求因素，核心市场的确定一定要避开同性质旅游产品所在地，而应该将旅游资源或旅游产品之间存在互补性的客源地确定为核心市场。

（5）客源地与规划区的历史、文化联系

客源地与规划区之间是否有历史上的渊源、文化上的联系、政治经济方面的合作、宗教信仰上的交流等，也是进行旅游目标市场定位时需要考虑的重要因素。两地之间历史、文化方面的联系往往会超越地域的限制，而将两地的人们联系在一起。这时，就要充分考虑历史、文化联系方面对客源市场的影响。

事实上，影响旅游市场定位的因素还有很多。在实际过程中，一定要充分考虑各种因素，确定正确的目标市场。综合以上分析，可以将目标市场确立时所需考虑的各种因素及因素内在原因做成一个对照表。确定目标市场时应考虑的因素与内在原因对照表见表 7.1。

表 7.1　确定目标市场时应考虑的因素与内在原因对照表

考虑因素	内在原因
距离远近因素	距离衰减规律
交通便利因素	可出入性
经济水平因素	可出游性
旅游需求因素	资源或产品的差异性
其他联系因素	各种历史渊源

3）旅游目标市场定位的内容

目前我国政府的旅游方针是大力发展入境旅游，积极发展国内旅游，适度发展出境旅游。在旅游规划中，要重点研究入境客源市场和国内客源市场，对这两个旅游市场做出定位。完整的旅游目标市场定位要根据不同的定位标准，给出针对不同定位标准之下的定位结果。

（1）距离细分市场定位内容

无论是对入境客源市场还是对国内客源市场，都要根据距离定位出一级市场、二级市场和三级市场；或者可以划分为核心市场、中程市场和远程市场；也可以划分为主体市场与边缘市场、常规市场与机会市场。

一般来说,以距离为标准进行旅游目标市场定位时,主要考虑距离衰减规律。一级市场、二级市场、三级市场和机会市场与规划区的距离越来越远。行政区划并不影响旅游目标市场的定位。

(2)职业细分市场定位内容

在对旅游市场进行调查时,会得到旅游市场中游客的职业构成。根据这部分材料,结合规划区旅游资源的特色和旅游产品的性质,确定规划区重点吸引哪些职业的游客,并分析每种职业游客的特点,尤其要指出他们的旅游行为特点。

(3)出游方式细分市场定位内容

按出游组织形式可分为家庭旅游、单位组织的旅游、旅行社安排的旅游以及个人或与亲友结伴旅游。旅游目标市场定位要指出游客出游时选择的主要出游方式、每种出游方式所占的市场份额、出游特点等。

如果有必要,旅游目标市场还可以根据其他标准来进行定位分析。

7.3.3　旅游目标市场定位方法

旅游目标市场可以分为一级目标市场、二级目标市场和机会目标市场(市场级别数字越小,市场重要程度越高),或称作核心市场、重要市场和潜在市场。旅游目标市场的定位,是在广大的区域中,为旅游规划区确定每一级旅游市场的范围或重点地区。综合考虑上述有关旅游目标市场定位的原则和影响因素,旅游目标市场定位的方法主要有以下几种。

1)距离定位法

由于距离衰减规律的影响,旅游目标市场定位时首先要考虑距离因素。以距离为主要因素确定目标市场的方法就是距离定位法。具体是指按照一定的距离标准对旅游地的旅游市场进行级别确定。这里的距离是指完全超越行政区划的距离,即考虑行政约束,而直接以"自然距离"为标准进行定位。运用距离定位法确定出来的客源市场,往往形成一种"圈层市场",这是我们经常见到的一种客源市场的空间表现形式。距离定位法在确定一级目标市场或核心市场时常用,且比较有效。

2)交通沿线定位法

现代发达的交通工具和便捷的交通线路,使旅游的规模、范围和内容都发生了巨大的变化,旅游市场的范围不必只局限于距离较近的地方,而是可以随着交通线路的扩展延伸到其他地域。在交通线路延伸的范围里,客源市场完全打破了原有的"圈层市场"的状态,从而形成了"线路市场"。交通沿线定位法就是基于这种原理而对旅游市场进行定位的方法。对于交通比较发达的地区,运用交通沿线定位法可以将其旅游市场的范围扩大到很远的地域,且具有很强的可行性。

3）文化联系定位法

客源地与规划区之间历史上的渊源、文化上的联系、政治经济方面的合作、宗教信仰上的交流等，也是进行旅游目标市场定位时需要考虑的重要因素。在进行旅游市场定位时，即使客源地与目的地之间并没有距离、交通等方面的优势，文化联系方面的因素往往可以超越其他定位方法而成为最主要的定位依据。文化联系定位法定位的旅游市场，往往会形成一个"飞地"性质的旅游市场。运用这种定位方法，要求规划者在查阅大量文献、充分走访相关部门从而得到有关文化联系等方面确切的依据之后，再进行定位。文化联系定位法一般应用于历史比较悠久、文化底蕴比较深厚，同时该历史、文化流传范围比较广的规划区，并且这种方法在确定二级目标市场、三级目标市场时应用比较广。

4）经济水平定位法

旅游市场定位时不可忽视客源地的经济发展水平，因为经济发展水平决定着客源地的居民是否有财力出游，即出游率有多大。在确定目标市场时，对客源地的经济水平进行广泛调查，将经济水平较高的客源地确定为一级市场，将经济水平稍差但以后会逐步发展的地区确定为二级市场乃至三级市场，这种以经济水平为市场定位依据的方法就是经济水平定位法。

一般来说，经济水平定位法很少单独成为市场定位的方法，往往要与距离定位法、交通沿线定位法等结合使用。

5）旅游需求定位法

旅游需求定位法，又称旅游需求反差定位法，该方法是将与目的地旅游产品或旅游资源特点相反、性质反差大的客源地确定为目标市场的方法。如前所述，旅游目的地与旅游客源地之间旅游产品和旅游资源特点之间的差异性、互补性是造成两地之间旅游流的最根本动力。从根本上说，旅游活动的目的就是寻找差异，因此，将这个原理应用到旅游市场的定位上是有理有据的，并根据这个原理为规划区寻找"差异市场"。

一般来说，旅游需求定位法也要结合其他的定位方法进行旅游市场定位，这种定位方法可以成为距离定位法、交通线路定位法等的有益补充。尤其是在对潜在市场、远期目标市场的定位中，这种定位法比较有效。

7.4 旅游市场预测

旅游市场预测可以帮助旅游地掌握市场需求的变化及其发展趋势，避免旅游发展的盲目性，降低经营风险，是旅游地制订发展战略和市场营销决策的基本依据。

7.4.1 趋势外推模型预测

趋势外推模型预测方法兼顾了科学性和实用性，在旅游规划中应用较为广泛，包括图形外推预测法、简单回归模型预测法、时间序列模型预测法等。

1)图形外推预测法

图形法是最简单的趋势外推方法,原理简单且使用方便。具体方法是将旅游市场数据(游客数量、旅游收入等旅游市场特征值)相对于时间绘于坐标上,其中旅游市场特征值绘于 y 轴,时间绘于 x 轴,形成一张旅游市场特征值与时间之间的对照图。在对照图的象限内按照每一年的时间点对应找到数值点,将这些数值点联结起来,形成一条线。观察这条线与数值点,画一条直线最大限度地接近数值线,或使数值点尽可能都落在该直线的周围,将该直线延长,找到与预测时间相交的点,所对应的数值即为预测的旅游市场特征值的大小。图形外推预测法虽易于操作,但精度不高,只能应用于对预测数值精确度要求低的预测。

例如,某地区 1995—2002 年每年接待游客数量见表 7.2。

表 7.2　1995—2002 年每年接待游客数量

年份	游客数量/人次	年份	游客数量/人次
1995	1 622	1999	3 000
1996	1 996	2000	3 841
1997	2 372	2001	4 570
1998	2 793	2002	5 110

用折线图将表表现出来,1995—2002 年游客数量如图 7.2 所示。

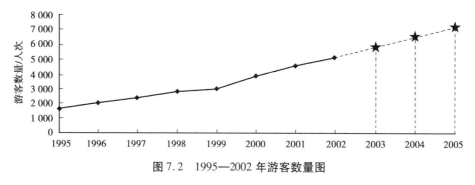

图 7.2　1995—2002 年游客数量图

现在预测 2003 年、2004 年、2005 年的游客数量,可在图中沿着前几年的趋势向外画一条线,该线与 2003 年、2004 年、2005 年相交的点所对应的数值即为预测值,图 7.2 中五角星所示数值即为预测数值。

2)简单回归模型预测法

一元线性回归模型是最简单也最常用的趋势外推方法,在旅游规划中较为常用,其数学形式为:

$$y = a + bx$$

其中,y 为因变量,即要预测的旅游市场指标值;x 为自变量,一般是年份;a,b 是要利用历年资料求得的常数。

（1）一元线性回归模型的条件

运用一元线性回归模型进行旅游市场预测,需要满足几个条件:一是至少可以找到 5 年的旅游市场特征值,且这些数值与年份之间是线性相关的;二是预测的时间不能过长,比较适合短期旅游市场的预测;三是要假定历史数据的趋势在未来一段时间内持续下去,不会有突发因素对这个趋势有较大的影响。

（2）一元线性回归模型的方法

一元线性回归模型最重要的工作是利用历年资料、运用相关的统计软件求出 a,b 两个常数的数值,验证函数的相关系数,并保证该函数是科学可行的。

例如,某地区 1990—2000 年的海外游客数量、旅游创汇等见表 7.3。

表 7.3　某地区 1990—2000 年的海外游客数量、旅游创汇一览表

年度	海外游客/人次	旅游创汇/万美元
1990	13 400	—
1991	16 420	—
1992	17 510	240
1993	19 000	320
1994	28 115	380
1995	40 000	480
1996	57 000	560
1997	60 951	740
1998	65 000	910
1999	70 500	820
2000	75 000	947

通过观察发现,1990—2000 年 10 年的数据变化趋势接近线性,因此可以依据 10 年的数据建立线性回归方程,并应用相应的统计软件计算出 a,b 两个经验数值,则一元线性回归方程为:

$$y = 7\,087.064x - 14\,096\,611$$

其中,y 为入境游客数量;x 为时间的表述值——年份。经过验证,方程的相关系数 $r=0.975$,表明该线性方程是比较合理的。将预测年份的数值代入方程,即可得到预测年份的旅游市场数值,见表 7.4。

表 7.4　海外旅游预测状况表

年份	海外游客/人次	旅游创汇/万美元
2001	84 604	—
2002	91 691	—

续表

年份	海外游客/人次	旅游创汇/万美元
2003	98 778	—
2004	105 865	—
2005	112 952	2 101.8
2010	148 387	3 581.6
2020	219 258	8 606.7

（3）时间序列模型预测法

旅游需求的季节性变化很强,季节波动是旅游业不可避免的现象,研究旅游需求的季节波动规律并应用于旅游需求预测一直以来是一个难题。一般而言,旅游需求的时间序列图形为季节性需求图形。季节变化通常以年为周期,以季节和月份为时段。在这种情况下,可以应用时间序列模型进行旅游需求的预测。

在时间序列分析中,预测过程首先是通过过去需求量的历史资料求出统计形式的拟合曲线,然后向前延伸这条拟合曲线,用以估计未来时段的需求量。通常拟合曲线被称为需求图形。需求图形可以分为水平需求图形、趋势需求图形和季节性需求图形。

由于旅游业发展总体规划中涉及的旅游市场需求预测一般都是以年为单位的需求预测,季节性影响因素在总体规划预测中应用性不是很强,因此本书对于时间序列模型的具体方法不再赘述。

7.4.2　无历史数据的市场预测

王雷亭使用最大容量倒推法与潜在市场倒推法对无历史资料积累的新兴旅游地进行预测。下面以泰山大津口风景区的市场预测为例加以说明。

1）最大容量倒推法

大津口风景区总面积为 7 100 万平方米。其中可游览面积按 25% 计,即 $S=1\ 775$ 万平方米计,游览逗留时间 $t=8$ 小时,一天开放时间 $T=10$ 小时,空间容量为 $N=500$ 平方米/人,一年可供游览的时间为 $M=9$ 个月。一年的最大游客容量为:

$$Y = S/N \cdot T/t \cdot M \times 30$$

由此可以计算出一年的最大游客容量(即大津口风景区的最大旅游利用率):

$$Y = S/N \cdot T/t \cdot M \times 30$$
$$= 1\ 775\ 万平方米 \div 500\ 平方米 / 人 \times 10\ 小时 \div 8\ 小时 \times 9 \times 30$$
$$\approx 1\ 200\ 万人 / 年$$

但实际接待与最大容量之间有差距,就一般新旅游项目区的接待规律看,我们以快速增长阶段结束,即 2005 年大津口生态民俗旅游区利用率为 5%,腾飞阶段完成,即 2010 年为 10%,成熟发展阶段末,即 2015 年为 15% 计,那么近、中、远三期期末年接待游客量分别为

60 万人、120 万人、180 万人。

2) 潜在市场倒推法

根据国内外旅游市场的运作经验,2005 年当年(近期末),我们期望 30% 的泰城居民、8% 的泰安市城乡居民、2% 的周边城市(以济南、曲阜、莱芜为主)居民、600 万泰山游客中有 2% 到访大津口,共计约 60 万人。2010 年当年,期望 45% 的泰城居民、15% 的泰安市城乡居民、4% 的周边城市居民、800 万泰山游客中有 3% 到访大津口,共计约 150 万人。2015 年当年,期望 60% 的泰城居民、20% 的泰安市城乡居民、5% 的周边城市居民、1 000 万泰山游客中有 6% 到访大津口,共计约 210 万人。

3) 综合平衡预测结论

大津口生态民俗旅游区游客接待总量预测见表 7.5。

表 7.5 大津口生态民俗旅游区游客接待总量预测表

预测方法	2005 年/万人次	2010 年/万人次	2015 年/万人次
最大容量倒推	60	120	180
潜在市场倒推	60	150	210
综合平衡结论	60	135	195

7.5 旅游市场营销策略

旅游规划中制订市场营销对策的目的是动态地适应市场环境的变化,并充分利用每次市场机会,以保证市场推广活动的有效性。

7.5.1 旅游营销理念

1) 绿色营销

绿色营销是从人类社会与环境可持续发展的角度进行的营销。它从人们越来越关心的环境入手,引起人们的注意与好感,并运用一系列符合环境保护的规划、建设、经营方式赢得消费者。在营销观念与操作中,要始终贯彻绿色营销理念,占领制高点,进行引领式营销,避免追随式营销,让营销方式本身成为旅游吸引物,成为旅游地形象的一部分。

2) 整合营销

整合营销有两个层面的内容:一是各个旅游利益主体的联合,全方位、多渠道、多手段地对其进行整体营销,包括通常所说的“食、住、行、游、购、娱”各要素;二是指区域的组合与互动,共同营造大市场,互换客源,达到近邻互补的正效益。

3)网络营销

充分利用现代信息技术,对旅游地进行网络链接,开发和分享旅游地客源市场,实施网络营销战略。

4)差别营销

针对不同的客源市场选择相应的营销方式策略、渠道途径和投入力度,做到重点突出、有的放矢、差别对待,以期取得最佳效果。

总之,树立先进的旅游市场营销理念,要做到以下几点:①寻求特色旅游产品与特定客源市场的最佳组合,形成产、销互动的促销合力;②旅游宣传与地区总体形象架构相结合,形成整体宣传合力;③政府主管部门的地区旅游总体形象宣传与旅游企业的旅游产品营销分工合作,形成多层次的宣传促销合力;④与周边地区的旅游资源共享、产品互补、客源互流、连点成线、串线成网,形成区域宣传合力;⑤细水长流、常年促销与高潮迭起、重点突破相结合,形成持续性与轰动性相结合的连续效应;⑥面向旅游者的推销与面向旅行商的营销相结合,形成立体宣传促销的复合效应。

另外,为适应营销观念的转变,必须在管理观念上同时实现转变:由"供给管理"转变为"需求管理"——不仅要管企业,更要管市场。要努力促进市场的开拓、培育、发展,从"旅游管理"尽快过渡到"旅游促进",在市场与企业之间架起桥梁。旅游产品的需求弹性大,目前旅游产品总体处于供过于求阶段,选择余地越来越大,是否到一地旅游很大程度上取决于引导刺激。要引导企业适应需求、引导需求、刺激需求、创造需求,化潜在需求为现实需求,将市场做大,实现旅游业发展的良性循环。

7.5.2　旅游市场营销策略

随着旅游业的迅速发展,要想在激烈的市场竞争中立于不败之地,除了开发高质量、高品位的旅游产品,提供高质量的旅游设施和服务,旅游营销工作应成为经常性的工作。而且要确立营销先导的战略,即通过建立旅游市场营销决策系统,使营销成为旅游发展的先导,以适应变化的市场需求。要以国内市场为基础,以入境市场为先导,以出游市场为延伸,三个市场协调发展、互相促进。

1)旅游产品策略

(1)名品优化,形成精品战略

对旅游地具有垄断性优势的资源集中全力进行开发,建设成为精品,推向市场。如云南力推"民族风情"、海南主推"椰风海韵"、黑龙江主推"冰雪世界"、山东主推"山水圣人"和胶东海滨与聊城主推"江北水城"等,就是将可以代表目的地自然和文化的旅游资源和旅游产品进行深加工之后推向市场,努力打造国家级和世界级旅游产品。

（2）推陈出新，以老带新

旅游地除完善主打品牌外，还应该不断培植新的旅游产品，丰富旅游产品类型，构建"大旅游、大产业"的格局，以增加综合吸引力，满足多样化需求，吸引更多的回头客。在传统旅游产品的基础上，还可以进一步开发生态旅游产品、特色农业观光和城郊游憩、民俗旅游、会议旅游等产品，以丰富目的地的旅游产品。

2）旅游促销策略

（1）区域组合与协作互促

旅游地与周围地域之间的旅游资源或旅游产品可以形成互补，共同吸引客源，因此，加强区域间的旅游协作尤为重要。要实现整个地区的共同发展，就要本着"资源共享、市场互补、内联外拓、共同繁荣"的原则，建立地域间长期、稳定的合作伙伴关系，联合设计旅游线路、联合开展大型对外宣传促销活动、联合举办大型旅游节庆活动、联合制作旅游宣传品和纪念品，并制定有关促进旅游共同发展的政策和措施。例如在山东省内，泰安、曲阜、济南彼此相距约70千米，104国道和京福高速公路南北相连，交通十分便捷，在许多旅游者尤其是中、远距离旅游者眼中，三地是一个整体，而且资源各有特色、相互辉映。济南以水见长；泰安是世界自然与文化遗产——泰山的所在地，以山取胜；而曲阜是孔子故里，文物古迹众多，以圣人著称。三地互补性很强，共同构成了国家级旅游线——"山水圣人"黄金旅游线。因此，在进行宣传促销时，一定要发挥联合优势，共同营造良好的环境。组合优势使各方面能够在系统运作中不但发挥出自己的水平，而且为合作区域提供了强大的客源支持。通过区域间的组合与协作，可以建立完整的旅游产业系统，整合各景区、景点，以热线带冷线，让游人进得来、散得开、游得好、留得住。

（2）活化老资源，打动游人心

选准主题形象后，为了更好地获得市场的响应，必须寻找好的新"卖点"，消除目的地目前旅游产品的问题，通过"改善环境、营造氛围、优化景点、活化内涵、系统解说、亮点引爆、线路调整、实地购物"等8种方式来启动所有的景观。为了打动游人，建议围绕资源，以人为本，挖掘细节进行宣传，为每一个旅游地、旅游景区赋予鲜明、独特的个性，使其成为旅游景区中一颗颗耀眼的明星。

（3）重点营销，有的放矢

在重点客源地、重要细分市场进行有针对性的重点营销。在进行市场营销时，切忌"撒芝麻盐"，即所有的目标市场都采取一样的营销策略，而应该根据不同目标市场的特点，有的放矢地进行营销。例如，对已经比较成熟的核心市场，在宣传手段上没有必要推陈出新，而应该在旅游产品的完善程度上下功夫，力争让游客都说好，争取回头客，而对于潜在的旅游市场，则应该加大宣传力度。例如举办各种大奖赛类的活动，在全国范围内设立某种与目的地旅游业相关的主题大奖赛（只奖励一至二名最优秀者便可，费用不高），在相关网站快手、抖音等自媒体平台上刊登有关情况与评选条件，制造注意力经济，扩大目的地的知名度。还可以对主攻市场实行奖励式旅游，如对优秀班主任、团干部、工会干部实行免费旅游、有奖旅游,利用这部分游客的带动性扩大宣传,促进潜在客源向现实客源的转变。

如果旅游目的地将营销策略确定为经常参加名目繁多的旅游交易会,那么其营销"效率"一定很低。因为旅游交易会虽投入大量资金、耗费巨大精力,但却因目的性不强而往往收效甚微。旅游规划实践表明,旅游地将"攻城略地战略营销"作为市场营销的指导思想,并在这种指导思想的引导下,最为有效的营销方式是每年确定一个重点市场,并针对这个市场旅游者的消费偏好进行"地毯式轰炸",通过网络、电视、广播、报纸、自媒体等多种媒体渠道进行全方位的营销,成效显著。

3)多样化营销渠道

(1)大众传媒

大众传媒是人们接触最多、直观性很强、很有效的传统营销渠道,主要包括纸传媒、声音传媒和影像传媒等,即报纸、杂志、电台、电视台等传媒手段都是比较有效的大众传媒手段。大众传媒的特点是传播主体高度组织化、专业化,传播手段现代化、技术化,同时,传播的覆盖面广、速度快、信息量大。

通过大众媒介宣传促销,利用"上星、上影、上形"等现代化促销手段,拍摄引人入胜的电影、电视节目,制作精美的小册子、光盘,在电台、报纸、杂志上开辟专栏,在主要客源城市、人口流动量较大的车站和广场设立能代表该地区旅游形象的广告牌,可取得良好效果。在广告方式上,力求多样化,如报纸、杂志、电台、电视、户外广告牌、广告板、画册、多媒体、录音带、录像带、旅游交易会等。

利用大众传媒的方法有很多,除了做广告宣传外,还可以动员"意见带头人"(一般为知名记者、主持人、学者、作家、文体明星、企业家等)在热门媒体(电视、报刊的热门专栏)上发表一些与目的地有关的散文、游记、体会或采访实录、专访文章、专栏文章等。

(2)互联网

互联网信息传播速度快、容量大,并且可以实现快速双向互动,是新兴的营销渠道。近年来网络用户飞速增长,极大地改变了信息交流模式,而且网上用户具有较高的知识层次和收入水平,对旅游信息的需求极为明显。要尽可能早地建立独立的目的地旅游网站,与门户网站(如新浪、搜狐等)或旅游专业网站(如中国旅游网、中国旅游报网站、携程网等)建立链接关系。网站的内容要注意趣味性、可读性,还要增加网上预订项目,以适应市场的新变化。

利用互联网进行营销,要注意将网站的主页制作得精美友好,并大力宣传与目的地有关的旅游网站,发布丰富的信息;并且要十分注意经常性更换信息,以至实时发布重要信息,避免一些城市网站"一张老面孔,一看近半年"的情况;此外,对访问本网站的网民可设立有奖旅游,或随机选择网民提供免费旅游,带动网民的网上交流与宣传。

(3)公关网络

①行政渠道。旅游业是政府主导型产业,可以通过行政官员在其参加各类会议及接待工作时宣传本地旅游资源;或者邀请领导前来旅游,以此来扩大影响力,这是中国国情所决定的一种有着特殊功效的营销渠道。应调动社会各部门利用各种渠道宣传该地区的旅游整

体形象,组织高规格的国内促销组团,发挥本市驻外机构的作用,加强与外界的旅游合作联系。

②商品包装渠道。可以利用旅游区商品流通的环节进行营销。例如一些旅游者购买频繁的日用品,尤其是旅游纪念品,可以在其外部包装上印上旅游区的资源介绍、风景图片、节庆活动等相关信息,通过旅游者的购买从而达到更大范围的宣传。

③交通线路渠道。在连接旅游区的交通线路尤其是高速公路上设立大型广告牌,是介绍旅游区比较有效的宣传方式。大量的过往车辆,也许其驾乘者不一定是到旅游区来旅游的,但是在行车时接收了广告牌的信息,那么有可能激发他们以后来旅游的愿望。除了线路上的广告牌,还可以在服务区、加油站、休息区等地设立广告牌。

④宾馆渠道。宾馆、酒店入住的客人不一定都是旅游者,因此旅游信息的渗透不能放过这一渠道。在宾馆里宣传旅游信息渠道较多,例如宾馆大堂的风景画、房间里的装饰、洗漱用品的包装、特色菜品等。旅游者通过不同环节的消费可以随时获取有关旅游区的信息。

⑤名人渠道。名人明星的广告效应巨大,因此有条件的旅游区可以聘请名人、明星作为旅游形象大使,作为对外宣传的名片,利用名人效应扩大旅游营销的效果。近年来很多旅游目的地都纷纷聘请了名人明星作为形象代言人,例如新加坡就先后聘请了知名歌手阿杜、林俊杰等做形象代言人,效果不错。

⑥节庆活动渠道。各种主题的节庆活动给举办地带来的影响是巨大的,很多旅游目的地正是看中了节庆活动的联动效应,纷纷举办节庆活动。成功的节庆活动可以迅速地扩大旅游地的知名度,同时节庆活动本身还可以成为旅游地旅游资源的一部分,起到事半功倍的效果。例如青岛啤酒节、大连国际服装节等,目前都已经成为当地吸引旅游者的重要资源。

教学实践

1. 设计一份旅游市场调查问卷,并设计发放方法、时间和地点。
2. 选择某一新开发或待开发的旅游地,为其目标客源市场进行定位。

本章自测

1. 旅游客源市场空间结构分析及时间结构分析在旅游规划中有何意义?
2. 简述旅游客源市场调查工作流程并绘出其流程图。
3. 旅游客源市场调查中如何搜集原始资料?
4. 如何对旅游客源目标市场进行定位?
5. 旅游市场营销的渠道有哪些? 它们各有什么优缺点?

第8章

旅游形象策划

学习目标

　　通过本章的学习,了解旅游形象的基本知识;熟悉影响旅游形象定位的相关因素;初步掌握旅游形象定位的方法;掌握旅游形象塑造的内容和方法;了解旅游形象传播的媒介与策略。

关键概念

　　旅游形象　旅游形象 CIS 系统　旅游形象定位　文脉　旅游形象塑造　旅游形象主题口号　旅游形象传播

问题导入:

　　旅游产品的不可移动性,决定了旅游产品要靠形象传播使其为潜在旅游者所认知,从而产生旅游动机,并最终实现出游计划。旅游地的形象是吸引旅游者最关键的因素之一,"形象"使旅游者产生一种追求感,进而驱动旅游者前往。因此,旅游地旅游业要实现可持续发展,保持旺盛的生命力,关键是要树立与维持旅游地在旅游者心目中的良好形象。当今旅游市场竞争日益激烈,形象塑造已成为旅游地开辟和占领市场的有效途径。

　　旅游地形象策划就是在这种背景下应运而生的。它成功地移植了企业形象策划(CIS)的理论和方法,在广告业的影响和旅游市场发展迅猛、竞争激烈等因素的共同作用下,形成一套全新的对旅游地和旅游景点进行形象识别和营销的系统。目前,我国的旅游规划实践大都在对旅游景区进行资源、市场、产品一体化综合开发的基础上,导入了该形象策划方法,更加重视旅游形象设计在旅游业发展中的作用,构建完善的视觉识别系统,强化景点的营销功能,增加其在旅游市场的竞争力。

8.1　旅游形象概述

8.1.1　旅游形象

　　旅游形象,是指人们对旅游景区及其所在地的总体、抽象、概括的认识和评价,是对旅游地的历史印象、现实感知与未来信念的一种理性综合。它既包括旅游者对旅游地的整体环境、各景点的游览和对市民素质、民俗民风等的体验,又包括旅游者对旅游地内在素质,如运行管理、经济水平、城市文化和发展前景等的感知和概括。

　　旅游者在旅游决策之前要经历 3 个阶段:第一阶段是梦想阶段,梦想有一个理想的旅游活动,在这一阶段需要形象广告刺激旅游者的旅游动机;第二阶段搜集信息与估计能真正享受理想旅游的可能性,这一阶段需要"咨询"广告为旅游者提供有关信息;第三阶段为实际旅游决策阶段,因此旅游地的旅游形象在旅游营销中十分重要。

8.1.2　旅游形象 CIS 系统

　　企业识别系统(Corporate Identity System,CIS),是 20 世纪 70 年代由经济发达国家开发出来的一种旨在表现企业鲜明个性和经营特色,传达企业方针与精神,给顾客以新鲜感和独特感的经营技法,后来有学者将其引入旅游形象策划中。该系统由 3 个方面组成:理念识别(Mind Identity,MI)、行为识别(Behavior Identity,BI)和视觉识别(Visual Identity,VI)。三者既有特定的内容,又相互联系、相互作用,如图 8.1 所示。

1)理念识别系统

　　旅游理念识别是指旅游地各方面对待旅游业及旅游者的态度和精神风貌等个性化的思想或观念。它决定了旅游地独具特色的经营理念,是旅游形象 CIS 策划的核心、基础和灵魂。理念识别系统是区域旅游形象系统或旅游地形象系统的核心和灵魂,旅游理念是旅游组织的理念和经营管理观念,即指导思想,属于思想意识范畴。

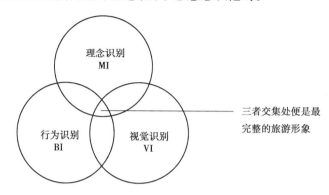

图 8.1　旅游地 MI, BI, VI 之间的关系

旅游理念识别系统对不同的组织而言包含 3 个层次,见表 8.1。

表 8.1　旅游 CIS 理念识别系统

层次	主要内容
政府	体现政府对旅游业的重视,确定旅游的产业地位、形象定位,显示发展旅游业的决心和信心;加强旅游基础设施建设,制定旅游产业政策,规范旅游市场;营造旅游环境,加强旅游公共设施的配套建设,维护旅游者权益,树立可持续发展的理念
旅游企业	包括企业使命、经营观念、行为规程、活动领域,提供游客满意的旅游产品,树立为游客服务的思想,为游客营造安全、舒适、愉快的旅游环境,提供尽善尽美的旅游服务,如旅游景区经营理念、旅游景区发展战略、旅游景区制度管理等
公众(居民)	热情好客,热爱家乡、了解家乡、宣传家乡;培养全民旅游意识,树立"人人都是导游员,个个都是旅游形象"理念,特别是窗口行业的员工

(资料来源:赵黎明,等.县级旅游发展规划的理论与实践[M].石家庄:河北教育出版社,2001.)

旅游形象的理念系统指出了旅游地在特定的时段内表现的特征、规格和类型。理念定位是旅游地旅游形象设计的前提,决定着旅游地形象设计的方向。一般的旅游地都应制订出反映旅游地理念,显示旅游地使命、经营观念和行为规程的口号,以鼓励从业人员为树立旅游地良好的形象而不懈努力。形象口号是旅游者易于接受的了解旅游地形象最有效的方式之一,它用精辟的语言、绝妙的创意,构造一个富有吸引力的旅游形象,产生强烈的广告效果。这种口号一般寓意深刻,便于传播,同时体现出旅游景区的特点,起到一种识别作用。

2)旅游行为识别系统

旅游行为识别是以理念识别为核心和基础,传播旅游组织理念的一种动态识别方式,它渗透于对内的组织、管理、教育以及对社会的一切活动中,是支撑旅游形象系统的第二大支柱。旅游行为识别系统的导入就是调整、完善旅游组织的内外活动,使其规范化、契约化,充分体现旅游组织的经营理念,以获得社会公众对旅游地的识别和认可。

旅游行为识别系统的内容主要分为对内和对外两大部分。对内的行为主要有完善的组织制度和管理规范、业务培训、从业人员教育、奖惩活动、工作环境、职工福利及研究开发项目等。对外的行为主要有市场调查、广告活动、公关活动、公益文化活动、促销活动、竞争策略以及与各类公众的关系等。

旅游行为识别系统可从战略、结构、体制、作风、人员、技巧、共同的价值观等 7 个要素着手,对旅游组织行为进行规范化管理,以实现指挥系统的规范化、组织决策的程序化、服务流程的规范化,并从行为方面围绕旅游理念识别系统来规范组织的行为模式,通过组织结构的设计、从业人员教育培训、公关宣传活动和广告活动,来塑造旅游组织的行为形象,直观展示旅游组织理念识别系统的文化境界和风貌,见表 8.2。

表 8.2　旅游行为识别系统

组织	主要内容
政府	成立旅游委员会、旅游专家咨询组,强化旅游行政主管部门的宏观管理职能;制订本地旅游发展规划并严格执行;成立旅游行业协会,制订行业服务标准;成立质量监督所,规范企业服务行为,保障旅游者合法权益,印制"旅游投诉指南";做好旅游形象的文字宣传,办好有关的主题节庆活动;加强辖区居民精神文明建设,提高全民旅游意识;加大基础设施建设力度
企业	组建旅游企业集团,严格实行现代企业制度;制定服务程序、服务规范和服务标准;制定内部各项管理制度;加强员工培训;制定旅游景区详细规划
居民	语言文明:文明用语、规范用语(普通话)等;行为文明:保护环境、乐于助人等

(资料来源:赵黎明,等. 县级旅游发展规划的理论与实践[M]. 石家庄:河北教育出版社,2001.)

3)旅游视觉识别系统

旅游组织视觉识别系统的基本内容包括基本要素和应用要素两大部分。基本要素是指用来传达旅游组织精神内涵的识别符号,包括旅游组织的名称、标准字、标准色、象征图案、造型、宣传标语、口号等。应用要素即基本要素的载体,它无处不在、无时不在,包括旅游组织事务用品、办公设备、建筑装潢、标牌旗帜、员工制服、产品包装、广告媒体,以及其他不属于上述各项的标志物和规范手册等,见表 8.3。

表 8.3　旅游组织视觉识别系统基本要素的内容

要素	基本内容
旅游地标志	政府:区域旅游标志或旅游地标志,标志物的形状、体量、颜色等均要以历史文化背景作为依托;城市雕塑、园林小品等都要体现整体文化内涵 旅游景区:与特有景点和文化背景相联系,建设标志性的旅游景点形象、企业标志形象
旅游组织名称	政府:成立相应的旅游管理组织,并指导成立相关的行业协会 旅游景区:要好认、好读、好记、好看,做到音、意、形的完美统一
旅游地徽标	政府:设计上与本地文化相联系 旅游景区:紧扣景点文化内涵,与特有事物相联系,与区域旅游的标志大同小异
旅游地标准字	用中英文对照,既可专门设计,又可请名人题写,注意符合国家关于语言文字的规范标准

续表

要素	基本内容
标准色	颜色的设计要与地方文化和环境相协调,并要体现组织的理念
旅游地象征性吉祥物	旅游地形象吉祥物、旅游形象吉祥物,要人格化而且生动有趣
旅游地纪念品	首先要体现地方特色和旅游景区、旅游企业的特色,其次要注意迎合旅游者的购物心理:高档的适合收藏,如手工艺品、金银纪念币(章)等;中档的实用,如T恤、背包、玩具、明信片、扑克、画册、挂历等
旅游地象征性文化	挖掘当地的历史名人文化,制造名人效应;聘请文艺、体育明星作为旅游使者;举办旅游宣传大使(小姐、先生)的评选;聘请明星作为"荣誉市民"等
办公及相关用品	包括行政部门(如旅游、外事接待部门)、企事业单位(旅行社、宾馆、饭店、景区)以及相关部门使用的信封、信笺、传真纸、礼品袋及礼仪待客用品、工作人员名片、政府领导班子成员名片等;办公用品及公关用品设计应尽量做到各部门间统一协调,并使用标徽、标准字和标准色,以形成系列式配套
指示类应用设计	包括路牌、方向牌、标志牌、景点导游牌及导游图等,城市内的指示类应用设计应符合国家公用信息图形标准,景点内的指示类应用符号要符合公用旅游信息标准;信息的载体可以多种形式,但须与景点内容相协调,并形成与自然环境和文化环境的和谐
广告设计	包括电视、广播、报纸、杂志、因特网广告及旗帜横幅、灯柱模型、大型气球等户外广告,一般由专业广告公司制作完成
展示应用设计	为开展招商及展览活动、旅游节庆活动而进行的设计,包括会场、展出展板等
光环效应识别符号	通过有关组织的认证或授予的标志,这些标志能提升区域或旅游景区的旅游形象,如世界遗产地、中国优秀旅游城市、国家级历史文化名城、国家文明卫生城市、国家级重点风景名胜区、A级景区、国家旅游度假区、国家地质公园、国家森林公园等

8.2　旅游形象定位

旅游业的发展处在与有形商品营销相似的社会背景中。一方面,游客可以选择的旅游地愈来愈多,旅游景点之间的发展竞争越来越激烈;另一方面,旅游业本身还要面临其他类似的娱乐活动的冲击。因此,如何扩大旅游景点的市场占有率,吸引更多的游客,成为区域旅游发展中所面对的日益突出的问题。对于旅游规划,科学地定位所规划区域旅游形象,有助于地方合理地制订旅游形象塑造的战略和目标,依据自身特点、同类旅游地的特点以及受众的特点进行有的放矢的形象塑造活动。

旅游形象定位是根据本地旅游资源的特点,设计有价值、有特色的旅游产品和服务,确定该地区独特的旅游形象,以便使目标市场的消费者了解和理解本地旅游业竞争者的相互位置及差异。

8.2.1 旅游形象定位的影响因素

1) 地方文脉

"文脉"的概念是由我国已故著名地理学家陈传康教授引入的。地方文脉是指旅游地所在区域的地理背景和人文特征的总称,它是综合性的、地域性的自然地理基础、历史文化传统和社会心理积淀的四维时空组合。旅游形象作为一种意识形态,其定位必须以地区旅游资源的物质存在特性作为基础,因此应该充分挖掘该地区的文脉,并提炼加工成独特的形象。如山东省曲阜市是我国著名的历史文化名城,孔子的故乡、孔氏后裔的封地以及春秋时期鲁国都城的历史,为其留下了深厚的文化积淀。而其平原为代表的自然景观,就不具有鲜明的特色,也就不那么有吸引力了。

2) 游客感知

这是指地区旅游形象被目标消费者(旅游者)所认识与感受的程度。旅游者的旅游消费实际上是一种文化消费,而旅游城市一般地域相对小,景点相对少,且类型单一,在这种情况下,如果只片面追求若干景点的知名度而忽视了对整个地区旅游形象及文化脉络深层内涵的宣传,就会带来游客感知上的缺憾和误区。

3) 竞争市场

就国内而言,一个旅游城市的竞争对手主要有两类:一类是与该地区特性类似的同质旅游城市;另一类是与该地区特性相左的异质旅游城市。以曲阜为例,作为历史文化名城,其与陕西的咸阳、山西的平遥显然属于同质竞争旅游城市。然而其与海南省的一些风景优美的度假胜地相比,则明显属异质竞争市场。旅游形象定位就是一个旅游地在与相关地区相比较之后所确定的特定位置。

8.2.2 旅游形象定位的原则

1) 既尊重历史,又体现时代特色的原则

现代和未来是历史的延续,旅游形象定位不尊重并体现历史,旅游就会失去赖以存在和发展的根基,文脉当然也无从谈起。不体现时代特色,则缺乏时代气息,同样无法获得准确的旅游形象定位。

2) 既立足当地,又放眼世界的原则

当地文脉的形成需要一个历史过程,且一旦形成,就具有稳固性、连续性和持久性。立足当地挖掘潜力,才能体现特色和区域的个性魅力。其定位又不能囿于当地,就当地论旅游。

3）既标新立异，又合情合理的原则

旅游在本质上是一种求新求异的活动，新异的经历和感受是每一位旅游者内心的追求与梦想，因此标新立异的原则应该贯穿于形象定位的全过程，但不能异想天开，完全脱离实际。因此要注意遵循合情合理的原则，使潜在的旅游者在心理上能接受的同时，又有一定心理遐想的空间。

8.2.3　旅游形象定位的方法

定位理论的核心思想就是"去操纵已存在心中的东西，去重新结合已存在的联结关系"。因此，旅游形象的定位方法也要根据旅游资源的类型、规模、特点以及与其他旅游景点相比较所处的地位来决定。

1）领袖定位

领袖定位是指对唯我独尊、世界唯一或同类中的"之最"进行定位。由于人们总是对第一的东西印象最深，因此这种定位方式最有气魄，最能引起人们的注意。提起中国，外国人最先想到的就是万里长城、秦始皇陵兵马俑，因为这些是中国的特色，是独一无二的，这种"领袖"优势很容易在旅游者心中留下难以磨灭的印象。

某些地方虽然旅游资源的数量和建设规模无法和较大地区相比，但可以在第一或唯一上做文章。比如山西省的平遥，地处内陆，自然景观并不突出，而且面积狭小，县城的直径只有约6千米，但就是这样一个不起眼的小县城，却有着古老的历史和保存完好的明清时代的古城风貌，号称"华夏第一古城，明清社会画卷"，这就是依靠了"人无我有"的优势进行定位和宣传，吸引了海内外大批游客到平遥观光，甚至还被联合国教科文组织命名为世界文化遗产。

2）比附定位

比附定位是一种"退而求其次"的定位方式，依托已经被公认处于领袖位置的旅游点，通过对比，使人产生联想，借以提高自身的知名度。市场营销学的实践证明，与原处于领导地位的第一品牌进行正面竞争往往非常困难，而且失败为多，因此，比附定位避开第一位，但抢占第二位。如苏州市的旅游形象定位为"东方水城，天堂苏州"，海南三亚市誉为"东方夏威夷"，聊城独具"江北小城"特色，目的无非都是利用水城威尼斯、夏威夷、北方水城等中外旅游胜地绝对稳固的旅游形象而较轻易进入游客心中，并占据较佳的位置。

3）逆向定位

逆向定位强调并宣传定位对象是消费者心中第一位形象的对立面和相反面，同时开辟了一个新的易于接受的心理形象。在市场营销学中最经典的案例就是美国的"七喜"饮料的成功定位。当时"可口可乐"正如日中天，于是"七喜"就宣称为"非可乐"，从而将所有的软饮料分为可乐和非可乐两类,"七喜"则自然成为非可乐饮料中的第一位了。

深圳野生动物园的形象定位也属逆向定位。它将人们心目中的动物园形象分为两类:一类是早为人熟知的普通笼式动物园,在中国这类动物园以北京动物园最知名,动物品种最丰富;另一类为开放式动物园,游客与动物的活动方式对调,人在"笼"(车)中,动物在"笼"外,深圳野生动物园因此成为国内第一座城市野生动物园。

4)空隙定位

空隙定位的核心是根据自身的特点,针对旅游市场的空白和断裂地带挖掘潜力,树立一个与众不同、从未有过的主题形象。与有形商品定位比较,旅游形象定位更适于采用空隙定位。因为尽管目前旅游点的数目呈爆炸性增长,特别是同类人工景点相互模仿严重,但相对来说,仍然存在大量的形象空隙,旅游者仍然期待着个性鲜明、形象独特的新景点出现。空隙定位的核心是树立一个与众不同、从未有过的主题形象。如深圳明斯克航母世界树立了"体验航母,欢乐军港"的旅游形象,吸引大批游客前来参观、探秘。

5)重新定位

旅游产品和其他产品一样,都有一个生命周期的问题。前些年在各地曾经红火一时的主题公园,现在已经落到了"门前冷落鞍马稀"的窘境。究其原因,虽有重复建设过多,竞争激烈的因素,但更重要的是缺乏推陈出新,使该种旅游产品的生命走到了尽头。此时,旅游形象的重新定位就不可避免了。重新定位的方式有两种:一是对原有形象的充实改造;二是创造新的形象。

以深圳锦绣中华为例,由于受新开业景点"世界之窗"的冲击,以及主题公园整体不景气的影响,锦绣中华处于游客人数不断下降的阶段。为延长其生命周期,锦绣中华开始将客源市场定位于珠江三角洲区域的中小学生和各类企业青年员工,并宣传一个爱国主义教育和观摩基地的新形象,取得了成功。

8.2.4　旅游形象主题口号的提炼

旅游形象定位最后还要落到形象主题词的提炼上,通过主题词来体现和强化形象定位,并对形象定位起到补充说明的作用。主题词需体现所描述的地区旅游形象的精髓和主要特色,符合精练、简洁、易记、关联性强等特点,使人一看到或听到该主题口号,就联想到所指代的地区及其丰富的内涵。李蕾蕾提出了内容源自文脉、表达针对顾客、语言紧扣时代、形式借鉴广告的四原则。

1)内容源自文脉

主题词的实质内容必须来源于地方独特性,这样才能避免过于空泛。也就是说要充分挖掘和分析该地区的文脉到底是什么,往往差异性和新鲜感才是吸引旅游者的"杀手锏"。抓住了文脉,就树立了自己的风格和特色,这样的主题词才会起到化腐朽为神奇的作用,为景点的形象锦上添花。例如,山东省推出了"文化圣地,度假天堂"的旅游品牌形象口号,是对山东旅游资源、产品以及服务的高度概括,对山东旅游形象的对外传播和塑造将起到积极的作用。

2)表达针对顾客

主题词的运用必须充分了解游客市场的心理需求和偏好。游客与普通消费者不同,旅游形象主题词的诉求点一般具有一定的文化内涵,即主题词要体现旅游的行业特征,如亲切、欢乐、和平、友谊、交流等,这一点在国家级的旅游口号确定上体现得更为明显一些。如深圳锦绣中华的主题口号为"一步跨进历史,一日畅游世界";世界之窗的主题口号为"你给我一天,我给你一个世界";杭州宋城宋文化主题公园的主题口号为"给我一天,还你千年";河北涉县推出"当一天八路军"体验红色旅游活动,主题口号为"吃一顿小米饭,当一天八路军,唱一首抗战歌,做一回太行人"。

3)语言紧扣时代

旅游形象的主题词在表述方面还要反映时代特征,具有时代气息,也就是说要反映旅游需求的热点、主流和趋势。大多数的旅游地在相当长的一段时间内将以本地游客和附近区域游客为主要的客源市场,特别是开展城市周边旅游和周末休闲旅游,就更要密切关注游客兴趣的变化,并随之调整旅游主题。如烟台市的旅游形象口号为"仙境海岸 鲜美烟台";扬州的旅游形象口号为"诗画瘦西湖、人文古扬州,给你宁静、还你活力";承德市的旅游形象口号为"游承德 皇帝的选择";成都市的旅游形象口号为"成功之都,多彩之都,美食之都";深圳市的旅游形象口号为"深圳——每天带给你新的希望"。

4)形式借鉴广告

从市场营销的角度来看,旅游主题词除了能够打动旅游者的心,激发旅游者的旅游欲望,还要能被旅游者永久深刻地记忆并能够广泛迅速地加以传播,即要有广告效应。因此,旅游形象主题词要具备广告词的凝练、生动和影响力。同时,其创意也要借鉴广告艺术,用浓缩的语言、精辟的文字、独树一帜的风格创造出一个魅力无穷的旅游形象。如荷兰国家旅游会议促进局在北京举办的"海平面下的骑行"大型荷兰旅游推广口号征集活动,通过与媒体密切合作、共同宣传,从社会各界征集 10 250 条口号,活动网站收到 33 万多次的点击率,最后评选出 5 条最佳口号,有"一花一世界,一水一荷兰""去荷兰,留下骑迹,发现奇迹""金郁良缘,百年好荷""微笑绽放的国度——荷兰"以及"单车新体验,自游新主张"。

8.3 旅游形象塑造

旅游地形象是一个大的宏观系统工程,在形象定位确定之后,具体的塑造工作就成为该系统工程的关键。

8.3.1 旅游形象塑造的内容

1)形象客体的形象塑造

(1)旅游产品形象塑造

旅游产品是旅游者进行消费的载体,是旅游者认识旅游形象的最直观、最具体的接触点。但同时,旅游产品具有无形性,看不见,摸不着,旅游者事先只能通过图片和介绍了解其性能,想象其品质,这种特性使旅游产品的形象比一般的物质产品形象更为重要。健康和良好的形象有助于提高旅游产品的品位和档次,增加其心理效应和心理附加值。旅游产品活动还要通过形象化的口号加以概括,以便于游客传播。如《河北赵县旅游发展总体规划》提出赵县旅游产品的形象口号"看千年古桥,赏万顷梨花;韵古老民俗,悟柏林禅寺"。

(2)旅游服务形象塑造

旅游市场的竞争,归根结底是争夺旅游者。旅游业的特殊性决定了旅游者的消费不是以获得物质为目的,而是为了满足自身的文化追求和感情需要。因此,不断提高服务质量就成为旅游业的立业之本。服务形象塑造就是要塑造一种服务态度诚恳、热情,服务技能娴熟、高超,服务过程及时、快捷,服务项目完善、周到,服务方式新颖、别致的形象。

2)形象主体的形象塑造

人,既是地区旅游形象的主体,又是地区旅游形象的塑造者。其中既包括旅游地的领导、旅游企业的员工,更包括旅游景点所在区域的广大居民。

(1)领导形象

领导形象是指公众对于地方领导者的总体看法和评价,既包括领导者的外在形象,如仪表、气质、工作方法、交际方式等,又包括领导者的内在素质形象,如理论水平、决策能力、创新精神、道德水平、信念和意志力等。领导是旅游地管理机构的缩影,因此是旅游形象的当然代表之一。一个高素质和睿智的领导者,往往会让人对当地的旅游安全、管理及服务水平产生信赖感,这一点在招商引资时表现得尤为突出。

(2)员工形象

员工是旅游企业的基本组成人员,是形成企业力量的主体。在内部,旅游企业政策的实施、任务的落实、目标的实现以及形象的宣传,都离不开员工的支持与配合。而同时,他们又距离旅游者最近,成为旅游地形象的代表,他们的一言一行、一举一动随时都在传播旅游地的有关信息,传播着旅游地的形象,因此,员工形象是塑造旅游形象的基础。

(3)居民形象

这是旅游形象塑造所特有的。旅游消费实质上是一种文化消费,因此对于旅游地的环境、秩序、社会风气、居民素质等有着很高的要求,特别是地域面积相对较小的区域,每一个居民都有可能直接面对旅游者,所以他们也是形象主体中不可忽视的一部分。

3）环境的形象塑造

环境分为自然环境和社会环境,两者都和旅游形象塑造息息相关。

（1）自然环境形象塑造

这里的自然环境不仅包括旅游景区内的环境,也包括旅游地所在地的布局建设、市容市貌、绿化美化等。对旅游者来说,旅游地的环境是他们认识和识别该旅游地形象的窗口。优美、整洁、高雅、有序的环境,能给旅游者留下一个良好的印象,使整个旅游过程更加舒适、轻松、心旷神怡,从而提升旅游景观在旅游者心中的形象和地位。

（2）社会环境形象塑造

社会环境主要是指旅游地社会生活的各个层面的状况,包括社会风气、风俗习惯、安全状况以及当地居民对旅游者的态度等。它反映的是一个区域的文明水准和文化程度。它虽然是旅游活动中附带产生的形象,但随着参与性、个性化旅游需求的增长,这部分形象的塑造将越来越重要。

8.3.2 旅游形象塑造的策略

区域旅游形象的塑造是一个宏观系统工程,其塑造策略包括以下几个方面。

1）旅游开发与城镇建设一体化

政府应充分重视城镇旅游形象塑造工程,将旅游形象塑造纳入城市总体规划建设的框架,并成立诸如旅游管理委员会之类的机构,对涉及旅游发展的重大问题统筹规划,加大宏观协调力度,以便解决城市发展与旅游发展存在的矛盾。

当前特别突出的是旧城文物保护与新区开发的冲突。旧城中往往包含着大量的旅游资源和文化遗产,但出于经济利益的考虑,很多城市在旧城区修建了大量的商用建筑或进行房地产开发,使历史文化资源的固有价值大大降低。历史古迹越来越少,但对外宣传却依然是历史文化名城的招牌,"盛名之下,其实难副"。即使游客来此旅游,也是乘兴而来,败兴而归。因此政府应从开发和保护的辩证关系考虑,对旧城文物资源进行封闭式保护,另辟新区进行现代化建设,走出一条城镇发展与旅游资源保护相协调的可行之路。

2）确定标志旅游形象的建筑物

标志性建筑物具有让人一看就能马上联想到其所代表地方的效果,如北京的天安门、"水立方"、"鸟巢"等,上海的东方明珠塔、金茂大厦等。此类建筑物的确定有两种途径:一是经过对现有建筑的筛选,确认成为标志性建筑;二是新建建筑物,可以是单体建筑,也可以是雕塑、广场等体现地方特色、与地方历史和现实有高度关联性的物质单体。

就区域而言,要充分考虑所选取的标志性建筑的规模、高度、外形与周围景观的协调,突出建筑作品的历史性、文化性和民族性,既不能盲目追大求洋,也不能雷同于一般建筑,落入千人一面的窠臼。

3）旅游信息系统的建立和完善

（1）建立旅游信息咨询中心

一方面,在机场、车站、码头等公共场所设立接待点,直接为散客服务;另一方面,开展网络服务,所有的旅游服务性设施都应具有网络服务功能,并于上述公共场所的出入口等明显处设立电脑终端,采用触摸式屏幕系统显示旅游地的各方面信息,以使游客的旅程更方便、更自由、更愉快。

（2）加速国际信息标志的建设

应运用中英双语和图形来标志交通系统、旅游服务设施系统、提示警示系统及公共服务系统,并考虑制作动态解说系统(如景点语音解说、文物和风景录像带、CD、VCD 幻灯片等)进一步加强旅游形象的渗透力和感染力。

4）开展与形象定位紧密结合的主题节庆活动

鲜明而一致的主题活动往往能稳定地在人们心目中构造一个积极的形象,成为旅游形象塑造的有效手段。旅游城市策划主题节庆活动应注意以下问题。

①节庆活动的主题必须与地方的旅游吸引物相协调,通过举办一个或多个节庆活动使主题更加活泼、生动。

②举办一个特别事件,使之成为旅游地永久性、制度化的旅游识别标志,从而成为本旅游区的象征。

③多次举办同一个事件或活动,使旅游主题鲜明突出,从而避免旅游形象的离散和自相矛盾。

④还可以定期或不定期举办专题学术会议,在提高地方知名度的同时,提高其文化层次,为塑造旅游形象服务。

5）提高服务质量,优化旅游产品形象

服务接待水平将最终决定游客对旅游地的主观评价和满意程度,并直接影响到游客重游率的高低和旅游地整体形象的好坏。因此,应不断加强对服务主体的思想文化教育和专业培训,全面提高其素质,强化服务质量意识,逐步完善服务质量监督机制和激励机制,提高整体服务水平,促进服务质量与国际接轨。同时应以旅游形象定位为指导,对旅游产品进行深加工、新包装,不断丰富其文化内涵,提高其品位和档次,树立名牌旅游产品的形象。如山东省 2004 年借鉴香港推行"优质旅游服务计划"的经验,在全省旅游行业组织开展"山东旅游细微服务年"活动,提出了"好客之乡,细微服务"的主题口号。

6）加强文明建设,提高居民素质,强化全民旅游意识

社会风气、居民素质及当地居民对旅游发展的态度等是影响旅游业持续健康发展的重要因素,营造优良的旅游市场秩序和优美的旅游环境也越来越成为地区发展旅游业的当务

之急。具体来讲,要加强居民的爱国主义和社会公德教育,提高居民的整体素质和强化全民旅游意识,增强其热爱家乡、建设家乡、珍惜资源、保护环境的历史责任感;同时开展全民旅游教育,大力宣传旅游对地方经济的重要作用,树立其为旅游者服务的意识,创造良好的旅游环境,加强旅游法制建设,防止和避免旅游活动中违法事件发生。

7)加强市容市貌建设,做好绿化美化工作

因地制宜地进行城市规划,着力实施城市的洁、亮、净、美工程,给旅客留下深刻的印象。此外,对于交通沿线、城市出入口、景区出入口等,要做好绿化美化工作,高标准地进行绿地公园、绿化广场、绿化小品、城市雕塑等设施的建设。同时加强沿线环境的整治,并以鲜明的标志、统一的宣传口号、精美的风光图片向游客和行人展示本地的良好形象。

8.4 旅游形象传播

旅游景区形象传播主要是运用传播学的一般原理对传播者、信息和受众三要素进行设计。根据旅游景区的市场定位来进行受众分析,通过分析不同的目标受众来制订形象传播方案。在受众选择中有目标受众和潜在受众,潜在受众即为一般的公众,将一般公众培养成未来的目标受众。

旅游形象传播途径很多,主要有网络传播、社会传播、公关活动、文化传播、人际传播、常规新闻媒介传播等传播途径。

8.4.1 网络传播

随着经济的发展和个人电脑的普及,将有越来越多的人通过互联网了解旅游信息、安排自己的旅行。目前我国各类旅游网站有旅游资讯网、携程旅行网、中华旅游网、灵趣中华旅游网等全国大型综合旅游网;信天游、中华旅游网、中青旅遨游网等以订票、订房、订团为主的网站;西北旅游网、云南旅游等地方性区域性的旅游网;新浪网、搜狐网、网易和 e 龙综合性门户网站旅游频道;国家旅游局官方网站、中国旅游报网、北京旅游网、好客山东网和各地方旅游局的网站等旅游机构宣传自身形象而制作的网站;大部分旅游景区为宣传自身形象也制作了本旅游景区的网站。旅游区和景区应将自己的网站登录到各类网站以扩大影响便于搜索。

8.4.2 社会传播

社会传播是指旅游形象信息的非商业传播。如基于金庸武侠小说中涉及的名山大川,对读者建立旅游景区的印象有相当的影响,出版《金庸文化旅游地图》。还如,李蕾蕾总结出其他有关旅游景区的信息:①新闻发生地:发现奇特景观的报道、劫机与坠机等反面新闻报道;②游记:如《徐霞客游记》《老残游记》《登泰山记》《雨中登泰山》等;③文学作品描述地或故事发生地:如英国古典文学作品、金庸武侠小说;④电影或电视的地点影像信息:如《少林寺》《大红灯笼高高挂》《乔家大院》《闯关东》等故事的发生地或拍摄地;⑤口头文学:神话与传说的发生地成为旅游点,内容构成旅游点的导游解说词,如《西游记》中的花果山、女娲补天等;⑥课本信息:如中小学语文课本中涉及的旅游地信息;⑦邮票等风景和地点的图像信息,货币、烟盒、火柴盒、门票等各种消费品及其包装上所留下的图案信息;⑧名人的国籍与出生地的信息:如毛泽东的故乡韶山;⑨历史事件或战争的地点:如中国的古赤壁,第二次世界大战战场(柏林墙的观光意义)与纳粹集中营;⑩股票上市:旅游景区经营服务类的旅游企业上市,如张家界、峨眉山、桂林旅游、中国武夷、国旅联合、京西旅游、首旅股份、中青旅等不仅可融资,还可提升相关旅游景区的知名度,传播良好的旅游形象。

8.4.3　公关活动

公关活动包括政府间的交流和外事活动时的宣传,旅游新闻发布会的召开,系列旅游节庆活动、相关学术会议的举办。

8.4.4　文化传播

文化传播主要包括:①设计与当地旅游景观相关的宣传画册、明信片、挂历、邮票、首日封、风景 VCD;②出版与旅游资源有关的书籍史料和小说,整理有关的民间传说、民间故事、旅游景点介绍导游图等;③创作推广地方音乐和戏曲、歌曲;④拍摄以当地旅游资源为背景的电影、电视剧及有关专题片,或争取电视台有关旅游栏目以当地的旅游景区为外景现场直播有关节目;⑤设计以旅游经典景区为题材的网络游戏。

8.4.5　人际传播

人际传播指通过人际的相互宣传来有效地影响公众的消费观念和消费方式,包括邀请专家学者、权威人士参观访问,组织影视体育明星协助宣传等。

8.4.6　常规新闻媒介传播

常规新闻媒介传播包括电子传播媒介和印刷传播媒介两类。前者既涵盖广播、电视、电话、光纤和建筑装饰照明系统等,又包括机器人、飞艇、立体充气等现代化的传播媒介;后者主要指报纸、杂志和图书等三大类。

教学实践

以某旅游地为例,制订该旅游地全面导入 CIS 系统的策划方案。

本章自测

1. 简述旅游形象的含义及在旅游规划中的作用。
2. 影响旅游形象定位的因素有哪些?
3. 旅游形象定位的方法有哪些?
4. 旅游形象主题口号的提炼要遵循哪些原则?
5. 如何利用网络进行旅游地形象传播?

第9章
旅游产品规划

学习目标

通过本章的学习,理解旅游产品的内涵;了解旅游产品的类型;了解旅游产品规划的依据与策略;初步掌握旅游主题产品和旅游线路产品规划的内容与方法;了解旅游商品开发设计的原则与思路。

关键概念

旅游产品　旅游主题产品　旅游节庆　旅游庆典　旅游线路　旅游商品　旅游商品开发与设计

问题导入：

旅游产品的休闲化

中国旅游已经进入系统升级的新阶段,其主要特征就是旅游的休闲化提升。旅游发展的休闲提升,既包括旅游目的地、区域旅游产业,也包括旅游产品、旅游项目及旅游配套;是以旅游产品的休闲提升为基础,进一步形成区域系统和产业链的休闲提升。

经典的旅游产品为观光产品,主要包括游线产品、目的地产品(旅游地区域)、吸引物产品(景区)。游线产品是以游线为主体,串接景区、餐饮、住宿、购物、交通等,形成包价产品。观光是大众包价旅游的吸引核。

休闲旅游产品,是对吸引核的调整。休闲,可以成为出游的目的、目的地的吸引力或者出游吸引核——旅游区本身。因此,旅游产品的休闲化改造,可以改造出游的过程、到达目的地后的消费行为及旅游景区等游憩型项目。

(资料来源:林峰.旅游开发运营教程[M].北京:中国旅游出版社,2019.)

9.1 旅游产品的内涵与类型

9.1.1 旅游产品的内涵

从旅游供给角度来看,旅游产品是凭借旅游资源和旅游设施向旅游者提供其在整个旅游活动过程中所需的全部服务,包括供给旅游者的一切吸引物及其他必需品,前者如景点、博物馆、节庆活动、娱乐活动等,后者如食、住、行、游、购、娱等。旅游产品包括旅游吸引物、旅游交通、旅游服务3个核心要素。其中,旅游吸引物是激发旅游需求和实现旅游目的的对象,而旅游交通和旅游服务则是实现旅游目的的手段。

旅游产品属于服务产品,区别于一般意义上的产品,具有以下特点:生产和向旅游消费者提供产品的员工本身就是旅游产品的一部分;旅游消费者参与旅游产品的生产过程;旅游产品具有不可转移性、不可储存性;旅游产品具有不可试用性;旅游产品的综合性是一种总体性产品。

目前,人们普遍将旅游产品看作一种经历,认为影响旅游经历的构成因素包括以下几点。

①产品的有形成分。如主题公园中的有形成分包括游乐项目、商店、餐厅和整洁的环境等。

②提供服务的要素。包括员工的仪表仪容、态度、行为和能力等。

③旅游者的期望、行为和态度。

④经营者和旅游者都难以控制的一些因素。如在某一特定时间旅游者的构成、交通状况、天气情况等。上述因素之间的关系很复杂,致使每个旅游者的经历都不一样。

9.1.2 旅游产品的类型

旅游产品是一个开放的系统,随着产品的竞争和市场需求的不断变化,满足市场需求的产品也在不断地增减和改变。

世界传统旅游产品包括观光旅游(自然风光观光、城市风光观光、名胜古迹观光等)及其升级产品、文化旅游(博物馆旅游、艺术欣赏旅游、民俗旅游、怀旧旅游、祭祖旅游、宗教旅游等)、商务旅游(一般商务旅游、会议旅游、奖励旅游、大型商业性节事活动等)、度假旅游(海滨旅游度假、乡村旅游、森林旅游、度假村、度假中心、度假区、野营旅游)、社会旅游等5类。

新型旅游产品层出不穷。一是满足旅游者健康需求的健康旅游产品,它是指能够使旅游者身体素质和状况得到不同程度改善的旅游活动,主要包括体育旅游(滑雪旅游、高尔夫旅游等)、保健旅游(医疗旅游、疗养旅游等)。二是满足旅游者发展需求的业务旅游产品,如研学旅游、工业旅游、务农旅游、学艺旅游、科学旅游、考察旅游等。三是满足旅游者享受需求的旅游产品,如豪华列车旅游、豪华游船旅游、美食旅游、超豪华旅游等。四是刺激旅游产品,是指旅游者体验以前从未经历过的某种感官刺激的旅游产品,如探险旅游、冒险旅游、秘境旅游、海底旅游、沙漠旅游、斗兽旅游、观看古怪比赛旅游、狩猎旅游、体育观战旅游等。享受旅游和刺激旅游都可视为感官满足产品。五是体现旅游者的环保意识的替代性旅游或持续旅游,亦称后大众旅游,包括生态旅游、自然旅游、社区旅游。另外,既可单独成为一种产品,又可与其他产品联系或融合成为一体的产品形式,就是活化旅游,可以视为第六类产品,见表9.1。

表9.1 旅游产品的主要类型及内容

旅游产品类别	旅游产品主要内容
观光旅游	自然风光观光、城市风光观光游憩、名胜古迹观光
升级的观光旅游	微缩景观、"外国村"或"外国城"、"仿古村"或"时代村"、主题公园、野生动物园、海洋观光和水族馆、城市旅游与都市旅游
文化旅游	一般文化旅游、遗产旅游、博物馆及美术馆旅游、艺术鉴赏旅游、民俗旅游与民俗风情旅游、祭祖旅游、宗教旅游、文学旅游
商务旅游	一般商务旅游、政务旅游、会议旅游、奖励旅游、大型活动与节时旅游、购物旅游
度假旅游	海滨旅游度假、山地度假和温泉度假、乡村旅游、度假村和旅游度假区旅游、环城游憩带度假旅游(周末一夜游度假)、休闲旅游、水库旅游和水利旅游、野营旅游
社会旅游	通过某种形式的社会团体的组织支持而使因某些限制而不能顺利得到假期享受的人们得到旅游经历的旅游方式
军体健康旅游	一般体育旅游、高尔夫运动和高尔夫旅游、体育观战旅游、滑雪旅游、漂流、汽车旅游、军事旅游、医疗保健旅游、疗养保健旅游
业务旅游	研学旅游、教育旅游、校园旅游、工业旅游、观光农业和农业旅游、学艺旅游、科学考察旅游与地质旅游、边境旅游
享受旅游	休闲娱乐旅游、豪华列车旅游、豪华游船旅游、美食旅游、超豪华旅游

续表

旅游产品类别	旅游产品主要内容
刺激旅游	特种旅游、探险旅游、赛车旅游、秘境旅游、海岛和海底旅游、沙漠旅游、斗兽旅游、狩猎旅游
替代性旅游	生态旅游,国家公园与自然旅游,自然保护区、森林公园和森林旅游,摄影旅游,社区旅游
活化旅游	运动、业余爱好、娱乐活动、制造经历、郊游、指导游客享受特殊时间、促进交流
非主流旅游	性旅游(多见于欧洲、北美或东南亚,从事营利性的异性陪侍活动,在中国属于非法活动)旅游博彩业

有关资料表明,中国在国际、国内旅游市场上形成了4种类型的旅游产品:一是观光旅游产品,以文物古迹、山水风光、民俗风情为特色的具有东方文明和神州风韵的观光产品在世界上具有垄断地位;二是度假旅游产品,其中家庭度假、乡间度假、海滨度假、周末度假、节日度假显示日益广阔的市场;三是专项旅游产品,包括古代城市之旅、乡村旅游、长城之旅、黄河之旅、长江三峡之旅、奇山异水游、丝绸之路游、西南少数民族风情游、冰雪风光游、寻根朝拜游、青少年修学游、新婚蜜月旅行、保健旅游、烹饪王国游、江南水乡游、佛教四大名山朝圣游以及探险、漂流、狩猎等专项、专线旅游;四是生态旅游产品。

无论是传统产品还是新兴产品,一个较为显著的流行趋势是旅游者对产品中的参与性活动的要求增加。早在1994年对京津两地的调查就表明,在64种可供选择的游憩活动中,最受欢迎的活动依次是游泳(包括天然水域和泳池)、登山、散步、网球、划船、保健活动、交谊舞、骑马、钓鱼、学习书画和家庭手工艺、乒乓球、卡拉OK、射击、室内器械健身、足球、保龄球,它们都具有参与性特征。

9.2 旅游产品规划的依据与策略

9.2.1 旅游产品规划的依据

1)市场条件

市场需求是开发旅游产品、保障旅游供给的前提。旅游产品规划的前提是要了解规划区目前及以后要面对的旅游市场,从经济水平与历史文脉等方面综合分析市场需求的特点。现实客源市场与潜在客源市场的需求是引导产品开发方式、规模、层次以及调整产品结构和开发策略的重要依据。

2)资源条件

资源条件是旅游产品开发的基础。旅游景区(点)的开发建设是实现旅游资源合理配置,发挥旅游价值的根本途径。旅游产品组合又是以各景区(点)为基本单元,通过旅游线路进行有机串联,所以,资源条件是区域旅游产品开发的重要物质基础。

3)区位条件

区位条件分析主要从资源区位、客源区位和交通区位 3 个方面着手,三者是旅游地产品开发的重要影响因素。资源区位看结构,即旅游资源的丰度与搭配组合程度;客源区位看位置,即旅游地与外部客源市场、周边景区(点)的空间关联度;交通区位看线路,即客源市场与旅游目的地的线路通畅度状况。

9.2.2 旅游产品规划策略

1)地方特色策略

地方特色是旅游产品区别于其他地区旅游产品的重要依据,是旅游产品赖以生存和发展的最重要的基础条件。旅游产品的设计要从旅游地资源特色分析入手,根据其具体的资源特征确定可以选择开发的产品类型,以做到扬长避短;要突出地方历史文化,体现独特价值,树立起自身特色,以开发"人无我有""人有我奇"的不可替代的旅游产品为目标。

2)产品多样化策略

旅游产品多样化的特点是由旅游资源本身具有的多样化决定的。不同等级、不同品位的旅游资源,适宜开发成不同层次的旅游产品。因此,旅游产品的多样化开发,不仅适应了旅游资源多样化的特点,同时还可以满足不同层次游客的需求,占领不同层次的细分市场。另外,不同产品的开发目的不一样,给旅游地带来的效益也各有侧重。因此,多样化开发的原则是有重点的多样化,围绕重点开发旅游产品。

3)阶段性有序开发策略

旅游产品要实施阶段性、有序化的开发,尤其是对于目前旅游业发展水平较低的地区,要针对其所服务的客源市场特征,分期、分重点地做出发展规划安排,切忌贪大求全、急功近利、盲目上规模的开发行为。近期、中期、远期应该有不同的产品开发目标,循序渐进,避免盲目求高、求快,脱离地区实际。有序开发不仅可以集中区域有限的力量进行重点开发,同时也是旅游产品可持续开发的重要途径。

4)联合开发策略

区域旅游产品的开发,要体现区域联合的战略思维,遵循联合开发的策略。地域间的联合开发站在地域战略的角度,从宏观层面整合大区的旅游资源,以大思路创造大品牌,实现旅游产品间的优势互补,联手共同对外促销。

9.3 旅游主题产品策划

旅游主题活动具有渲染旅游气氛、促进游客参与、丰富游客经历、增强旅游亲和力和强化旅游产品的营销效果、形成市场的冲击力、营造商业卖点、推广旅游形象等优越性,因此,旅游地要根据目的地性质开展旅游主题活动,策划四季旅游主题产品。

9.3.1 旅游节庆主题产品

1)节庆与会展在旅游发展中的作用

(1)形成宣传热点

节庆活动和大型会展由于其影响大,常常可产生轰动效应,能吸引媒体的关注。如在中国'99昆明世界园艺博览会期间,世界各地新闻媒体对世界园艺博览会的报道不计其数。旅游地经常性地举办节庆和会展活动,使举办地在各种新闻媒体上频繁出现,通过软广告宣传,提高了当地的知名度。

(2)塑造旅游地形象

旅游地通过举办节庆和大型会展活动,可吸引国内外旅游者的关注,树立和塑造旅游地良好的形象。如云南通过中国'99昆明世界园艺博览会在全世界树立了绿色和生态的旅游形象。

(3)增加地方旅游收入

举办节庆和会展活动能吸引大批旅游者光临,从而扩大旅游市场的规模,增加当地的旅游收入。2019年中国北京世界园艺博览会,162天运营会期,110个国家和国际组织参展,建设了100多个室外展园和54个室内展区,共举办3 284场活动,934万中外观众参观……2019中国国际旅游交易会在云南昆明举办,本次旅交会展区面积共9万平方米,设展位共3 866个,吸引75个国家和地区参展。3天累计参观人数8万人次。

(4)带动旅游产业发展

参会人员前往和到达节庆会展举办地,要消费航空运输或其他交通运输产品和旅行社等产品。节庆会展是会议中心、展览中心的主要业务,参会人员的餐饮、娱乐、购物、通信等方面的消费也十分可观。

2)旅游节庆产品策划的原则

旅游节庆产品是一项影响面大、参与人数多、经济效益明显的旅游产品。同时,节庆还是塑造旅游形象和推广旅游产品的有效渠道,因而受到地方政府、旅游部门和相关企业等越来越多的重视。旅游节庆活动产品的设计应遵循以下几个方面的原则。

(1)主题突出

旅游节庆活动要有明确的主题,其主题还要体现出深刻的文化内涵,以便推广其主题旅游形象。节庆旅游产品还要通过每年的逐步深入,走向深化。同时,节庆主题设计要与文化和旅游部每年推出的旅游主题相联系。

(2)根植地方文化

旅游节庆活动要根植地方文化,体现地方文脉,才能使主题旅游活动具有生命力。同时节庆活动可以结合我国丰富的节日和有关的国际节日,如我国的春节、元宵节、清明节、五一节、端午节、儿童节、中秋节、重阳节、国庆节等,西方的情人节等,我国的其他民族节日等。

（3）固定化和规范化

旅游节庆活动的固定化和规范化有利于节庆产品品牌形象和旅游地形象的持续建设和推广。

（4）运作商业化

旅游节庆活动应采用商业化的运作模式,可通过拍卖冠名权的方式由专业会展机构与赞助商来承办。

（5）规模化

旅游节庆活动前期的推广、组织要耗费一定的人力和物力,同时,节庆活动只有规模化才能产生较大的影响。

3）节庆活动的策划与设计

从旅游的角度看,节庆包括5方面的内涵:①以特别仪式为标志的庆典;②为纪念名人或著名事件,或为庆祝丰收而举行的年度仪式;③为纪念作品、工艺类展览的文化事件;④地区性具有相当规模和影响的交易会;⑤具有一定主题的地区娱乐、聚会。

事件是指历史上或社会上发生的不平常的大事。节庆事件往往在旅游地中扮演十分重要的角色,本身就是一种旅游吸引物。它可延长旅游季节,扩大客源市场;它是旅游地形象的主要塑造者,是一些静态吸引物如公共设施改造的催化剂;它对旅游地的宣传促销起着不可替代的作用。旅游地若把这些节庆事件和旅游区静态的服务、设施有机地结合起来,必定能成功地吸引游客,消减季节差异,扩大旅游地的声誉。

节庆事件的策划与实施包括以下内容。

①建立市县相关节庆事件资源库,从多角度收集本地区旅游相关节庆事件,按名称、类型、规模、组织者、区位、季节、赞助者、主要活动、参与者人数及产生的影响等指标统一归档。

②对节庆事件进行质与量、地区总体形象的贡献率等指标的系统分类效果评价。

③筛选主题节庆事件并确定节庆的相关组织者。

④根据目标市场的构成及游客的兴趣,设计出相应的具体节庆产品（主题、内容、规模、地点、时间、程序等）。

⑤制定相关政策和行动方案计划保障,即协助组织者制定防止消极影响的相关政策和具体实施行动方案计划,包括贵宾（VIP）优先权、资金计划、行动日程、执行主体、效果评估。

9.3.2　旅游庆典活动

庆典活动的规模一般仅次于旅游节庆活动的一种主题活动,也可以将其规模升级为节庆活动。如:2023年"5·19中国旅游日"活动。

文化和旅游部办公厅关于开展 2023 年"5·19 中国旅游日"活动的通知

办市场发〔2023〕58 号

各省、自治区、直辖市文化和旅游厅(局),新疆生产建设兵团文化体育广电和旅游局:

2023 年 5 月 19 日是第 13 个"中国旅游日"。为更好引导和促进旅游业恢复发展,深入推动大众旅游、加快培育智慧旅游、探索发展绿色旅游、积极倡导文明旅游、推进文旅深度融合,满足人民群众美好生活需要,在扎实做好常态化疫情防控的前提下,文化和旅游部决定开展 2023 年"5·19 中国旅游日"活动。现将有关事项通知如下:

一、活动主题

美好中国,幸福旅程

二、活动时间

2023 年 5 月 1—31 日

三、活动内容

(一)"5·19 中国旅游日"主题日活动(5 月 19 日)

文化和旅游部在云南省保山市腾冲市和顺古镇设立主会场,其余省(区、市)(含新疆生产建设兵团,下同)设立分会场。各分会场围绕 2023 年主题开展活动,分会场活动方案由各地自行制定。

(二)"5·19 中国旅游日"主题周活动(5 月 14—18 日)

分别以"大众旅游、智慧旅游、绿色旅游、文明旅游、文旅融合"为核心内容,选择五大城市开展"5·19 中国旅游日"倒计时主题周活动,以"一城一主题、一天一海报、一地一线路"的方式进行倒计时轮动接力。各省(区、市)可根据实际情况,在本地区组织相关城市或旅游景区开展分会场倒计时主题周活动,将"5·19 中国旅游日"活动氛围逐步推向高潮。

(三)"5·19 中国旅游日"主题月活动(5 月 1—31 日)

1.集中组织旅游惠民活动。各地要结合实际,在 5 月份推出多种形式的旅游惠民措施,包括但不限于:发放文化和旅游消费券;旅游企业推出多种形式的优惠措施;旅游助老、助残措施;对劳动模范等先进群体的优惠措施;公益性文艺演出、公共文化场馆扩大开放等文化惠民措施。同时,鼓励各地结合地域特色,利用金融平台、在线旅游企业平台、电商平台等开展旅游惠民活动宣传,扩大活动覆盖面。各地旅游惠民活动信息,要通过网站、微信公众号等形式开设专栏公开发布,实时更新。

2."中国旅游日·与文明同行"文明出游活动。各地要号召涉旅企业结合自身实际,开展丰富多彩的文明旅游活动;倡导绿色出行,联动公共交通、共享单车、新能源车品牌等推出"中国旅游日"低碳出行月活动;鼓励各地积极开展文明旅游志愿服务活动。

3."中国旅游日·中国礼物"旅游商品展示活动。5 月 1—31 日在京东开设"中国旅游日·中国礼物"旅游商品推介专区,5 月 19—21 日在主会场云南腾冲和顺古镇搭建"中国礼物"旅游商品展示专区,对近年来我国旅游商品发展成果进行集中展示和推介。各地要积极精选本地近年来推出的优质旅游商品,参加线上线下展示和推介活动,宣传各地文化和旅游形象,激发文化和旅游消费潜力。

(四)"5·19中国旅游日"宣传推广活动(5月1—31日)

1.千号联动的"5·19"。各地文化和旅游行政部门、文化和旅游经营单位的官方发布平台(包括但不限于:官方微博、官方微信公众号、官方微信视频号、官方抖音号、官方快手号、官方App客户端、官方网站等)进行联动,形成矩阵,统一带上"中国旅游日"等相关话题,推送本地区举办的旅游日活动以及旅游惠民措施等信息,发布旅游日宣传图文资讯等。

2.万人直播的"5·19"。各地文化和旅游行政部门要结合本地区实际积极开展"文旅厅局长秀文旅""明星推介家乡文旅"等活动;要动员本地具有影响力的导游、主播、旅游达人、旅游自媒体等在旅游景区现场开展网络直播活动,运用多种形式宣传"5·19中国旅游日"及当地文化和旅游资源。

3.百万疆域的"5·19"。文化和旅游部将利用航班、邮轮、高铁、百度地图、高德地图、滴滴出行等平台开展"5·19中国旅游日"主题宣传与推广,开设主题航班、主题邮轮、主题列车等,同时通过导航屏、打车弹窗、优惠出行、特色语音导航等方式加大宣传力度。各地文化和旅游行政部门可根据实际情况,引导和鼓励文化和旅游经营单位与有关方面加强沟通合作,积极推广本地文化和旅游产品及服务。

4.亿万次触达的"5·19"。文化和旅游部将联合中国移动、中国电信、中国联通、中国工商银行、中国光大银行等单位开展"5·19中国旅游日"宣传推广活动,借助各单位遍布全国的营业网点开展宣传,通过IPTV开机页、彩铃提示、会员短信等方式全方位触达消费者。各地文化和旅游行政部门要通过三大通信运营商渠道,在5月19日前向当地群众发送"5·19中国旅游日"宣传推广短信[短信内容示例:2023年5月19日是第13个"中国旅游日"。×××文化和旅游厅(局)向您致以诚挚祝福,盼您游遍美好中国,享受幸福旅程]。

四、有关要求

(一)统筹做好活动组织保障工作。各地文化和旅游行政部门要围绕"5·19中国旅游日"活动主题制订切实可行的工作方案,尽快提高"5·19中国旅游日"的社会知晓度,逐步扩大中国旅游日品牌影响力。要严格遵照《中国旅游日标志管理办法》规定使用"中国旅游日"标志及口号,各省(区、市)可指定一城市作为本省(区、市)主会场开展活动并冠以"2023年'5·19中国旅游日'××省(区、市)分会场活动"名称。鼓励省(区、市)内多地同时开展多项活动,可冠以"2023年'5·19中国旅游日'××(地区或景点名称)主题活动"名称。

(二)做好上下联动和信息报送工作。各省(区、市)文化和旅游厅(局)要安排一名联络人,与文化和旅游部市场管理司做好相关沟通协调工作。3月31日前报送联络人表(附件1),4月15日前报送拟举办活动汇总表(附件2)、惠民活动汇总表(附件3)和"中国礼物"旅游商品推荐表(附件4)。

(三)做好本地区活动总结工作。请各省(区、市)文化和旅游厅(局)在5月31日17:00前将本地区"5·19中国旅游日"活动总结(活动总体情况、采取的主要措施、取得的效果等)发送至文化和旅游部市场管理司安全和假日处电子邮箱。

联系单位:文化和旅游部市场管理司安全和假日处

联系电话:010-59882033,59881281

电子邮箱:jiari@ mct. gov. cn

特此通知。

文化和旅游部办公厅

2023 年 3 月 23 日

附件:

1.2023 年"5·19 中国旅游日"联络人表. docx

2.2023 年"5·19 中国旅游日"拟举办活动汇总表. docx

3.2023 年"5·19 中国旅游日"惠民活动汇总表. docx

4.2023 年"5·19 中国旅游日·中国礼物"旅游商品推荐表. docx

9.3.3　旅游的趣味活动

旅游的趣味活动可增加旅游活动的亲和力,调动游客的旅游情绪。旅游的趣味活动参与性强、趣味性强,对游客的吸引力大,能延长游客在旅游地的逗留时间,取材丰富、成本低廉、组织容易、应用面广,任何旅游地都可以结合当地情况开展丰富多彩的趣味活动。趣味活动也可与各种节庆活动相结合,成为各种节庆活动的组成部分。趣味活动可分为 3 种类型:竞赛活动、游戏活动、抽奖活动。如我国传统节日清明节有丰富有趣的习俗,除了讲究禁火、扫墓,还有踏青、荡秋千、蹴鞠、打马球、插柳等一系列风俗体育活动。相传这是因为清明节要寒食禁火,为了防止寒食冷餐伤身,所以大家来参加一些体育活动,以锻炼身体。

9.3.4　旅游的表演活动

表演活动可根据一定的主题在固定的时间内进行,往往成为旅游吸引游客的重要因素。如国家 5A 级景区泰山以泰山封禅为内容,打造了《中华泰山·封禅大典》大型山水实景演出,该演出已成为山东全线游和"一山一水一圣人"旅游热线上的必看项目,"登泰山必看封禅"响彻海内外。截至 2023 年底,共演出 2 600 场,累计接待海内外游客 240 余万人次,实现旅游收入 3 亿元。

9.3.5　综合性的旅游主题线路

旅游地可以将各种活动结合在一起推出突出某一个主题的主题旅游线路,它能够树立鲜明的旅游产品形象,开拓固定的个性化的客源市场。如北京某旅行社推出的 2008 年清明节"春季踏青"旅游线路。

线路一:山西迎春祈福、绵山踏青游(汽车三日快乐周边)

1.线路信息

出发地:北京

返回地:北京

服务等级：标准等

行程天数：3 天

主题：快乐周边

2. 特别亮点

①平遥古城。古陶地，为帝尧封地，始建于西周宣王时期（公元前 827—前 782 年），明洪武三年（1370 年）在原旧城垣的基础上扩建为今天的砖石城墙，城内及周边古建筑中的珍品大多保存完整，是我国保存最完整的明代县城，于 1997 年 12 月被联合国教科文组织评定为"世界文化遗产"。

②乔家大院。乔家大院又名在中堂，是清代全国著名的商业金融资本家乔致庸的宅第。始建于清代乾隆年间，以后曾有两次增修，一次扩建，经过几代人的不断努力，于民国初年建成一座宏伟的建筑群，并集中体现了我国清代北方民居的独特风格，被专家学者誉为："北方民居建筑史上一颗璀璨的明珠"，因此素有"皇家有故宫，民宅看乔家"之说，名扬三晋，誉满海内外。

③绵山。说到晋商民俗文化，不能不提起人称"北方小九寨沟"的绵山。绵山是唯一一座以历史人物定山名、地名和节日名称的历史文化名山，是清明节（寒食节）的发源地。东汉桓潭《新论》云："太原都民以隆冬不火食五日……为介之推故也。"这便是寒食节的来历。

④王家大院。历经元、明、清三代，穿越 600 年。王家大院的建筑艺术让人叹为观止，其历史价值难以估算，它的名号很多："中国民间故宫""华夏民居第一宅"，又有人称她为"山西的紫禁城"——这就是山西王家大院。"灵石古村山水间，四合坊巷礼为先，楼台塾馆凝文气，儒雅兴衰二百年。"王家大院是中国清代民居建筑的杰出代表，属黄土高坡上的全封闭城堡式建筑。

3. 日程安排

第一天：北京—太原—乔家大院—平遥 宿：平遥

早上 6:30 集合到指定地点，乘车赴山西太原（约 6.5 小时抵达，午餐请自备）。前往游览晋商巨贾乔致庸的宅第、央视热播巨片《乔家大院》的拍摄地——乔家大院；后乘车赴世界文化遗产——平遥古城，晚餐后入住平遥客栈。（含晚餐）

第二天：平遥古城—绵山 宿：绵山

早餐后，游览世界文化遗产——平遥古城（进入古城不需要门票），如参观以下景点则通票自理，包括保存最完整的明代县级古城墙、中国第一家银行——日升昌票号、华北第一镖局、商业气息浓郁的明清街、县衙等（参观约 3 小时）。下午赴大道之山（约 1 小时）——绵山，游览抱腹岩佛教圣地——云峰寺，游览全国最大的道教建筑——大罗宫，或可在水涛沟广场参加绵山清明（寒食）大型庙会，若有机会可自由参加清明节传统的节日民俗活动：秋千、拔河、蹴鞠、踢毽子、庙会等节俗活动及其他民俗表演。晚上可自由观赏绵山夜景，感受"不火食"的传统文化。（含早午晚餐）

第三天：绵山—王家大院—北京

早餐后，下山游览华夏民居第一宅民间故宫之称的王家大院，它是传承 5 000 年中华文明的典范；现已被开辟为"中国民居艺术馆""王氏博物馆"的高家崖、红门堡、孝义祠堂三大建筑群,先后建于康熙、雍正、乾隆、嘉庆年间,面积45 000平方米,共有大小院落123座、房屋1 118间,午餐后乘车返京,结束愉快的山西之行。(含早午餐)

4. 报价包含

全程空调旅游用车;全程陪同服务;山西地方导游接待服务;平遥住宿民俗客栈,绵山上住宿相当于三星标准双人标准间,独立卫生间(不挂牌);全程2早餐4正餐(八菜一汤,十人一桌,不含酒水);行程中标注的景点首道大门票(王家大院、乔家大院、绵山首道大门票)。

5. 报价不包含

绵山上小交通、旅游人身意外险;行程标注外其他项目费用等个人消费;国家政策性调价及因罢工、交通延阻、天气变化、自然灾害等人力不可抗拒因素所引起的额外费用。

6. 友情提示

气候:空气干燥,建议多吃水果、蔬菜,山上早晚温差大,注意根据天气情况及时更衣。

饮食:山西水土碱性较大,建议每餐食用一勺醋,中和碱性、帮助消化,防止肠道疾病。

行车:弯道和坡道较多,爬山时,驾驶员会关闭空调,请客人理解,另还要注意行车前服用晕车药物。

购物:土特产主要有山西大红枣、杏花村汾酒、竹叶青酒、台蘑、山西老陈醋、沁州黄小米。

娱乐:要结队出行,注意归队时间,不随意算命。

7. 特别提示

①全程购物不超过1次,主要为土特产商店等。

②自费项目参考:平遥古城通票120元/人(通票包含登最完整的明代县级古城墙、中国第一家银行——日升昌票号、华北第一镖局、商业气息浓郁的明清街、县衙);绵山山上小交通6~18元/次。

③行程中所列景点门票对部分持证群体实行以下优惠:65~70岁持老年证,45元/人;70岁以上持老年证,110元/人;持军官证,110元/人;持学生证,45元/人(身高1.2米以下儿童免票,身高1.2~1.4米儿童半票,请在景区自行购买)。

以上金额为旅行社折扣价与优惠价的差额。出团时须携带相关有效证件,并在导游购票前向导游出示,否则将不享受优惠,优惠的金额将由地接社导游以现金形式在当地退给本人。

④本团为散客拼团,派全陪。

线路二:至尊泰山、曲阜三孔踏青访古游(火车三日 快乐周边)

1. 线路信息

出发地:北京

返回地:北京

服务等级:标准等

行程天数:3天

主题:快乐周边

2. 特别亮点

①泰山。泰山古称"岱山""岱宗",面积426平方千米,海拔1 545米。泰山既有风景壮

丽、峰峦起伏、幽谷深壑、松柏苍劲、瀑布流鸣、四季景色变化万千的自然景观,又有"旭日东升""云海玉盘""黄河金带""晚霞夕照"等十大自然奇观。泰山主峰傲然拔地而起,环绕主峰的知名山峰有112座,崖岭98座,溪谷102条,构成了群峰拱岱,气势磅礴的泰山山系。

②曲阜三孔。在山东省的西南部,有一个孔姓人口占1/5的县级市,她就是有着5 000多年悠久历史的"东方圣城"——曲阜。曲阜之所以享誉全球,是与孔子的名字紧密相连的。孔子是世界上最伟大的哲学家之一,中国儒家学派的创始人。在2 000多年漫长的历史长河中,儒家文化逐渐成为中国的正统文化,成为整个东方文化的基石。曲阜的孔府、孔庙、孔林,统称"三孔",是中国历代纪念孔子,推崇儒学的表征,以丰厚的文化积淀、悠久历史、宏大规模、丰富文物珍藏以及科学艺术价值而著称,被联合国教科文组织列为世界文化遗产,被世人尊崇为世界三大圣城之一。

3. 日程安排

第一天:北京—泰安 宿:火车上

北京站23:31或23:20乘K51或K101次硬卧空调火车赴山东泰安。(全天不含餐)

第二天:泰安—曲阜—泰安 宿:泰安

早上6:46或6:06抵泰安,乘车赴东方圣城——曲阜(约1.5小时),参观孔庙(约1.5小时),一览天下第一庙的恢宏气势;走进孔府(约1小时),感受天下第一家的生活气息;漫步孔林(约40分钟),领略"落叶归根""天下一心"的意境,下午返泰安,途中参观中华奇石——木鱼石展览,后返回酒店自由活动。(全天不含餐)

第三天:泰安—北京

早上乘车赴泰山,天地广场乘景区小交通赴中天门(约25分钟),步行(约2小时)登山或乘自费缆车(约20分钟),游览南天门、月观峰、天街、望吴胜迹坊、碧霞祠(门票自理)、洋洋大观峰——李隆基纪泰山铭、青帝宫、历代帝王封禅处——玉皇顶、瞻鲁台、对松山、云步桥等景点,步行下山或乘自费缆车至中天门,乘景区小交通下山,后观泰山女儿茶艺表演,乘车前往济南火车站,乘D38次火车,18:19开车21:39抵达,结束愉快的旅程!(全天不含餐)

4. 报价包含

北京到泰安硬卧火车票,济南到北京动车二等软座;当地空调旅游车;住宿三星标准或同级酒店双人标准间;当地导游服务;行程中所列的景点大门票(泰山、孔府、孔庙、孔林);泰山山下至中天门往返小交通。

5. 报价不包含

全程餐费,旅游人身意外险;自费项目,酒店电话费、洗衣费、购物等个人消费,以及因国家政策性调价、罢工、交通延阻、天气变化、自然灾害等人力不可抗拒等因素所引致的额外费用。

6. 友情提示

①请注意安全,贵重物品随身携带,登山时请防止磕碰。

②请携带常用药品(防蚊虫的药品尤为重要)。

③早晚温差较大,请适量准备衣物,鞋以登山、运动鞋为宜。

④登山天气变化较大,请携带好遮阳帽及雨伞。

⑤登山时注意安全,禁止攀登非常规线路的山峰。

⑥我社保留根据实际情况对具体行程和价格作合理调整的权利。

⑦客人如果自行放弃游览,车费、餐费不退,其他费用将根据实际情况另议。

7. 特别提示

①全程购物不超过两次,主要为土特产商店等。

②自费项目参考:泰山索道单程 80 元/人,往返 140 元/人;泰山中小门票,碧霞祠 5 元/人。

③行程中所列景点门票对部分持证群体实行以下优惠:60~70 岁持老年证 130 元/人;70 岁以上持老年证 270 元/人;持军官证 270 元/人;持学生证 60 元/人。身高 1.2 米以下儿童免票,身高 1.2~1.4 米儿童半票,请在景区自行购买。

以上金额为旅行社折扣价与优惠价的差额。出团时须携带相关有效证件,并在导游购票前向导游出示,否则将不享受优惠,优惠的金额将由地接社导游以现金形式在当地退给本人。

④本团为散客拼团,30 人以上我社独立成团。

9.4 旅游商品开发

入口即化的"风景"让人无法抗拒

近年来,入夏什么旅游商品卖得最火?无疑是多地景区纷纷推出的各具特色的高颜值文创网红雪糕,如北京颐和园推出的"荷花"雪糕、敦煌莫高窟推出的"九层楼"雪糕、西江千户苗寨推出的"民族风"雪糕……据不完全统计,全国目前大概有上百种文创雪糕,年产量上千万支。

功夫、清明上河园、云台山、黄帝千古情等定制版的文创雪糕,在河南的很多景区方兴未艾。这种消费体验是河南文旅融合的见证,实现了游客在景区"到此一游"新的呈现形式。

"文创产品呈现在舌尖上的不仅是美味,更是文化和情怀。我们推出的文创冰激凌从设计到选择口味、确定配方、产品包装等,每个环节都经过多次调整。希望通过强文化、高颜值的冰激凌拉近人与山水、文化的距离。"河南华冠文化科技有限公司董事长梁兴说。

2020 年,梁兴带领团队设计出了"郑州"和"功夫宝宝"两款雪糕,推出后反响热烈,再后来,就是火遍全网的"樱花"和"洛阳牡丹"文创雪糕。文创雪糕怎么做才能持久受到消费者欢迎呢?梁兴总结了 15 个字:"强文化、高颜值、好味道、大流量、易变现。"正是基于这种理念,努力为消费者创作更多高品质可食用类文创内容,与更多河南优质景区建立战略合作关系,包括河南博物馆、银基动物王国和冰雪世界、老君山、龙门石窟、中国文字博物馆、安阳殷墟等。"开发一款文创产品的核心是要保证产品有可延续性,能够把文化精神传承下去,文创产品必须有自己的特点,要有精准的客户群体区分,设计出来的产品既要有创意,更要让用户有更好的体验,这样才能受到消费者的青睐。"梁兴说。

(摘自《中国文化报》,2021-08-07.)

9.4.1 旅游商品的概念

广义旅游商品,是指通过人们的经济和文化活动生产出的具有价值和特殊使用价值的消费品。其中,旅游服务是构成商品的重要因素。

狭义旅游商品,也称旅游购物品,主要是指旅游途中旅游者购买的一切物品。苗学玲提出了比较有代表性的概念,即旅游商品是指由旅游活动引起旅游者出于商业目的以外购买的、以纪念品为核心的有形商品,包括以下 4 部分内容。①旅游者旅行前在居住地购买的,准备在旅途中使用的商品,包括旅游户外用品、旅游书籍、生活日用品以及用于探亲访友的土特产等。②旅游者在旅游中购买的,具有旅游目的地"地方特色"的商品,称为旅游纪念品。它是旅游商品的核心组成部分,包括旅游工艺品、土特产和旅游印刷品等。③旅游者在旅游中购买的,满足日常生活需要的日用品。④国际旅游者在已经办完出境手续,即将登机、上船和乘车前往境外之前,在免税商店购买的商品,称为免税商品(duty-free)。

9.4.2 旅游商品开发原则

旅游地政府高度重视旅游商品工作,通过成立旅游商品研发中心、旅游商品专业协会等专业机构和行业协会,举办旅游商品开发研讨会、旅游商品设计大赛等活动,不仅打破了旅游商品千篇一律的单调局面,使旅游地传统的工艺得以保存、恢复、发展和创新,而且充分利用当地资源和技艺,弘扬当地文化传统,使旅游商品正逐步走上繁荣和个性化的道路,形成了旅游地的拳头旅游商品。

1)旅游者的消费心理分析

在旅游商品开发过程中,了解和分析旅游者的消费心理对旅游商品开发十分重要,旅游者的消费心理是旅游商品开发、生产和销售的基础。

(1)旅游者的消费动机

根据对有关调查结果的分析表明,旅游者在旅途过程中进行旅游商品消费时,主要出于以下几种目的:①回忆旅游地点或在某地的经历;②馈赠亲友;③表明自己到过的地方,展示自己眼界开阔和富有;④有收藏各地旅游商品、工艺品和古董等的爱好;⑤自己使用。

(2)促进旅游者消费的因素

在对旅游者的旅游消费进行分析时发现,旅游者在购买旅游商品、进行旅游商品消费时主要考虑以下几个方面的因素。

①购买地点。从旅游的意义上分析,从十分珍贵的古董、文物仿制品到价格比较便宜的日用消费品都带有十分明显的旅游纪念的印记。由于旅游商品是赋有旅游地纪念意义的商品,因此大多数的旅游者在进行旅游商品消费时,都要考虑购买的地点。旅游者都喜欢在原产地或具有纪念意义的地方购买自己所喜欢的旅游商品,只有这样,所购买的旅游商品才具有纪念意义,才能唤起在旅途中的美好回忆。比如,许多游客到泰山旅游时,他们首选的旅游商品往往是泰山石、泰山石敢当、泰山女儿茶、泰山大麻凉席、肥城桃木工艺品、泰山煎饼

等;而到云南丽江的游客,他们首选的是做工精湛的银器、富有民族特色的民族服装以及当地盛产的干鲜水果。具有鲜明特色和优良品质的旅游商品,形成了具有地方特色的名产,享誉国内外,对旅游者形成了很大的吸引力。例如,北京的景泰蓝、四川的竹编、天津的杨柳青年画、景德镇的瓷器等。

②艺术价值。旅游商品的艺术价值是指其所代表的设计者的艺术个性、风格,所反映的民族性和地域性,其个性越显著,艺术价值也就越高。旅游商品蕴含旅游地的纪念意义,其艺术特色与艺术价值对于旅游者选购和消费十分重要,并且旅游者认可的、具有艺术价值的旅游商品,会在很大程度上刺激旅游者消费。

③包装和价格。良好的包装不仅可以起到广告宣传的作用,促进旅游商品的销售,还能够抬高旅游商品的身价,使旅游者愿意出较高的价格购买。作为使用、收藏或馈赠的旅游商品,既要求包装设计精美、造型美观,又要求尺寸适中、价格适宜,另外还要重视旅游商品的轻便性和包装的环保性。如重量较大的石雕类旅游商品,由于携带不方便,导致许多旅游者常常是想买又不能买。旅游商品的价格则要求合理和灵活,应该照顾到大多数旅游者的购买能力,做到既不因为旅游商品价位低而使经济效益受损,也不要因为旅游商品的价位太高而使众多的旅游者望而兴叹。

④销售人员态度。旅游者选购旅游商品时,销售人员的态度是影响旅游者是否购买的重要因素。销售人员在导购时,不仅要态度热情、举止有礼,更重要的是要了解不同旅游者的购物心理和需求,熟悉所出售的旅游商品的特点,能够在关键时刻帮助旅游者下定决心购买旅游商品。在旅游商品的购销过程中,一方面旅游者得到了称心的旅游商品和满意的服务;另一方面旅游地获得了旅游商品的销售利润和旅游者对当地的美好印象,从而加深了旅游者和旅游地居民之间的感情。从某种意义上讲,销售人员的服务是旅游者了解旅游地民俗风情等旅游资讯的一个重要的窗口。

2)旅游商品的开发原则

优秀的旅游商品不仅是旅游地形象的重要载体,还是旅游地地域文化的缩影。旅游规划编制人员研究分析旅游者的消费倾向、消费喜好和消费心理,将为旅游地旅游商品的开发提供科学的依据。根据旅游者购物心理等方面的分析,在进行旅游商品开发时应遵循以下几个原则。

(1)突出特色

旅游商品的特色是构成对旅游者产生消费吸引力的重要组成部分。富有旅游地特色的旅游商品在某种程度上被认为是旅游地回忆的延续,没有特色的旅游商品不能激发起旅游者的购买欲望,不能引起旅游者的消费行为。因此,旅游商品必须具有鲜明的特色。如在设计东岳泰山的旅游商品时,应充分挖掘以封禅文化和民间信仰为代表的泰山文化,将无形的文化资源转化为有形的旅游商品。

(2)融入文化

随着经济社会的发展和人们生活水平的提高,休闲消费、保健消费、文化消费、旅游消费将成为人们今后消费的热点。旅游商品消费是一种集休闲性、文化性与娱乐性于一体的消费活动,其目的是丰富和美化人民的生活,陶冶人们的情操,使人们在购买旅游商品的同时,开阔视野、增长知识、愉悦身心,满足人们对物质和精神的双重消费。如历史悠久、文化意蕴浓厚的旅游地,在设计旅游商品时,应充分体现出地方浓厚的文化底蕴,使旅游者在购买旅游商品的同时,还能体会到旅游地悠久的历史、丰富的文化内涵、旖旎的风光。

(3)包装精美

旅游购物是旅游活动的组成部分,是一种较高层次的精神消费。丰富多彩的旅游商品以设计新颖优美、文化内涵丰富满足了旅游者的精神需要,精美的包装则满足了旅游者对旅游商品的美学需求。因此,在确保旅游商品质量的前提下,注重其外包装的设计,不但可以为旅游者的购买带来方便,而且可以带动区域相关产业发展,扩大就业机会,可以实现其经济利益和社会效益同步发展。

(4)携带方便

大多数的旅游者在购买旅游商品时,都会考虑旅游商品是否携带方便,因此设计旅游商品时考虑其方便携带非常重要。体积、重量大的旅游商品会给旅游者的旅途带来诸多不便,再富有特色的旅游商品也会因携带不便而使旅游者放弃购买。

(5)高附加值

在进行旅游商品设计时,应突出旅游商品的高附加值。具有高附加值的旅游商品,不仅会提高旅游商品的利润,而且会激发旅游者的购物兴趣。附加值高的旅游商品往往与精品、高档商品相联系。

(6)保证质量

质量是旅游商品生存和发展的必要前提,没有质量保障的旅游商品,包装再精美、风格再独特、携带再方便也不会引起旅游者购买的兴趣。从某种意义上讲,质量低劣的旅游商品不但不能促进旅游业的发展,而且会给当地旅游业带来负面影响,给整个区域的对外形象造成不良影响,这种损失是巨大的。旅游商品还是外界了解本地区产品的直接的、重要的窗口,高品质的旅游商品,在带来经济效益的同时,也宣传了旅游地的形象。

9.4.3　旅游商品设计与开发思路

根据旅游商品设计开发原则,结合当地旅游资源与自然资源,旅游商品设计与开发时,可按照某一主题开发系列旅游商品。按照旅游商品材质的不同,将旅游商品分为如下几类。

1)纸制品系列

纸制工艺品主要包括剪纸、民俗画、字画、扇类、书签、首日封、明信片、石刻中拓下来的书法典籍、以旅游地风景为基础的扑克牌、精美风景图册、各旅游景点导游册、各景点门票以及旅游商品的各种纸制精美包装等。这类纸制工艺品制作工艺相对简单,成本较低,但是它能起到对旅游地各景点的广泛宣传作用,使旅游者通过这些旅游商品更加全面、深入地了解本地区旅游,了解本地区的民俗风情。这类旅游商品适用于任何旅游地区。

2）木制品系列

旅游商品中的木制品系列主要包括各种木制品雕刻模型系列、木版画系列、造型各异的根雕系列等。在设计这类旅游商品时，应依据区域内具有特色的旅游资源的轮廓或形象，作为旅游商品创意的蓝本。这类旅游商品应定位于风格独特、文化含量高、附加值高，还应尽量使商品做工精美、雕刻精细，成为旅游商品中的形象产品和较高档次的旅游商品。这类旅游商品具有很强的纪念意义，同时重量较轻，便于携带，所以深受旅游者欢迎。

3）石刻、石雕系列

石刻、石雕系列旅游商品是对木质系列商品在材质上的补充，是旅游商品中重要的组成部分，主要包括景点的系列石质模型。但这类旅游商品质材较重，在设计和制作时，要注意携带方便。

4）陶瓷系列

陶瓷系列旅游商品主要以反映当地著名的旅游景点为主，兼以反映各地民俗风情。陶瓷系列一般在旅游商品中定位为较高档商品，较高的品质再配以优美的画面，相得益彰，完美组合，成为旅游商品中独具特色的精品。因此，设计陶瓷系列旅游商品时，应突出设计精美、工艺精湛、体现文化含量、附加值高等特点。

5）食品系列

食品类旅游商品主要依托地方资源优势开发新产品，形成有各地特色的食品类旅游商品。如水果系列主要包括果脯、果汁、果膏等；淀粉系列主要包括优质淀粉、葡萄糖、低聚糖、麦芽糖等营养食品、益智食品及保健食品。食品类旅游商品在设计时要注意食品的包装、保质、保鲜，还要注意开发绿色生态食品系列。

6）其他工艺品系列

其他工艺品系列主要包括各景点的金箔画、仿象牙、工艺盘、工艺镜、丝绸、玻璃拉丝制品以及具有地方特色的纺织工艺品，如文化衫、旅行包、遮阳帽、平安带等。

总之，旅游商品的设计与开发要依托地方的特色旅游资源与深厚的文化内涵，形成富有地方特色、形式多样、系列化的旅游商品。如何开发有价值、有特色的旅游商品呢？首先，要深入挖掘旅游地的特色文化。名山有名山的说法，大川有大川的讲究，如泰山的封禅文化，黄山的徽州古风，各有各的神韵和风采。其次，要让无形文化转换成有形商品。将博大精深的景区文化浓缩并物化为小巧别致的旅游商品，使人们透过独具特色的旅游商品，便能联想到其所代表的名山大川，感悟到其中所蕴含的旅游地文化。最后，还要构建完备健全的营销体系、实用有效的营销策略和蕴涵旅游地文化精髓的特色营销理念。

教学实践

以某一文化为主题,编制你所在地系列旅游商品的开发方案。

本章自测

1. 简述旅游产品发展的阶段模式。
2. 分析我国旅游产品发展所处的阶段及其原因。
3. 旅游产品设计的原则有哪些?
4. 简述节庆活动策划的原则。
5. 简述旅游线路设计的原则。

第 10 章
旅游保障体系规划

学习
目标

通过本章的学习,了解旅游发展的旅游设施和基础设施保障、政府保障、政策与法规保障、旅游管理保障、旅游发展资金保障、信息保障和人力资源保障等旅游保障体系。

关键
概念

政府保障系统 政策与法规保障 旅游管理保障
旅游发展资金保障 信息保障 人力资源保障

问题导入：

由于旅游业的综合性和关联带动性，旅游业的规划、开发与发展涉及众多的部门，基于我国目前旅游业发展的现状与所处的发展阶段，实施"政府主导型"旅游发展战略，走政府、部门、社会、企业、个人共同参与的大旅游发展道路是行之有效的。

旅游业的发展和旅游规划的实施，必须要构建一个强有力的支持保障体系，这一体系包括旅游设施和基础设施保障、政府保障系统、政府与法规保障系统、旅游管理保障系统、旅游发展资金保障系统、信息保障系统、人力资源保障系统等。

10.1　旅游设施和基础设施规划

旅游区是通过为游客提供愉悦的经历来实现其经营目的的。而游客的愉悦经历则是依托旅游区的旅游设施和基础设施来实现的。旅游区的旅游设施和基础设施规划是个较为敏感的问题，尤其在自然保护区或历史文化保护地，各种设施的选址更是引起大家的重视。为了满足游客的需要，同时为了保护旅游区的资源环境，如何建设各种设施是本节所要解决的问题。

10.1.1　旅游设施规划

景区旅游设施的建设是开展旅游业的先决条件，是游客集散的中心场所，是构成景区旅游业正常进行的基础要素。主要包括食宿接待设施、旅游购物设施和休闲娱乐设施等。

1）食宿接待设施规划

食宿接待设施规划主要是指旅游宾馆、饭店、旅馆、度假村、野营地以及各种能为游客提供食宿服务的场所的规划。

（1）设施规模预测

①床位预测。床位预测是住宿设施规划的重要方面，直接影响着景区日后的发展。一般按照床位预测公式进行计算：

$$E = NPL/TK$$

其中，E 代表床位数；N 代表年旅游规模（单位：万人次）；P 代表住宿旅游人百分比；L 代表平均住宿天数；T 代表全年可游天数；K 代表床位平均利用率。

②餐位预测。餐位规划主要以宾馆床位数作为参考基础依据。一般就餐者主要为住宿客人，因此餐位数用下列公式计算：

$$C = EK/T$$

其中，C 代表餐位数；E 代表床位数；K 代表床位平均利用率；T 代表平均每餐位接待人数。

（2）设施布局

住宿设施的选址需从两个不同的层次进行考虑，首先是在大的区域内的择址，需要从全景区范围乃至景区所在区域范围进行全盘考虑,从而选出一个大致的地理位置。第二个层次是具体位置的选择,是在第一个层次的基础上,确定具体的位置、建筑风貌和面积大小等。一般饭店集中安排在服务接待区范围内,尤其是高档次的饭店,提高其接待档次和规模,为尽快形成旅游集散中心奠定基础。根据《风景名胜区总体规划标准》(GB/T 50298—2018)和《风景名胜区详细规划标准》(GB/T 51294—2018),各档次的住宿设施在择址上有着相应的要求,见表10.1。

由于饮食服务设施具有面积大、品种多、污染大以及与游客联系最为紧密等特点,因此,在选址及布局上就具有非同寻常的意义,要以既不破坏景观又方便游人为原则,通常布置在游览起始点、途中及目的地三处,中间也可间隔地设置一些零散的饮食点。根据《风景名胜区总体规划标准》(GB/T 50298—2018)和《风景名胜区详细规划标准》(GB/T 51294—2018),餐饮设施在选址上有着相应的要求,见表10.1。

表10.1　食宿接待设施配置表

设施类型	设施项目	三级服务点	二级服务点	一级服务点	旅游村镇	旅游城	备注
住宿	简易旅宿点	×	▲	▲	▲	▲	包括野营点、公用卫生间
	一般旅馆	×	△	▲	▲	▲	汽车旅馆、招待所
	中级旅馆	×	×	△	▲	▲	一星级酒店
	高级旅馆	×	×	△	△	▲	二、三星级酒店
	豪华旅馆	×	×	△	△	△	四、五星级酒店
饮食	饮食点	▲	▲	▲	▲	▲	冷热饮料、乳品、面包、糕点、糖果
	饮食店	△	▲	▲	▲	▲	包括快餐、小吃、野餐烧烤点
	一般餐厅	×	△	▲	▲	▲	饭馆、饭铺、食堂
	中级餐厅	×	×	△	▲	▲	有停车位饭店
	高级餐厅	×	×	△	▲	▲	有停车位饭店

说明:禁止设置×;可以设置△;应该设置▲。

2)休闲娱乐设施

在某些情况下,游览娱乐设施是景区的核心吸引物,如主题公园,但多数情况下,游览娱乐设施是景区的一个组成部分。这里主要指一般性景区的游览娱乐设施规划。

从大的范围来看,娱乐设施的等级应该与景区的地位相称,如文博展览类的设施在一个小的服务部内就不能设立,但在旅游镇和旅游城里则应该布局,见表10.2。从小的范围来看,学校、医院、机关等附近则不能布局各类型的娱乐设施。同样,对于景区有污染的设施也不能布局。

表10.2　休闲娱乐设施配置表

设施类型	设施项目	三级服务点	二级服务点	一级服务点	旅游村镇	旅游城	备注
娱乐	娱乐文博展览	×	×	△	▲	▲	文化馆、图书馆、博物馆、科技馆、展览馆等
	艺术表演	×	×	△	▲	▲	影剧院、音乐厅、表演场
	游戏娱乐	×	×	△	△	▲	歌舞厅、俱乐部、活动中心
	体育娱乐	×	×	△	△	▲	室内外各类体育运动健身场地
	其他游娱文体	×	×	△	△	▲	
休闲	沐浴场所	×	×	△	▲	▲	洗浴、桑拿、足浴
	酒吧场所	×	×	△	▲	▲	茶坊、咖啡屋、酒吧
	休闲吧	×	×	×	△	▲	氧吧、陶吧

说明:禁止设置×;可以设置△;应该设置▲。

此外,娱乐项目的场地和器材设备应以景区文化底蕴为基础,大力发展与山水风景相映衬的、地方民俗文化为灵魂的游览娱乐设施,以达到情景交融、游娱相辅的目的。如传统演出是在剧院有限的空间里进行,而桂林阳朔"锦绣漓江·刘三姐"歌圩景区之核心工程《印象·刘三姐》是一种大型山水实景演出,由五六百当地村民参演,以真实的山水景观为实景舞台,方圆两千米的漓江水域,十二座背景山峰,广袤无际的天穹,构成迄今世界上最大的山水剧场。以大自然为剧场,利用晴、烟、雨、雾、春、夏、秋、冬不同的自然气候,使每场演出都是独一无二的。娱乐演出与地方民俗、山水景观完美结合,成为桂林旅游的亮点。

3)购物设施

从我国目前旅游业收入的构成比例来看,购物所占份额极小,是我国旅游收入的薄弱环节,在旅游规划时应该加强对购物设施的设置与布局。由于旅游商品(特别是旅游纪念品、工艺品等)不像餐饮那样具有较强的污染性,因此在景区内布局较灵活。一般可在游客的集散地、观景地、中转站等地设立不同规模、不同档次的购物场所。在档次规模的具体要求上,可参见国家《风景名胜区总体规划标准》(GB/T 50298—2018)和《风景名胜区详细规划标准》(GB/T 51294—2018)的要求,见表10.3。

表10.3　购物设施配置表

设施项目	三级服务点	二级服务点	一级服务点	旅游村镇	旅游城	备注
小卖部、商亭	×	▲	▲	▲	▲	
商摊集市墟场	×	△	△	▲	▲	集散有时、场地固定
商店	×	×	△	▲	▲	包括商业买卖街、步行街

续表

设施项目	三级服务点	二级服务点	一级服务点	旅游村镇	旅游城	备注
银行、金融	×	×	△	△	▲	储蓄所、银行
大型综合商场	×	×	△	△	▲	

说明:禁止设置×;可以设置△;应该设置▲。

10.1.2 旅游基础设施规划

旅游基础设施规划应包括交通道路、给排水、电力电信等,根据实际需要,还可进行防洪、防火、抗灾、环保、环卫等工程规划。景区基础设施规划,应符合下列规定:符合风景区保护、利用、管理的要求;同风景区的特征、功能、级别和分区相适应,不得损坏景源、景观和周边环境;要确定合理的配套工程、发展目标和布局,并进行综合协调;对需要安排的各项工程设施的选址和布局提出控制性建设要求;对于大型工程或干扰性较大的工程项目及其规划,应进行专项景观论证、生态与环境敏感性分析,并提交环境影响评价报告。

1)交通设施规划

交通是旅游景区的命脉与骨架,在整个旅游景区总体规划中占有特别重要的地位。现代旅游交通的基本要求是快速、安全和舒适,但在不同的旅游景区内部则要因地制宜、区别对待。旅游景区规划,应分为对外交通和内部交通两方面内容。应进行各类交通流量和设施的调查、分析、预测,提出各类交通存在的问题及其解决措施等内容。

（1）旅游景区交通布局网络

旅游景区的交通由对内交通与对外交通两部分组成。

对外交通指国际、国内远途游客进入旅游景区交通枢纽城镇的交通运输,及远途客源地经过最靠近景区的城镇至接待中心的交通。对外交通设施包括公路运输线与汽车站,铁路客运线与火车客运站,水路航运线与码头船坞,客运航线与机场等。对外交通要求高效、快速、经济、舒适、安全。对外交通规划是区域性规划的一个组成部分,要研究里程、交通方式、线路状况、所需时间、交通工具运行情况等问题。对外交通应要求快速便捷,布置于旅游景区以外或边缘地区,一般划分为主干道和干道。主干道是旅游区联系各主要交通枢纽及其中心城市的主要客运线路,一般红线宽度为30~45米;干道为通往各旅游功能分区的主要交通路线,一般红线宽度为25米左右。

对内交通指旅游景区内部的接待区与游览区之间的交通,它包括以下几种形式。

①车行道。景区的主要与次要交通车道,是连接景区景点之间或旅游服务区、居住区与景区管理机构之间的游览道路,一般红线宽度为6~9米。车行道的选线要保证不破坏景区的自然景观、植物群落、景观水系等。通常要在相隔游览区出入口一定距离处设置停车场,游客须下车后步行一段时间再进入游览区,从而保证游览区、景点的安静及组景要求。

②游步道。游步道包括步行小径、登山石阶等。游步道具有组织游览空间、构成游览景

色、引导游览和集散人流的特征。规划因景制宜,随地势而曲折起伏,以形成入景、展开、酝酿、高潮、尾声的观景序列。游步道不宜太宽,可采取 1.5 ~ 2 米不等的路宽以求变化。道路两旁做好绿化工作,每隔一段游览路线可设计一些景观小品以提高游客游览兴趣。山路、水路建设要注意安全,在危险处设置与环境协调的安全护栏,要考虑高峰时相互避让的宽度,防止阻塞和险情出现。码头是旅游景区旅游者的重要集散地,位置要选择在河道开阔、水路平缓的地方。空中游道的选址一定要避开主景区,要注意隐蔽,不可破坏原有的景观效果。在较大的景区可以使用直升机作为空中交通设施。

（2）停车场规划

道路和停车场的建设,必须以保护生态平衡为首要条件,绝不能破坏自然及人文景观的完整性。停车场及周围附属设施,在距主要的旅游景点有一定距离的位置布局,应集中与分散相结合,方便管理,停靠汽车站的选点应起到疏导游人量、方便游人的作用。人流和货流、车行和步行、内部和外部等流线应尽量减少相互之间的干扰,并尽可能考虑到各种不同游客的实际需要。

旅游区的停车场规划根据车辆数预测,以方便游客就近游览的原则,选择大中小型 3 种类型的停车场。

①大型停车场。车位数量大于 100 个,设置有停车、修车、清洗、候车等功能,并且大中小型车辆均能停放。

②中型停车场。车位数量为 50 ~ 100 个,设置有停车、修车、清洗、候车等功能,并且大中小型车辆均能停放。

③小型停车场。车位数量小于 30 个,设置有停车、候车等功能且只能停放中小型车辆。

2）给排水设施规划

旅游景区给水排水规划布局应符合以下规定:在景点和景区范围内,不得布置暴露于地表的大体量给水和污水处理设施;在旅游村镇和居民村镇宜采用集中给水、排水系统,主要给水设施和污水处理设施可安排在居民村镇及其附近。

（1）给水规划

旅游景区给水规划应根据其总体规划中景区内部游览区、接待区、生活区、生产区统一安排的原则,确定景区给水方案,为给水工程设计提供指导原则及基础资料。给水规划的主要任务是估算用水量,选择水源,确定供水点,布置给水管网,满足游客与居民的用水要求。风景区用水水质标准应符合《生活饮用水卫生标准》（GB 5749—2022）。

①用水量估算。

居民:居民数×单位规模[75 ~ 100 升/（人·日）]

内宾:内宾数×单位规模[100 ~ 150 升/（人·日）]

外宾:外宾数×单位规模[150 ~ 300 升/（人·日）]

当日游客:当日游客数×1/3×单位规模[100 ~ 150 升/（人·日）]

消防用水:每 5 000 立方米的建筑体积 5 升/秒

休养所:人数×单位规模[150 ~ 100 升/（人·日）]

疗养院:居民数×单位规模[75~200升/(人·日)]

花圃苗圃用水:[7.5~15立方米/(公顷·日)]

②旅游景区给水规划布局。

a.针对用水区分散的特点,可采用分区分层就近供水的方法布置供水管网。

b.对用水量集中的旅游接待中心,可设隐蔽性水厂,同时应尽量避免在缺水区域设置用水量集中、用水量大的旅游接待等服务设施。

c.对高山水资源缺乏区,可因地制宜建蓄积雨雪水的高山蓄水库,利用地形修建高位水池。

d.管网应尽量布置在整个给水区域内,在正常工作或局部管网发生故障时应保障不中断供水。

e.干管一般沿规划道路布置,管线应符合综合设计的要求。

(2)排水规划

旅游景区排水规划的作用是保证景区环境卫生,保护景区资源及自然生态的平衡,确保游人及居民健康。景区排水主要是排放生活污水及天然降水两大体系,规划的主要任务是估算各规划期雨水污水的排放量,拟定污水、雨水排放方式,布置排水管网等。

①排放体制。旅游景区排水体制一般采用雨污水分流制,散水、蓄水并重,综合治理。生活污水以散为主,借地势及管道分散排水,降水以蓄为主,因地制宜加以利用。

a.雨水。就近通过明渠方式排入溪流河沟,或进行截流蓄水,使自然降水能科学、合理地被利用,化害为利,补偿水源。

b.污水。旅游景区的污水排放因景区地形复杂,排放点分散,常采用就近处理后排放的方法。排水量小的单位,可采用多级沉淀消毒后,排入隐蔽的山谷自然净化的方法。排放量大的单位,则要建污水处理设施,集中处理后排放。

②污水量估算。生活污水量一般可采用与生活用水量相同的定额,计算公式为:

$$生活污水量 = 规模数 × 单位指标$$

③布局要求。旅游区给排水设施的主要服务对象是游客,应布局在游客相对聚集的服务接待功能区域内。建设因地制宜,采取就近取水和就近利用环保处理站设施处理生活污水的做法,将基础设施建设对环境的影响控制在最小范围内;距离城市较近或位于城区的旅游区,可利用原城市规划的给排水设施系统,将污水处理纳入城市污水处理系统。

3)电力电信设施规划

电力电信设施规划包括供电规划和邮电通信规划。

(1)电力规划

①规划内容。旅游景区电力规划主要由电源工程和输配电网规划组成。根据景区的供电现状及总体规划要求,提供不同的供电方案,进行技术经济比较,选定最佳方案。

旅游区电源工程具有从区域电网上获取电源,为旅游区提供电源的功能。旅游区区域变电所(站)是区域电网上大于或等于110千伏电压的高压变电所(站)或超高压变电所(站)。旅游区输配电网络工程由输送电网与配电网构成。输送电网含旅游区变电所(站)

(≥10 千伏)和区域变电所(站)接入的输送电线路等设施。输配送电线路采用直埋电缆、管道电缆等敷设形式。

②电力网线布置要求。

a.景区的高压线路架设既要考虑不破坏景区自然景观,要求尽量隐蔽,同时又要使供电安全经济。

b.在地形复杂、施工及交通运输不便并影响景观的地段,要埋设电缆。

c.在重要景区、景点的敏感度区域可视范围内,为不影响景观环境气氛,供电线路均应设地下电缆。

d.采用架空线与电力电缆相结合,并以架空线为主的网线布置方式。

旅游景区的能源供应规划,在人口密度较高和经济发达的地区,应以供电规划为主,并纳入所在地域的整体规划;而在人口密度较低和经济欠发达并远离电力网的地区,可考虑其他能源渠道,如地区性的小水电、风能、地热、沼气、太阳能、潮汐能等。

旅游景区内供水、供电及床位用地标准,应在表 10.4 中选用,并以下限标准为主。

表 10.4　供水供电及床位用地标准

类别	供电/ (瓦·床$^{-1}$)	供水	用地/ (平方米·床$^{-1}$)	备注
简易宿点	50~100	50~100 升/(床·日)	50 以下	公用卫生间
一般旅馆	100~200	100~200 升/(床·日)	50~100	六级旅馆
中级旅馆	200~400	200~400 升/(床·日)	100~200	四、五级旅馆
高级旅馆	400~500	400~500 升/(床·日)	200~400	二、三级旅馆
豪华旅馆	1 000 以上	500 升/(床·日)以上	300 以上	一级旅馆
居民		60~150 升/(床·日)	50~150	
散客		10~30 升/(人·日)		

注:表中的标准定额幅度较大,这是由于我国各地景区差异较大的原因所致。在具体编制当地旅游规划时,可根据当地平均气温降水量、干湿程度、水源丰富程度和生活习惯等因素来确定。

景区供电规划要确保景区各部门用电,供电容量应有发展的弹性,满足用户对供电可靠性和电能质量尤其是电压的要求,制订远期规划。

(2)电信规划

邮电通信规划,应提供风景区内外通信设施的容量、线路及布局。

①规划的原则。为适应旅游景区的发展,邮政电信规划应在保护自然景观的前提下,满足各项管理的需要,解决景区的通信要求,合理组织对内、对外的通信网络,确保党政通信机密,使景区的邮政、电信达到技术先进、质量良好、灵活性强、业务齐全、通信网络体系完整。

②邮电规划基本要求。

a.架空线路不得破坏自然景观及风景林木,架空线路要与电缆埋设相结合。

b. 建立景区的对外通信网络,建设长途电话线路,安装载波电报及电话终端机设备,开通国际及国内电报及直拨电话业务,并建设微波通信,确保景区的邮政、电信、电传及电视服务配套,保证国内外的通信畅通。

c. 建立景区内部通信网络,对较远的景点及接待点的通信,要求采用超短波调频无线电话,配套选择呼叫器,使整个旅游景区组成超短波无线电信通信网络。

d. 为适应科学先进的管理方法,在景区内部可设计算机终端中心,进行控制及管理。

10.2 政府保障系统规划

旅游产业具有十分明显的综合性和关联带动性,旅游产品又具有公共产品众多的特性,旅游业在发展过程中势必需要得到政府及有关方面的支持和配合。旅游目的地总体形象的塑造和推广、旅游市场规范、旅游消费者权益保护、防止不正当竞争、环境保护等方面都需要政府的决策、参与和推动。目前,我国旅游业正处在转型升级的关键阶段,政府必须为旅游发展制定总体政策,发挥决策者、规范者和协调者的主导作用。

10.2.1 政府保障系统的作用

①旅游业构成的综合性和其所涉及的范围之广使有关各方面难以自动协调,因而很多问题需要政府干预才有可能得到解决,特别是在整个旅游地的协调开发和合作营销方面更是如此。

②旅游地在旅游市场上以何种形象出现,以及这种形象的塑造和推广,并非某一部门或某一企业力所能及,因而需要政府的决策和参与。

③在保护消费者权益和防止不公平竞争等方面,政府有责任对旅游业加以管束。

④基础设施以及其他公共产品是一个旅游地总体旅游产品中的重要组成部分,而这些基础设施和公共产品都需要由政府提供,因而政府不可避免地要介入旅游业。

⑤为了社会安定,政府有必要规范社会行为,如果放任自流和不加管制,诸多不良现象便会泛滥并危害社会健康。

⑥出于保护环境和旅游资源以及行业可持续发展的需要,政府有必要对旅游业进行干预。

总之,由于旅游业和旅游产品的综合性和复杂性,一个国家或地区旅游目标的实现不可能仅靠旅游企业的自身行为。政府对旅游业的干预程度和介入范围因各地情况而有所不同,但政府干预和介入旅游业的必要性已达成共识。

10.2.2 政府保障系统的规划

政府对区域旅游产业发展的保障作用体现在旅游组织建设、旅游投资环境建设、宏观调控机制、旅游规划监控机制、旅游项目管理机制等5个方面。

1）旅游组织建设

（1）组建旅游产业决策组织

地方旅游产业发展的决策协调工作应由党委和政府共同来承担,因为无论旅游部门还是旅游企业都无法独立承担这种协调工作。旅游产业决策组织的成员必须由旅游、发展与改革、住建、财政、交通、农林、工商、财贸、文化、公安等与旅游密切相关的部门负责人组成。旅游产业决策组织是本地区旅游业发展的最高领导机构,应当由本地区主要领导或主管领导牵头,并建立旅游业发展领导小组,就全区发展旅游产业的战略、规划、政策等重大问题进行研究、协调和决策。旅游产业决策组织的一般表现形式是旅游产业管理委员会。

（2）建立旅游行业管理组织

我国的旅游行业管理组织是指各级旅游局,其内部机构可本着精简、高效的原则依实际需要因地制宜地设置。其中应包括办公室、旅游资源开发科、旅游市场开发科、旅游质量管理科等。

旅游局的管理职能:组织编制本行政区域旅游发展规划,协调旅游资源的开发建设,负责新开发旅游景点和新增旅游设施的审核;制订各项旅游行业制度和规范;制订本地区旅游行业管理办法,负责行政区域内所有旅游企业的行业管理工作,对其进行监督和检查;负责旅游行业经济指标的汇总统计工作;负责三星级以下旅游涉外定点宾馆、饭店、餐厅、商店、旅游商品生产企业的初审、初评、年审工作,上报市局批准;负责定点宾馆、饭店、餐厅、商店、旅游商品生产企业的审核、评定工作;负责旅游行业管理人员及从业人员的培训、考核、发证工作;负责所有对外开放的旅游景点的门票监制工作;负责牵头组织与工商、税务、卫生、公安等部门的密切合作,治理整顿旅游市场,受理行政区域内的旅游投诉;组织实施旅游对外经济合作、大型宣传活动和业务交流;负责重点旅游区的开发建设和管理工作;完成地方政府交办的其他工作。

（3）成立行业自律组织

随着我国市场经济的进一步发展和旅游企业的不断壮大,建立协调各有关部门和企业的行业自律机制显得更加重要,成立旅游行业协会,以促进行业管理。旅游协会应遵照国家的宪法、法律、法规和有关政策,弘扬社会良好道德风尚,代表和维护全行业的共同利益和会员的合法权益,在业务主管单位的指导下,努力为会员服务、为行业服务、为政府决策提供参考,在政府和会员之间发挥纽带和桥梁作用,为促进地方旅游业的持续、快速、健康发展作出积极贡献。其主要任务:搜集国内外本行业的信息资料,组织调研,向业务主管单位提出本行业发展的建议,协助推动行业内部相关方面的协调发展;向业务主管部门反映会员的愿望和要求,向会员宣传政府的有关政策、法律、法规并协助贯彻执行;组织会员订立行规行约并监督遵守,维护旅游市场秩序;协助业务主管部门建立旅游信息网络,搞好质量管理工作,并接受委托,开展规划咨询、旅游专业人才的教育和培训,组织技术交流,举办展览和促销活动,以及对旅游专业协会进行业务指导;开展对外交流与合作;出版有关图书或期刊,传播旅游信息和研究成果;承办业务主管部门委托的其他工作。

2）旅游投资环境建设

投资环境是旅游地招商引资的基础条件,对于拓展融资渠道、广泛吸收外来资金用于旅游开发建设至关重要。旅游投资环境按照内涵分为硬环境和软环境两大部分,道路交通、通信以及水、电、气等基础设施构成投资的硬环境,各项政策法规、社会文化环境、人力资源素质、居民的价值观念、道德标准以及治安状况等构成投资的软环境。政府应在地方投资环境建设方面发挥主导作用,如制定和严格执行与旅游相关的法规,加强对旅游资源的保护,加快旅游基础设施建设,搜集和发布旅游市场信息,加强对旅游地整体形象及某些具有全局意义的旅游产品的促销、推广等。

3）宏观调控机制

对旅游产业发展实施宏观调控是"政府主导型"旅游发展战略的重要内容,也是政府对旅游业支持保障的中心任务。政府的宏观调控主要围绕旅游产业定位、产业要素布局、发展规模、投资规模等宏观战略来实施,从宏观角度保障旅游产业健康有序发展,促进与区域经济社会协调发展。

（1）确定旅游产业定位

科学定位旅游产业是政府保障工作的首要任务,旅游产业定位是地方政府根据本区域社会经济条件、旅游产业占 GDP 的比例、对地方财政的贡献度、对地方经济的拉动作用而确定的产业发展地位。旅游产业定位因其产业贡献度的变化而具有动态可变性,各级政府应随着旅游产业规模的日趋扩大而逐步提升其产业地位,并给予必要的支持。

（2）控制旅游产业要素布局,优化产业结构

旅游产业是由旅游服务业及其直接、间接相关的行业和部门共同构成的综合性产业,食、住、行、游、购、娱等组成的旅游服务业构成了旅游产业的核心体系,政府的保障作用即围绕产业要素实施政府的宏观调控。各级政府应结合本区域实际,根据旅游资源空间配置、旅游市场条件以及旅游项目建设,有效控制产业要素的空间布局,实现旅游产业结构的最优化。

（3）控制产业发展规模

从宏观经济角度,旅游产业发展规模应与社会经济发展相协调,实施"适度超前"策略。控制旅游产业发展规模,以强化对饭店业建设规模以及投资巨大的旅游开发项目的宏观调控为重点,通过审核、审批制度,严格控制内资饭店、社会住宿设施、各类培训中心的开发建设规模以及近距离市场重复出现的大型旅游开发建设项目。

（4）控制投资规模

控制投资规模是政府宏观调控的基本任务之一。实现旅游资源价值最大化是发展旅游产业的基本目的,保障有效供给是旅游经济运行的基本要求。旅游业的有效供给依赖旅游开发投资,因此旅游投资规模必须与市场规模相适应。各级政府应根据不同的旅游市场规模,确定合理的旅游投资规模和投资方向,避免投资的盲目性。

4）旅游规划监控机制

实施旅游规划监控是政府保障工作的基本内容之一，包括设定监控目标和建立监控机制。

（1）监控目标

监控目标包括：①旅游规划制订的战略目标，即总体目标、分阶段目标的实现情况；②旅游项目开发建设情况；③旅游产业发展规模、建设速度；④旅游资源与生态环境、社会文化环境的保护情况及可持续发展战略的实施情况。

（2）监控机制

监控机制包括：①确定各级旅游主管部门为监控实施主体，明确工作职责；②制订旅游规划及产业发展监控实施细则，指导监控工作的有序实施；③采用定期或不定期抽查，开展调研，编制旅游规划实施及产业发展监控报告；④采用旅游管理信息系统等现代科学技术作为监控手段；⑤政府根据监控结果，制定出台相应的政策措施。

5）旅游项目管理机制

政府相关职能部门建立旅游项目的管理机制是实现政府保障的重要举措。旅游项目管理应当贯穿旅游开发的全过程，即从项目策划、立项、决策、可行性研究、环境影响评估、规划设计、施工监理、验收、项目后评价到市场运营等各个环节，必须建立健全审批管理制度。

旅游项目管理应当由旅游、发展与改革、住建等部门依据国家相应的政策、法律、法规、标准、规范来实施，建立严格的审批管理制度，重点把握好立项管理、投资管理、规划设计管理、施工管理、财务管理、材料管理、质量管理、安全生产管理等各个环节，确保把旅游项目建成精品工程。

重大旅游开发建设项目和改造项目应当由旅游业发展管理委员会和政府主管领导主持、专家咨询机构参与决策和调研，以确保旅游项目科学实施。

10.3　政策与法规保障系统

旅游业是关联性、依托性很强的产业，它的健康发展必须以法制为保障。我国自 1978 年改革开放以来，旅游法制建设经历了从无到有、加快建立、逐步强化的过程。尤其是"九五"以后，随着旅游业的飞速发展，旅游法制建设也日新月异，推动着我国跻身世界旅游大国行列。

全国各地在贯彻执行国家有关法律法规的同时，结合本地区实际情况，先后颁布实施了相应的地方旅游规章和管理条例，在旅游资源管理、旅游经营管理、旅游者的权利义务、旅游保障、法律责任等方面作了具体的规定，为促进地方旅游业快速发展奠定了良好的基础。但是，各地在执行旅游政策法规时还存在不同程度的问题，加强旅游业发展的政策与法规保障仍然十分重要。

10.3.1 政策与法规建设现状

我国各省、市、县的旅游政策法规制定、执行总体上较好,但由于现行旅游法规的一些内容很难跟上快速发展的旅游现实,因此,我国旅游政策法规建设还有大量的工作要做。

我国旅游政策法规建设还存在以下几方面的问题:①地区之间发展不平衡;②旅游执法难度较大,执法环境有待进一步改善;③政策法规的约束力较小,对不遵守的单位没有或只有很小的处罚力度,对遵守好的单位、个人缺少奖励手段;④全行业整体缺乏守法意识;⑤旅游方面的政策法规出自多个不同的部门且不甚统一,阻碍了旅游业的发展;⑥缺乏与旅游发展宏观政策相配套的具体的、操作性强的产业政策,如旅游发展的信贷政策、减免税政策、财政扶持、招商引资、土地征用政策等;⑦面对旅游发展的新形势,缺乏现实性、实质性、具有针对性的政策导向和措施;⑧旅游政策法规建设侧重于综合性的方面,专项政策法规较少;⑨部分政策法规(或部分内容)已不适应加入世界贸易组织(WTO)后旅游业的发展需求;⑩前后出台的部分政策法规(或部分内容)有一定的不协调之处,法规的整理与废除管理机制不健全。

10.3.2 政策与法规建设内容

规划区旅游产业的发展需要强而有力的政策支持和法律保障。

1)政策保障建设

(1)产业政策

明确旅游业在整个地区产业结构中的地位,消除大力发展旅游业的思想障碍和政策障碍;清理相关部门文件,废除对旅游业有歧视性、限制性的政策法规;出台《××市(地、县、区)旅游管理办法条例》;将重点市(地)、区(县)的旅游业列为最具优势产业,建立旅游经济开发区或旅游特别区;清理和审查与旅游相关的所有政策法规,使其尽量简化并同世界贸易组织(WTO)的原则相统一;出台改善旅游环境和扩大对外开放相配套的政策;制定与农业、工业、渔业等产业联动的政策;建立旅游相关部门的协作、联动机制;建立适应世贸组织的产业政策。

(2)投资和财政政策

加大对旅游业的导向性投入,建立政府旅游发展专项资金(地方旅游发展基金面临被取消或纳入城市维护建设税,旅游主管部门要尽快寻求相应对策)用于补助重点旅游项目和投入产出效益好的旅游经营项目,建立政府、企业、个人投入机制,调动各方面的积极性,并起到良好的导向和示范作用;加大对旅游交通、旅游资源保护、厕所等旅游基础设施建设的投入;建立政府旅游促销经费的财政预算,加大对旅游营销的投入,不断增强旅游地在目标市场上的吸引力和竞争力;加大对重点景区旅游开发的投入,加强旅游扶贫工作,建设1~2个旅游扶贫示范区;通过企业上市、发行企业债券、项目融资、股权置换等方式,扩展旅游业的融资渠道;支持旅游信息网的建设;尽快建立适应世界贸易组织(WTO)的投资模式,与世界接轨。

（3）税收政策

在招商引资及扶持政策中,按优势产业确定旅游项目的有关税率;为调动旅游商品生产企业大力发展旅游商品、旅游纪念品的积极性,对该类企业(一般为小型企业)减征企业所得税。

2)立法和执法建设

在贯彻中央、国务院及省(市、区)有关旅游发展政策的基础上,立足旅游地资源产品的特色,结合新形势、新情况,开拓性地构建旅游地发展的政策法规体系。加强旅游行业管理,坚持依法治旅,加大旅游执法力度,严格执法。深入研究世界贸易组织原则,制定与旅游地相对应的政策法规,主要包括:旅游管理办法、旅游规划管理办法、旅行社联合经营管理办法、旅游质量监督管理办法、旅游广告发布规定、旅游商品设计开发生产管理办法、景区景点管理办法、文物开发管理办法、导游人员管理办法、旅游安全规定(或旅游安全事故报告与处理制度)、旅游环境质量整改办法、旅游景区摊点管理办法等。

10.4　旅游管理保障系统

10.4.1　旅游管理保障现状

1)现行管理体系

(1)旅游行业管理

我国旅游管理部门的职能演变,经历了 1949—1977 年的"外事为主、政企合一",1978—1980 年的"产业运作、政企合一",1981—1986 年的"政企分开、统一领导",1986—1999 年的"行业管理",1999 年至今的旅游业作为支柱产业,实施政府主导型旅游发展战略等几个阶段。

目前,我国的旅游行政管理体系由国家,省、自治区和直辖市,地(市),县(区)、县级市等几级构成,每一级旅游行政管理组织下设若干职能机构。如地、市级旅游行政管理机构名称一般为××市文化和旅游局,通常下设办公室、人事科、财务科、政策法规科、公共服务科、非物质文化遗产科、艺术科、产业发展科、市场推广科、资源开发科、监督管理科、科教宣传科、文物科等。同时,地市级旅游行政管理中心下辖各县、区、(县级)市旅游行政管理机构,对其进行业务指导。

(2)旅游景区、景点管理

我国的旅游景区、景点管理,呈现多部门管理的局面,这是由历史原因造成的。如景区内的文物保护单位由文物部门管理,森林公园由林业部门管理,风景名胜区由建设部门管

理,寺庙宫观由宗教部门管理,部分景区、景点由政府直接管理。即使是归旅游局管理的景区、景点,还有行政级别的区分。近几年,个别地方旅游景区、景点管理推行企业管理模式,使旅游景区、景点的管理变得更为复杂。

2)现行旅游管理体制存在的问题

(1)旅游管理部门缺乏权威性,办事效率低

由于旅游管理部门缺乏权威性,对本来属于其辖区内的很多景区、景点失去了直接管理权,导致旅游管理部门的组织协调能力下降,出现办事效率低的现象。例如,部分景区、景点建设缺乏规划,盲目上马;旅游行业管理的部分领域职责交叉,影响行业管理法规的实施;缺乏解决旅游业重大问题的宏观协调机制和议事机构等。基于旅游业整体发展的考虑,旅游管理部门应对辖区内的景区、景点行使全面的管辖权。

(2)管理层次混乱,权责交叉

旅游管理部门、住建部门、文化部门、文物部门、园林部门、林业部门、水利部门、宗教部门等不仅纷纷参与旅游的开发建设与经营,而且直接干预旅游行业管理。此举既降低了市场运作的效率,又降低了旅游管理部门的行政管理效率。

(3)景区性质多以事业单位为主

我国已有的景区、景点多为事业性单位,其中除个别为自收自支的事业单位外,大部分仍由政府拨款。

(4)缺乏统一的景区、景点行政协调管理机构

一个行政区内旅游景区、景点分属不同的行政管理机构来管理,缺乏统一的行政协调管理机构。如住建部门、文物部门、园林部门、林业部门、其他地方行政部门等,甚至一些景点分别隶属多个部门管辖,旅游景区、景点的管理关系较为复杂,导致管理冲突和管理空隙时有发生。

(5)旅游行业管理处于初级阶段

我国目前大部分地区的旅游行业管理仍然处于初级阶段,缺乏统一、有效的专业性行业组织。一方面是旅游管理部门没有旅游项目、旅游设施等的审批权力,行业管理缺乏权威性;另一方面是旅游行业内部行业协会建制不完善,有的行业协会虽然已建立,但目前经营中还未发挥作用。

(6)旅游企业发展缺乏后劲,需进一步改善经营策略

我国的旅游企业普遍存在经营的盲目性和随意性,缺乏长远发展的规划和后劲。随着旅游竞争的出现与加剧,民办旅游企业在管理技术、资金投入、人才储备上产生了较大缺口,这成为进一步发展和取得竞争优势的障碍。

(7)景区(点)的经营与管理问题比较突出,亟待规范

景区、景点隶属关系复杂,政出多门,管理混乱,经营水平参差不齐。无论是景区、景点管理,市场管理,旅游资源开发与利用,还是景区、景点管理人员,景区、景点导游讲解人员,景区、景点经营人员的服务行为,都存在不少问题,特别是村镇对景区、景点的管理、经营问题最为突出。具体表现在:旅游开发混乱、无序,对环境破坏较大,经营只注重经济效益,不注意环境保护,污染不能有效防治,造成旅游环境质量整体下降,原本旅游资源级别很高,但不能取得较大发展;由于多家企业开发经营,无序竞争,只注意经济效益,缺乏长远规划和合作开发意识,新的旅游项目建设的主观性、随意性较强,市场研究不充分,没有做充分的项目论证,项目上马后景区、景点形象不突出、项目水平低下、目标市场不明确、缺乏吸引力,导致惨淡的经营结局;有些旅游景区、景点经营管理水平低下,不注意文化内涵的挖掘,缺乏专门的旅游管理人才,旅游项目缺乏吸引力和竞争力。

(8)面对旅游业的国际化,管理体制和运营机制没有适时调整

旅游业作为未来市场全面开放的产业,面对加入世界贸易组织(WTO)的挑战,旅游管理部门和旅游经营企业在即将面临的管理竞争、人才竞争、市场竞争等方面,还未出台有效的应对措施,缺乏前瞻性。例如,管理部门缺乏国际管理经验和管理标准,旅游从业人员缺乏国际竞争的意识,企业缺乏和国际市场接轨的一系列准备。

10.4.2　旅游组织管理规划

1)管理机构规划

(1)旅游管理体制构建思路

①遵循"扩大、精简、分工、高效"的原则,即旅游管理体系要扩大,机构要精简,管理职能分工要明确,办事要高效。

②积极推进旅游企业经营体制改革,建立"产权明晰、权责分明、政企分开、管理科学"的现代企业制度,景区、景点实行市场化管理与运作。

③各地区视具体情况设立旅游局,原则上旅游局划归行政单位。

④确立和强化旅游业的产业地位,成立地、市旅游产业管理委员会,推进旅游业的产业化进程,逐步实现旅游业从单一部门管理向相关部门综合管理过渡。

⑤理顺旅游行业管理职能,尽快从管理与经营的双重角色中脱离,放弃经营,强化管理,逐步完善和加强对旅游业的行业监督和管理。

⑥充分发挥行业协会的同业自律作用,建立和健全相关的旅游行业协会,使行业协会在自我教育、自我约束、互相监督、公平竞争、联合促销、优质服务方面充分发挥作用,维护企业自身权益和市场公平竞争的秩序。

⑦旅游重大项目的开发建设,要逐步确立由政府主持、中介机构规划设计、专家论证、全社会公开招标的竞争性开发机制。

⑧旅游企业和景区、景点的经营与管理,要实现"四权"(所有权、管理权、经营权、监督权)分离与"四权"制衡,按照现代企业制度,逐步实现市场化运作。

(2)旅游经营管理组织架构

以地市旅游业发展为例,旅游经营管理机构的组织框架可以用图10.1来表示。

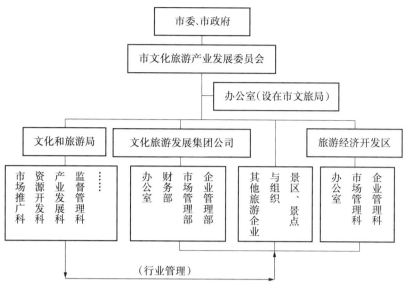

图 10.1　地市旅游经营管理组织框架图

①市旅游产业管理委员会。市旅游产业管理委员会是在市(地)党委、政府的领导下,行使对全市(地)旅游业全面领导和协调的组织机构。市旅游产业管理委员会主任、副主任应当分别由常务副市长和分管旅游的副市长担任。委员会成员由市政府办公室、发改委、经贸委、农委、林业、水产、住建、财政、环保、工商、税务、国土、交通、公安、外事、文化、教育、宣传、文物、旅游等市直部门负责人组成。委员会下设办公室,负责处理日常事务。办公室设在旅游局,办公室主任由旅游局局长兼任,负责协调、促进官、产、学、民、媒各方良性互动。旅游产业管理委员会的组织职能包括:接受党委、政府委托,全面领导本行政区内旅游工作,制定旅游发展政策,对旅游发展重大事项进行决策和监督;领导并实施旅游精品工程和重大旅游项目;协调旅游资源开发、保护、利用中各有关部门的权、责、利关系。县(区、市)级旅游产业管理委员会可参照地、市旅游产业管理委员会模式依实际情况设立。

②旅游局。旅游局是行使旅游行业管理职能的行政管理单位,直接接受行政区党委、政府和旅游产业管理委员会的领导。其职责是负责旅游规划的制订、旅游资源的开发协调、旅游市场的综合开发、旅游市场秩序的监管、旅游服务质量的监管以及旅游项目的论证与审批等。根据各地实际情况,旅游局下设办公室、规划发展科、市场开发科、质量规范与管理科(质量监督管理所或旅游投诉中心)、财务科、人教科。由于不同地区旅游业发展的情况不同,旅游局应根据地方实际采取不同的模式。旅游局的组织职能包括:编制本行政区旅游总体发展规划,并组织实施;负责本行政区内旅游行业管理;制订旅游开发、保护、建设、经营的法律、法规并报有关部门通过并实施;监督、管理旅游资源的开发建设和业务经营;负责旅游市场研究与开发、旅游人力资源培训、旅游业的宣传与促销等工作;行使政府赋予的其他职能。

③旅游开发与服务集团公司。旅游开发与服务集团公司接受行政区党委、政府以及各级旅游产业管理委员会的监督领导,具有独立法人资格,既可以采用股份制形式,也可采用非股份制形式。旅游开发与服务集团公司在各个下级行政区分别设立,由原旅游企业、投资

商与有关政府部门(代表国家管理旅游资源)所属企业组合而成,按企业方式、市场方式来运行,实现"政企分开、政事分开"。

旅游开发与服务集团公司的组织职能包括:具体实施全市的旅游开发、建设与经营;筹措、管理、使用旅游开发的建设资金;负责国有资产保值、增值,健全服务项目,提高服务水平,科学管理,争取经济效益、社会效益和环境效益的综合回报;按市场体制进行市场化、企业化运作;争取股票上市,实行上市经营与运作;对本单位旅游从业人员的培训与管理;政府赋予的其他职权。

④旅游经济开发区。为了提高旅游区的开发力度和品牌知名度,仿照高新技术开发区、经济开发区等模式,各县区根据实际情况可组建旅游经济开发区,所有乡镇、村办旅游企业由其管辖。开发区具有政府机构的管理职能,作为县区政府的派出机构,可以对乡镇、村办旅游进行有效的行政管理。旅游经济开发区所属企业接受旅游行政管理部门的行业管理。旅游经济开发区的组织职能包括:接受行政区党委、政府领导,执行党委、政府赋予的行政管理职能;实施对区内旅游企业、旅游景区、旅游游览区的行政管理;做好本区内旅游产品促销、客源市场开发、旅游企业品牌宣传工作;监督旅游企业执行旅游总体发展规划;规范企业管理、运营行为,监督企业服务质量;政府赋予的其他行政管理职能。

2)行业管理

(1)市场管理

①建立旅游市场综合管理体系以及市场准入、市场交易和竞争规则,依法规范和监督旅游经营者的市场经营行为,保护其合法权益,打击扰乱市场秩序的不法行为。

②根据市场需求情况,对旅行社行业实行宏观调控,建立结构合理、经营规范、平等有序的竞争格局。

③依据国家和旅游行业标准,结合当地情况制订新的旅游定点单位管理标准,对旅游饭店、旅游车队、旅游商店、旅游餐馆、旅游景区、景点实行标准化管理。

④规范市场营销行为,由旅游部门审核旅游宣传广告,禁止虚假广告和欺骗消费者的行为,组织指导旅游市场的整体开发,建立市场促销网络,协调旅游宣传促销工作,扩大市场,提高旅游客源市场的信誉和份额。

(2)质量管理

①成立高效、廉洁的旅游服务质量监督体系,依法保护旅游者和旅游经营者的利益,及时受理旅游者的投诉和建议。

②实行全行业标准化管理,贯彻国家标准和旅游行业标准,指导旅游企业遵循行业标准,在全行业建立旅游服务标准体系,促使管理和服务水平进一步提高。

③创建"中国优秀旅游城市",组织优质服务竞赛、职工服务技能大赛及特色评选等活动,增强全行业服务意识,提高服务质量和服务水平。

(3)安全管理

①制定《旅游安全管理办法》,由旅游、公安、交通、卫生、人社等部门共同负责,指导企业

建立分级负责的安全责任制和管理制度,加强安全管理和预防工作,重点抓好防灾、防火、防盗、防暴力、防食物中毒等工作。

②旅游景区、景点设立安全机构,完善安全制度和安全设施,在危险路段设置明显的安全警示标志,对娱乐设施进行安全、防火论证和定期检测,禁止无安全保障的旅游和娱乐活动。确立"谁主管、谁负责,谁经营、谁负责"的原则,在重点景区设立景区派出所。

③建立旅游应急救援中心和应急救援网络系统,制订应急救援预案,及时处理旅游安全突发事件。

(4)监督、协调与服务

①审计监督。制定《旅游行业内部审计工作实施细则》和《旅游企业总经理任期经济责任审计工作实施细则》,更好地发挥行业审计的监督职能。

②价格监督。旅游管理部门协同物价部门制订旅行社、饭店、景区(点)的收费标准,指导价格及差价限制,打击价格违法行为,建立平等竞争的市场环境。

10.5 旅游发展的资金保障

旅游业发展需要充足的资金支持,资金使用方向主要包括4个方面:①项目投入:特别是重点项目投入和基础设施建设投入;②市场促销:包括产品的推出、市场的开拓、形象的策划和对外的宣传;③行业管理:包括市场准入、市场秩序、日常管理、高峰管理、制定标准、规划统计、安全保卫、培训教育、立法执法等;④旅游者权益保护:包括投诉热线、质量监督、投诉处理等。

我国旅游业的发展已进入高投入阶段,因此,资金保障成为旅游业发展的重要基础之一。在资金保障问题上,要广开财源,扩展资金渠道,具体包括如下途径。

10.5.1 政府投入

政府的资金投入对于旅游业发展来说是一个重要的资金渠道来源。在旅游业发展的初期,旅游对地方经济、社会文化等方面的拉动作用还没有很好地体现,社会各界并没有看到旅游业带来的变化,因此社会融资渠道在旅游业发展初期很难达到畅通。此时,政府提供旅游业发展的基本资金,实行专项拨款、专款专用,给社会资金投资者创造一个良好的预期。投资的方向和范围包括:必要的基础设施项目投入;可持续性规划、管理和开发方案投入;行政区全面的旅游宣传及市场营销投入;公共的便民设施投入;其他非营利性投入。

10.5.2 招商引资

政府投入无法满足旅游业发展对大量资金的需求,可通过政府牵头对资源或项目进行评估分析、策划包装,形成项目可行性招商引资文件,实行对外公开招商引资。参加各类招商引资洽谈会,将优势旅游资源推向市场,实施筑巢引凤的策略,利用外来资金推动旅游业的发展。

10.5.3　筹措社会资金

投资旅游业是企业获得回报、赢得社会声誉的重要渠道之一,地方政府可出台相关优惠政策,鼓励社会资金持有者投资旅游资源开发、旅游项目和旅游设施。

10.5.4　扩大资金渠道

除以上 3 种融资渠道之外,规划区还应该积极寻找其他投资渠道。例如可以争取政府基金,或者争取其他渠道的基金(如亚太银行的基金)支持,此外对于上级政府对旅游业支持的专项资金,要积极争取,从而扩大资金来源。地区政府可按旅游企业营业额征收 3% 以内的旅游发展建设税,建立旅游业发展基金。

在资金分配方面,政府承担大部分投入,社会投资将承担不足部分,主要是在旅游设施方面,也可承担部分培训费用等。根据学者王衍用对旅游投资渠道的研究,政府及部门投资和社会投资划分见表 10.5。

表 10.5　政府及部门投资和社会投资划分一览表

投资成分	所需总投资	政府及部门投资	社会投资
基础设施	100%	80%	20%
可持续性开发	100%	90%	10%
宣传和市场营销	100%	40%	60%
公共设施	100%	100%	—
旅游设施及服务	100%	5%	95%

10.6　信息保障系统

旅游业作为一项新兴产业,涉及许多行业部门,属于信息密集型产业。旅游目的地要建立全面规范的旅游信息系统保障,方便各行业、部门及游客之间快捷的信息沟通。

10.6.1　旅游信息系统构建

旅游地为了更好地吸引国内外游客,开辟新的客源市场,推出新的旅游线路和旅游项目,全面提高旅游管理水平和旅游服务质量,加强旅游信息系统建设十分必要。

1)旅游目的地信息系统(DIS)

旅游目的地信息系统(Destination Information System)是以计算机软、硬件为基础,实现目的地各种旅游资源数据和辅助信息输入、存储、更新、查询、检索、分析、应用和显示的空间信息系统。按照服务对象的不同,可分为两种:一种是面向游客的信息模式,主要是为游客展示各种旅游目的地信息;另一种是面向旅游目的地各管理部门及旅游供应商的管理模式,实现各部门、各行业之间的信息更新、信息传递。

就信息模式而言,可以建立旅游区触摸式多媒体旅游查询信息系统,装备于各大宾馆、旅行社、主要停车场、旅游景区(点)、长途汽车站和游客信息中心,为国内外游客提供旅游食、住、行、游、购、娱六大要素的丰富信息。借助本系统,游客可任意查询所需信息,同时为旅游管理部门开展对外宣传、交流等活动提供新型的旅游信息产品。旅游目的地信息系统结构简图如图 10.2 所示。

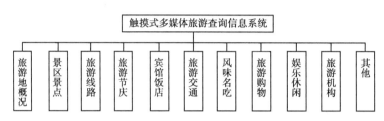

图 10.2 旅游目的地信息系统结构简图

就管理模式而言,可以建立基于网络的旅游管理信息系统,装备于各旅游管理机构和经营单位。其主要任务是对旅游管理所需的信息进行搜集、传递、存储、加工和使用,以便旅游决策管理层充分利用现有的信息数据,系统地进行管理和宏观调控;同时为各行业、部门提供清晰的行业信息和游客信息,以便及时调整价格及市场战略,提高出租率和使用率。

2)音像制品及其播放系统

旅游目的地有关旅游资源或旅游景观的音像制品直观性强、易于被旅游者所接受,不仅可以成为很好的信息传播手段,同时可以作为旅游商品出售。因此,可以规划制作关于目的地有关景点的音像制品,包括一般的介绍和专门的说明、各景点的典故和传说、图像和文字画面等,形成音像模拟展示。这些音像制品可以在景区的入口和重要景点向游客免费循环播放,以扩大影响力。同时,也可以作为旅游商品供游客选择购买。

3)标牌指示系统

①全景标牌指示。设置于游客较集中的广场、游客中心、停车场及各景区入口或景区内侧开阔处,内容包括该处的平面图与游览道路、景点服务设施(如餐饮店、厕所、购物点、售票处等)的分布以及概要的文字介绍。

②道路标牌指示。按国家有关标准,在行政区的入口处和市区的主要道路设置道路标牌指示,向游客清晰标示前方道路、主要景区(点)的方向、名称、距离等,便于游客获取信息。

③景点标牌指示。显示单个景点的名称、内容、背景等有关内容。重要景点要详细说明景点有关情况。

④忠告标牌指示。告知游客各种安全注意事项,禁止游客的不良行为,包括景区各处的"游览须知"以及危险地段的"小心""请勿前行""防火期间请勿吸烟""禁止拍照"等安全警告字样。

⑤服务标牌指示。服务功能建筑物的导引指示标牌,包括卫生间、餐厅、购物点、娱乐场所、休憩地点的指示标牌。

⑥科普标牌指示。以巧妙、温和的话语引导游客做一个文明旅游者,如"留下的只有脚印,带走的只有照片""小草有生命,请足下留情"等;并使用通俗易懂的语言向游客介绍关于景区的文物、建筑、文化、历史、植物等知识,在各景区、景点的步游道两旁设立科普标牌指示。

4)导游图、宣传册等印刷品系列

导游图的设计,应满足游客的旅行需要,从食、住、行、游、购、娱六要素进行全方位介绍。导游图应包括旅游服务的所有涉及机构,如旅游星级饭店、非星级涉外饭店、社会特色饭店、旅游定点餐馆、特色餐饮机构、旅游交通车辆、旅游乘车站点及车次时间、旅游景区、景点、旅游推荐路线、旅行社、旅游商店、旅游娱乐场所及项目等。另外,导游图中还应展示整个地区各旅游区的概况(如景点及交通联络)、邻近景区的景区、景点及交通等,是一个向游客全面展示旅游信息的开放导游系统。具体包括各个景区、景点,要有平面图、鸟瞰图及旅游活动项目等。

宣传册可以由旅游相关机构如旅游局、景区(点)、旅行社、旅游交通车辆、宾馆(饭店)、旅游商店等印制。通过单位或企业的全面介绍(包括单位规模、人力资源、经营范围、特色服务等),充分展示旅游的整体形象。可以在宾馆、旅行社、车站、广场、游客中心、景点入口处等游客集中地免费提供宣传册,作为自助旅游的信息传递方式之一。

5)导游人员

加强对导游人员及景区(点)服务人员的培训,使他们通晓旅游地的总体情况,能向游客提供一般和专业的导游讲解服务;同时,要加强行政管理部门工作人员及旅游有关机构工作人员对重点景区的旅游、文化知识的强化培训,使他们都足以成为旅游地形象的代言人。

10.6.2 游客中心建设

设立旅游地游客中心,可以增进游客对当地旅游资源及其总体情况的了解,为游客提供基本的旅游咨询、投诉服务,加强旅游地形象的整体宣传与促销。

1)游客中心的选址

游客中心设于中心城市,同时在各个汽车站、景区(点)出入口等游客主要集散地设置游客服务点,以满足游客的多方面需求。

2)服务方式

①以灯箱广告宣传形式提供食、住、行、游、购、娱等旅游信息和旅游形象展示。

②以触摸式电脑方式、语音式电脑方式,建立多媒体旅游查询系统。

③以电子屏幕显示方式,显示和旅游者相关的旅游"六要素"信息。

④旅行社、导游资料的发放。旅行社可在游客中心设专柜,提供旅游线路、旅游宣传资

料及其他有关旅游的资料,并可提供散客的组团服务和团队的接团服务。

⑤咨询人员服务方式。旅游局培训专门的人员或从各旅游单位、企业抽派专人,从事义务旅游咨询及本企业和单位的形象宣传。

⑥旅游管理部门的管理服务。旅游局在此设专门机构(旅游质监所或旅游投诉中心),以处理游客的旅游投诉。在旅游旺季、旅游黄金周、旅游高峰期对旅游客流进行监控、调度、中转等管理服务。

⑦其他服务形式。主要以免费宣传、教育、展示为主,以集中展示旅游地形象。

3)服务内容

服务内容包括:旅游整体形象、基本文字和图片资料,如导游图,主要介绍宾馆、饭店、旅行社、旅游交通、购物场所、娱乐场所的分布;旅游产品、旅游线路及旅游商品介绍;邻近地区的旅游资源及交通状况;火车、汽车时刻表;其他公共服务,如公用电话、传真、快递服务。

10.7 人力资源保障系统

旅游从业人员总体素质在一定程度上代表着旅游地旅游发展的整体形象,直接影响着旅游者对旅游地服务水平的判断,因此,旅游地一定要重视旅游从业人员综合素质的培养和业务水平的提高。人力资源保障系统的规划可以从以下几个方面进行。

10.7.1 旅游业人力资源保障系统的层次

旅游教育和培训不仅要提高旅游从业人员的技能水平,更重要的是要使从业人员不断地更新观念和意识,以适应不断变化的旅游市场和旅游需求。旅游业人力资源保障系统的建设包括三个层次。

第一个层次,对领导干部(包括市、县各级主要党政领导和各部门领导干部)重点进行"发展旅游意识和思想""旅游是一个产业"的教育,是旅游地发展初期重点应解决的问题,是最"难"的层次,但也是最重要的层次。

第二个层次,对旅游管理部门领导和旅游企业高层领导的培训教育。

第三个层次,对旅游从业人员的旅游服务意识和技能的培训教育。

10.7.2 旅游业人力资源保障系统的规划

1)建立教育培训工作的组织体系

为保证旅游教育培训工作的统一领导、统一标准、统一规范,加强旅游人才培养的计划和管理,应做到以下两个方面:一是确立旅游教育培训的组织领导体制。首先,根据教育部、文旅部对旅游学历教育及岗位培训的相关要求,由教育、旅游等行政管理部门根据社会需求状况,为旅游院校或相关旅游专业的设置和学生的数量规模提供决策建议,统筹安排,以逐步提高旅游专业人才的比例,并保证现有从业人员业务水平的稳定与提高。其次,旅游行政管理部门或具有实力的旅游企业(集团)成立专门的培训工作机构,设立旅游培训专项经费,用于师资、教材建设以及优秀人员奖励等方面的投入。二是加强旅游教育培训的考核评估。对于进入旅游行业的工作人员,要在全行业开展比较全面系统的岗位职务培训,然后凭证上岗。针对旅游从业人员现状及发展目标、要求,尤其要加强对旅行社、饭店、景区(点)等行业的管理并实行服务人员持证上岗工作;专业技术人员的职务聘任和技术等级考核与分配挂钩,以利于调动他们学习的积极性,从而提高在职人员的素质。

2)确定科学、系统的教育培训内容

为达到旅游教育培训的预期目标,针对培训对象确立教育培训的内容十分重要。教育培训的内容要根据教育培训对象的不同情况,通过制订科学、严密的教学培训计划,进行明确和规范。

3)拓宽教育培训渠道

高层管理人员的教育培训渠道主要包括:①充分利用本地高等院校开设的相关专业,如旅游管理、酒店管理、景区经营与管理等,进行有计划的人才培养;②充分发挥外地高校的"母机"作用,以派出进修或吸纳其毕业生的方式,广泛招纳旅游人才;③聘请知名专家、学者,以讲学的形式,举办旅游知识强化班或研讨会。

专业技术人员与一般服务人员的教育渠道包括:①建立一所旅游学校或在 2~3 所实力较强的职业中专学校中增设旅游相关专业,进行长线教育,以培养后备力量;②建立由市旅游局全面或部分参与管理指导的旅游培训中心(可以考虑依托管理、技术水平较强的旅游企事业单位),积极开展短期培训,以完成大量的社会急需人员的基本素质、技能的培养工作;③鼓励、指导企业自身开展人力资源教育培训工作。

4)形成灵活、有效的教育培训方式

根据旅游行政管理人员和旅游企业人员的现实情况,旅游教育培训可采取灵活多样的方式。旅游行政机关管理人员以集中强化培训和派出考察、研修、学习等形式,尽快提高其行业管理的综合素质和水平,并逐步建立行政管理人员的考试选拔制度;旅行社行业中,按照国家对经理人员和导游人员的规范要求,抓好考前辅导培训、岗前培训和年审培训。为加强行业管理和导游队伍整体素质的提高,在符合国家管理规范的前提下,可推行地方实习导游证制度。文化旅游地可招聘、培训对旅游地和景区(点)熟悉并有所研究的退休干部、老教师等充当"银发导游";旅游饭店、旅游交通等企业,充分利用旅游淡季,搞好岗前培训、岗位培训、发展培训和技术等级考核的结合。

教学实践

以某一旅游城市或重点风景区为例,谈谈如何进行旅游管理体制的创新。

本章自测

1. 旅游业保障体系包括哪些内容？

2. 政府保障体系的作用是什么？ 对其规划可以从哪些方面进行设计？

3. 查阅相关文献,列出我国目前旅游业发展的法律法规,并分析我国旅游业法律法规的发展现状。

4. 以学校或家乡所在地为例,分析旅游局工作中存在的困难,并提出解决办法。

第 **3** 编

旅游规划案例

第11章
西安市旅游发展总体规划

11.1 规划简介

西安市旅游发展总体规划是北京大学旅游研究与规划中心、北京大地风景旅游景观规划设计研究院受西安市人民政府委托,由吴必虎教授主持编制的城市目的地的系统性旅游规划。编制组在搜集文献资料的基础上,对西安市进行了实地考察、调研,多次组织市政府、各区县、旅游行业机构等开展相关座谈会,同时深度走访了西安旅游、文化、民俗等专家及市民、游客,搜集了大量信息与资料,在充分研究论证后提出了《西安市旅游发展总体规划文本》《西安市旅游发展总体规划说明书》等系统文件。

作为世界四大文明古都之一,我国六大古都之首,十三朝古都,西安的旅游规划编制工作难度较大。规划对西安市的旅游发展背景、旅游资源和发展理念,进行了系统而全新的发掘、梳理与整合。规划遵循西安新四化——"国际化、市场化、人文化、生态化"的发展理念,在政府、企业、投资商、社区居民等不同利益主体的共同参与下,以"周秦汉唐·为你收藏"为形象口号,坚持遗产保护、文化复兴与旅游发展相结合的道路,着力打造以"扬秦·兴唐"为主题的多元化产品体系,为西安建设"古代文明与现代文明交相辉映,古城区与新城区各展风采,人文资源与生态资源相互依托的国际性现代化大城市"创造积极条件。

规划强调西安作为十三朝古都,重点还是以文物遗产作为旅游业的主打项目;强调科学发展是西安旅游发展的指导思想,注重文物保护与旅游开发相协调,旅游发展要符合当地居民的利益;并提出面向世界打组合拳,加强与区县间、省内外其他城市及与国际城市的分工与合作。此外,本次旅游规划作为西安市城市总体规划中的专项规划之一,是我国当时首次为旅游规划的实施开辟的一个更具法律依据的现实途径。规划编制完成后受到了业内外的热议激赏。中国科学院地理科学与资源研究所研究员、我国资深旅游地理学家郭来喜认为,规划"工作扎实、分析深入、思路清晰、视野开阔、目标明确、文本规范、城旅结合、多元创新、成果丰富"。规划为西安建设国际旅游城市提出了系统方案,有力支撑了西安旅游业的高质量发展。

11.2 规划文本摘要:西安市旅游发展总体规划

11.2.1 西安市概况

西安市是陕西省的省会,中国中西部地区重要的科教、工业城市,世界著名的历史文化名城。几千年历史文化的沉积熏洗,历练了西安这座城市的灵魂,形成了其独有的沉稳、厚重、宽容、开放的格调和气质;而人文山水、古城新姿交相辉映,构成西安特有的神韵风姿。

西安历史悠久,文化荟萃,为世界古都,华夏之根。首先,西安是华夏民族的发祥地之一。蓝田猿人遗址、半坡遗址、传说中的女娲遗迹、13 个王朝的遗迹和传说都历历可寻。人文之根黄帝陵、共和国之根延安、民族之根黄河等,都集中在西安周边方圆数百里之内。其次,"秦中自古帝王州",从三千多年前的西周起,先后有 13 个王朝在这里建都,西安曾长期充当着古代中国的政治、经济、文化和地理中心,其中尤以周、秦、汉、唐四朝最为辉煌。由此以后及至明清时期和中国革命期间,西安作为重要城市之一,积淀下许多珍贵的历史遗迹。至今,西安与世界历史名城雅典、开罗、罗马齐名,被誉为世界四大文明古都。

西安市生态环境良好。历史上的西安市及其周围地区曾经是森林茂密、八水环绕、沃野千里,是人居环境优良的地方。现在的西安市拥有 5.5 万平方千米的秦岭,长江支流嘉陵江、汉江都发源于秦岭山脉。此外,浐河、灞河、渭河穿城而过,还有华清池、东汤峪、西汤峪等名水。2003 年西安城区绿化覆盖率已达 38.8% ,人均公共绿地 4.15 平方米;城区环境空气质量好于国家二级标准(优良)的天数达 255 天;饮用水源水质达标率 100%。这些都为西安市未来的发展奠定了良好的生态基础。

11.2.2 西安市旅游业发展

西安市旅游发展历史悠久,自古就是世界的旅游中心。改革开放以来,西安市旅游业发展经历了开放起步发展期和成熟滞长期之后,进入了调整提升期。其发展推动了中国旅游业外向型发展之路,也为富有中国特色的文物遗产型旅游城市的保护与发展积累了丰富的经验。西安市旅游发展面临不小的发展机遇,但也存在不少问题。

1)发展机遇

在世界、中国以及新丝绸之路沿线区域的旅游、经济等快速发展和深入合作的发展背景面前,中国东中西部互动与西部大开发、大西安都市圈的建设等,都为"世界古都,华夏之根"的西安旅游发展创造了积极的条件和机遇。不仅如此,西安旅游发展还面临以下机遇。

①与伙伴关系增强,实现共赢增长。

②未来 15 年面临市场增长。

③文化消费强劲增长。

④国际化交通格局更加显著。

2）存在问题

①对文化真实性的讨论或争论。

②蕴藏在管理体制背后的利益分配格局。

③历史上形成的古城区复杂功能问题。

④缺乏具有国际水准的标志或服务。

⑤非枢纽的国际航空港口地位。

⑥受经费约束造成无法展开系统的市场营销行动与计划。

⑦产品的组织缺少有参与性的除观光之外的多元化活动。

其中,西安市古城区的复杂功能的叠加现象对古城保护构成极大压力,西安市旅游规划和发展的诸多复杂性和艰巨性都产生于此。不过,这一历史积累问题,随着行政中心的外迁等疏解措施的实施,将在一定的时期内有所缓解。

关于利益分配格局的讨论则直接影响到部门间的协调、合作、沟通和谈判等氛围的形成,不仅制约着对行业的管理效率、对资源的利用效率(如临潼区温泉资源问题),还制约着对市场的开拓效率。

关于真实性的这一讨论,其本身是有益的,更无可挑剔。但是关于文化真实性的讨论,一旦过度,则可能使很多新项目或创意延误时机或难以实施,对外部或民营资本的进入形成约束。长期以来,西安市旅游市场化机制发育缓慢,政府投入过多,与此不无关系。

11.2.3　资源分析与评价

1）资源分析

西安市的旅游资源总量丰富、类型多样,拥有 2 093 个旅游资源单体,分属七大类、23 个亚类、89 个基本类型,分别占全国相应类别的 87.5%,74.2% 和 57.4%(全国旅游资源分为八大类、31 个亚类、155 个基本类型)。

据统计,西安市有国家级重点文物保护单位 34 处,省级重点文物保护单位 72 处,文物点 4 000 多处;有国家级风景名胜区 1 处,省级风景名胜区 3 处;国家森林公园 5 处,省级森林公园 6 处,市级森林公园 2 处;有国家级自然保护区 3 处,省级自然保护区 3 处,国家地质公园 1 处。

2）资源评价

(1)特征评价

从旅游资源的分类上,西安历史遗产资源占绝对优势,分布呈面状,密度较为平均,但也有多处高品质资源聚集区,利于旅游开发利用;自然景观有特色,吸引力中等,空间上呈带状集中分布;现代人造景观和娱乐资源规模等级不高,影响力一般;专项旅游资源丰富、基础雄厚,但开发有限。

从旅游资源的开发状态上,级别高且载体清晰、显示度高的资源已基本得到开发;非物质文化资源或显示度较低的文化遗址基本未开发。

从旅游资源的分布上,空间分布呈不均状态,优势类资源相对集中,地域分工已成雏形。

(2)资源市场吸引力评估

对欧美游客来说,对其具有高吸引力的旅游资源仍集中在传统的遗产旅游景点中,其中秦始皇陵兵马俑具有绝对吸引力,古都区内传统游览景点如北院门、书院门、钟鼓楼及城墙等仍保持很高吸引力。对欧美游客具有中等吸引力的资源数量较少。但西安的民俗文化资源、非物质文化资源等都对欧美游客具有一定吸引力,可以对其挖掘提升,以补充完善原有的旅游资源结构。

对汉文化圈游客来说,由于文化的同源性,和国内游客相比,对某些资源吸引力存在相似的市场吸引力判断,突出表现在祖庭寺庙对其具有高吸引力。

对国内游客来说,人文、自然景观分布密集,且在全国地理格局中具有重要分水岭意义的秦岭山水旅游资源对其具有中等吸引力,表现出在传统文物遗产观光体验下寻求自然、生态和休闲的渴望与需求。

除此之外,西安的小吃众多,是在游客来到西安后可丰富其旅游活动,延长停留时间的重要资源。而西安的购物、会展等资源则具有面向区域性市场的潜力。

(3)网友旅行消费反馈评估

国内旅游者来到西安,通过亲身感受旅游服务的方方面面,形成对西安旅游的综合印象。国内旅游者对西安市旅游及服务的总体评价趋好。根据携程网的网友评价意见,西安市旅游的总体满意度指数为4.0(满分为5.0),从单项评价上看,西安市的风景和餐饮都受到了很高的评价,满意指数为4.2;西安市住宿的满意指数为4.0;购物、交通和娱乐的满意指数较低,分别为3.9,3.9和3.8。

截取携程网5个月的数据获取西安旅游评论210条,评论主要集中在景点、交通、饮食、住宿和旅游购物5个方面。旅游娱乐的评论很少,说明此项产品和服务是西安市旅游面向大众市场的一个缺项。另外,西安市整体社会环境对游客的旅游感受产生较大影响。

11.2.4　市场界定与预测

1)市场界定

(1)国际市场

待巩固传统市场——北美、西欧诸国(重点是英国、德国、法国和意大利)与澳大利亚。目前此部分市场是较成熟的入境旅游市场,应当作为继续巩固拓展的重点目标市场。

待开拓高潜力市场——日本、韩国、中国港澳台地区和东南亚诸国。市场机会较多,且在西安入境旅游市场占据重要的位置,是具有高潜力的市场。

可适度开拓市场——中东诸国、俄罗斯等国家,是西安入境旅游的机会市场,可在近期内适度加以开拓。

(2)国内市场

待巩固传统市场——陕西省内、周边其他省份(河南省、山东省、四川省、山西省、湖北省、河北省、重庆市以及甘肃省、宁夏回族自治区、新疆维吾尔自治区等)。目前此部分市场约占西安市国内旅游总数的 40% ~50%,增长较为稳定,已经成为较成熟的市场。陕西省内及周边市场距离较近,交通成本和时间成本均较低,是西安市国内旅游应当继续巩固和拓展的重点目标市场。

待开拓高潜力市场——珠三角地区、长三角地区和京津地区。目前国内三大高出游率地区游客占西安国内游客总数的比重很低。但是,此类市场出游能力强、人均花费高,应当作为西安市国内旅游的高潜力市场加以大力开拓。

可适度开拓市场——西南(四川省、重庆市以外)、东北以及中南(湖北省以外)各省份地区,可作为西安国内旅游的机会市场,加以适度开拓。

2)市场预测

综合分析我国旅游业增长速度、西安市旅游历年平均增长速度和西安 GDP 预测值,参考国内其他旅游城市的发展目标,确定西安旅游市场总体目标预测体系如下。

①近期规划,接待入境旅游者 100 万人次,入境旅游者平均停留天数达到 3.25 天;到 2020 年,接待入境旅游者 200 万人次,入境旅游者平均停留天数达到 3.75 天,旅游创汇跻身全国入境旅游排名前 5 位。

②中期规划,接待国内旅游者 2 800 万人次,其中过夜游客 1 760 万人次,人均停留 3.3 天;到 2020 年,接待国内旅游者 4 000 万人次,其中过夜游客 2 520 万人次,人均停留 3.9 天。国内旅游总收入跻身全国国内旅游排名前 10 位。

③远期规划,实现旅游总收入 1 000 亿元,相当于当年全市国民生产总值的 17.6%。当年旅游业增加值实现 400 亿元,占 GDP 的 7.1%。

3)细分市场预测

(1)入境市场

西安市入境旅游市场规模预测(到 2020 年)见表 11.1。

表 11.1　西安市入境旅游市场规模预测(到 2020 年)　　　　　单位:人次

细分市场	现有市场规模	中期预测市场规模	远期预测市场规模
日本	99 614	165 000	360 000
北美	112 124	170 000	340 000
韩国	80 696	128 000	260 000

续表

细分市场	现有市场规模	中期预测市场规模	远期预测市场规模
西欧	162 580	227 000	420 000
东南亚	37 402	65 000	140 000
中国港澳台地区	122 850	195 000	400 000
其他	35 059	50 000	80 000
总计	650 325	1 000 000	2 000 000

（2）国内市场

西安市国内旅游市场规模预测（到 2020 年）见表 11.2。

表 11.2　　西安市国内旅游市场规模预测（到 2020 年）　　　　　单位：万人次

细分市场	现有市场规模	中期预测市场规模	远期预测市场规模
省内	262	364	480
周边	764	924	1 200
长三角地区	204	350	600
珠三角地区	56	126	270
北京都市圈	183	288	550
其他	615	748	900
总计	2 084	2 800	4 000

11.2.5　发展战略

1）指导思想

以科学发展观为指导，以国际化、市场化、人文化、生态化为总体思路，鉴于西安市独特的中华文明根源优势，积极担负文化复兴、民族复兴的重责，坚持遗产保护、文化复兴与旅游发展相互促进、相互协调，加强政府、企业、投资商、社区居民等不同利益主体的协调和沟通，充分利用西安市"世界古都，华夏之根"的资源优势，全面提升西安市旅游业在国际国内的吸引力和竞争力，发挥旅游业在城市经济、社会、文化、环境等多方面的积极作用。旅游业发展成为全市国民经济的重要支柱产业，为西安市建设"古代文明与现代文明交相辉映，古城区与新城区各展风采，人文资源与生态资源相互依托的国际性现代化大城市"创造积极条件。

2）原则

①坚持政府主导与市场运作相结合的发展原则。鼓励外资、民营等多元化资本进入旅

游行业;建立以消费者为中心,市场需求为导向的旅游产品生产、供给机制和体系。

②依托文物或历史文化资源发展旅游并进行产品建设,即遗产旅游,是西安旅游的特色和竞争力所在。充实并提升产品的文化内涵,尤其是西安市当地的历史文化内涵,推动西安市旅游走向精致化。

③注重对文化或文物的保护是旅游发展的前提,同时,发展旅游也是文物保护的一种有效途径。

④应坚持国际和国内旅游并重的发展策略。

⑤坚持以兵马俑为核心的旅游产品结构调整和完善,在巩固文物或历史文化产品的核心竞争优势的同时,加强对自然生态、非物质文化产品、娱乐、乡村或主题旅游产品等的开发。

3)发展目标

(1)总体目标

发挥西安市作为"世界古都,华夏之根"的资源优势,以政府主导、市场驱动为主推力,着力打造以"扬秦·兴唐"遗产旅游为主题的多元化产品体系,巩固旅游业作为西安市国民经济支柱产业的地位,提升其在国家和世界范围内的旅游城市地位。到规划期末(2020年),将西安市建设成为最具东方神韵的世界古都旅游目的地城市,实现"西方罗马、东方西安"的宏伟战略目标。

(2)基本目标与指标体系

到规划期末,西安市旅游发展的基本目标和具体指标可以归纳为"610"工程。

6个基本目标:

①遗产旅游国际典范城市(西方罗马、东方西安)。

②中国入境旅游首选城市之一。

③中国最佳历史文化旅游城市。

④旅游促进遗产(含非物质文化遗产)和历史文化名城保护模范城市。

⑤全国散客旅游最方便城市。

⑥全国旅游教育培训中心城市。

10项发展指标:

①接待入境旅游者200万人次。

②接待国内旅游者4 000万人次。

③旅游总收入1 000亿元人民币,相当于全市地区生产总值的17.6%。

④旅游业直接就业人数20万人。

⑤每年为社会培训、输出旅游专业人才1万人次。

⑥以遗产旅游为主题的多元化产品体系基本形成,西安成为中国传统文化修学旅游最大目的地。

⑦完善的、多语种的、符合国际标准的旅游解说与服务体系建设完成。

⑧旅游发展体制顺畅、社会与环境效应符合可持续发展要求。

⑨旅游业经营者乐意投资的热土,旅游产业投资回报率高。

⑩旅游业成为国民经济的重要支柱产业,旅游业成为提高当地人民生活质量的重要手段。

（3）阶段目标

①近期目标。推进五大战略的转型,着力提高战略执行能力。实施"中华五千年,寻根在西安"的城市品牌塑造工程,优先建设五大优先发展区,即唐都长安旅游区、临潼秦唐文化旅游区、曲江故址游憩商务区、浐灞城市滨水游憩区、西安秦岭生态旅游区,重点加强以历史文化和地方文化为特色的旅游活动和产品建设,实施唐都长安的解说和标志工程、长安古乐申报世界非物质文化遗产项目,推进城市文化建设工程;启动党的十五大示范项目的建设,鼓励发展主题化、个性化的文化和休闲产品,在加强古都遗产旅游的基础上,推动御汤温泉度假、修学旅游、祖庭朝圣、民俗体验、秦岭山水、都市商务会展、购物旅游、夜间娱乐八大类产品及十五大类专项旅游产品的建设。

坚持国际、国内市场并重的发展原则,以市场为导向,在巩固现有产品线路的基础上,优先推进以西安市为中心和对状型目的地的线路建设,积极发展主题化旅游线路建设。发展多种形式的目的地城市联盟,优先建设世界古都、中国古都、丝绸之路和对状目的地四大联盟伙伴关系,大力推进提高城市在电子化营销、海外入境运营商直销、遗产公共关系营销的能力和效率,不断拓展和优先国际、国内市场的客源结构。

推进城市公共服务与旅游企业服务品牌建设,推进旅游资源属地化管理试点工作,加快旅游法制化建设与政府旅游管理职能调整,优化城市旅游管理的政府架构和利益机制,推进协调化、沟通化、法制化建设。

近期目标规划全市接待国内游客约3 350万人次,人均停留时间约3.4天,人均每天花费约为390元,国内旅游收入约274亿元。接待入境游客约121万人次,人均停留时间约3.3天,人均每天花费约230美元,入境旅游收入约7.24亿美元。旅游总收入约330亿元;在期末使其占GDP的比重较期初提高大约1个百分点。旅游业初步成为全市国民经济的重要支柱产业之一。

②中期目标。继续加强五大优先发展区的项目建设,推进党的十五大示范项目的建设,继续巩固古都遗产旅游的产品竞争力,加快发展御汤温泉度假、祖庭朝圣游、秦岭山水游、修学旅游、民俗体验游、购物旅游、浐灞城市滨水游、夜间娱乐等八大产品建设,积极发展各类专项旅游产品,推出更多的产品或线路,形成较为完善的以遗产旅游为核心的多元化产品体系,基本满足国际、国内(包括近程腹地市场)的多种旅游需求。

继续加强城市文化形象建设,重点实施"中华五千年,寻根在西安"的城市品牌营销,促进实现遗产与旅游双赢目标。重点推进以西安市为中心的陕西省独立目的地建设,进一步加强对状目的地建设,发展更多的目的地城市伙伴联盟和目的地—运营商伙伴联盟,进一步加强城市旅游营销能力和效率。加快推进城市国际化的公共服务体系与现代服务功能建设,初步建成中国散客游最方便的城市。

推进西安市旅游企业的服务品牌建设,初步在酒店服务、旅行社服务、参与服务、商贸购物服务、文化与休闲服务等领域建成几个领导性的国际品牌。扩大旅游资源属地化试点建设工作,并逐步面向全市推广;加强旅游业内的国有企业改革,进一步改善和加强市场主体的法律与竞争环境建设,推动竞争、开放、有序、公开的旅游公共管理的治理结构建设,逐步健全旅游法制化建设。

中期目标规划全市接待国内游客约 3 360 万人次,其中过夜游约 1 900 万人次,国内旅游收入约 430 亿元。接待入境游客约 140 万人次,平均停留天数达到 3.50 天,入境旅游收入约 14 亿美元。旅游总收入约 560 亿元,约相当于 GDP 比重的 12.7% ;旅游业增加值占 GDP 较 2010 年再提高约一个百分点。旅游业成为全市国民经济的重要支柱产业之一。

③远期目标。继续加强城市文化形象建设工程,以原汁原味的中国传统文化逐步推进城市旅游国际化建设,建设中国最佳历史文化旅游城市和中国传统文化修学旅行最大目的地城市,成为新世纪中国传统文化国际交流的中心城市之一。

继续加强以古都遗产旅游为核心,御汤温泉度假、祖庭朝圣、都市商务会展、秦岭山水游、修学旅游、民俗体验游、购物旅游和浐灞城市滨水游等产品为支撑,以及以古都徒步游、博物馆旅游为代表的党的十五大专项产品为重要组成的多元化产品体系建设,进一步提高西安对国际、国内游客需求的服务能力。

以国际化为目标和指导,重点推进以西安为中心的陕西省独立目的地建设和营销,进一步加强目的地伙伴联盟;建设更符合国际化需求的城市公共服务体系,形成完善的、多语的、符合国际标准的旅游解说体系,建成全国散客游最方便城市;发展更多形式以遗产为中心的伙伴关系建设,最大限度满足不同利益主体对遗产的利益诉求。

全面推进旅游业内国有企业的改革和旅游资源属地化试点建设工作,建设多方利益主体积极参与、协商一致的文化、遗产、旅游与城市的综合协调治理结构,进一步健全旅游法制化建设及相关的配套法律体系建设。

远期目标规划全市接待国内游客约 4 000 万人次,其中过夜游 2 520 万人次,国内旅游收入约 750 亿元。接待入境游客约 200 万人次,入境旅游收入约 29 亿美元。旅游总收入约 1 000 亿元,约相当于 GDP 的 17.6% ;旅游业增加值占 GDP 比重较 2015 年再提高约 0.5 个百分点。旅游业成为全市国民经济的重要支柱产业之一。

4)发展战略

(1)扬秦兴唐、板块带战略

旅游发展以"扬秦兴唐"为中心,继续巩固并丰富秦文化,挖掘和发展以大唐文化为载体的旅游形象、产品和活动。

重点进行以兵马俑为核心的秦文化产品的推广,持续扩大其市场份额。

集中优势,围绕唐都长安开发唐文化旅游产品,即中兴唐都、提升城市、推动旅游。由西安市委、市政府及相关机构向中宣部、中央精神文明办等领导机构提出申请,将大唐文化的复兴作为弘扬中国传统文化工程的重要组成部分,由国家将其列为重点项目并予以重点资金支持。

实施"板块带动战略",通过对资源基础、市场需求和投资能力等的综合分析,提炼出若干优先发展区域,进行重点开发、建设和市场营销。

适时推出汉、周等主题文化产品,如寻访汉都长安专题游等。

（2）本土国际化战略

建设具有强烈西安本土文化特征的国际旅游城市。主要策略包括:鼓励并推动"扬秦·兴唐"为主题的文化复兴工程的实施;鼓励"本土文化形象工程"的建设,包括图书、音像、网络、影视等;推动历史城市的全方位(包括旅游、文化、经济与古都保护等)国际交流与合作,建立与罗马、雅典、开罗等的伙伴城市关系。

（3）多元化遗产旅游战略

构筑以遗产旅游为主题,形成文物观光、文化体验、生态旅游、都市旅游、祖庭朝拜、温泉度假、修学旅行、专门兴趣旅游(徒步游、红色旅游、美食游)多元化旅游产品体系,建设以遗产为核心、多元化产品为支撑的古都旅游城市。主要策略包括以下几个方面。

①通过秦陵遗址公园综合保护工程建设,进一步扩大秦陵兵马俑旅游的品牌和市场覆盖,特别是东南沿海、港澳台地区、东南亚等市场的份额。

②通过中兴唐都、保护古都,提升城市品位,构筑特色鲜明的唐都长安形象和城市旅游新格调。

③创新现代化、主题化的遗产旅游解说系统,开展"讲故事"工程,发展深度文化旅游产品。

④鼓励社会各界参与遗产保护,募集社会和海外资金保护和发展遗产旅游。

⑤鼓励发展以西安市南部秦岭山地和东北部地区水资源为特色的自然山水旅游,建设多层次的产品开发体系,以实现西安旅游产品的结构性调整。

⑥通过协调和谈判,调整并理顺管理机制,发展温泉度假、祖庭朝拜、都市旅游等产品系列。

（4）城市·旅游一体化战略

从单独的风景区、旅游点建设向整个城市作为目的地的综合服务功能建设跨越,形成城市与旅游互兴的发展模式,建设作为目的地的旅游城市。主要策略包括以下几个方面。

①从城市整体发展的战略高度,建立城市规划、旅游和文物保护等部门之间的协调或协商机制,鼓励多向互动和沟通,促进城市各部门之间形成整体合力,推动城市和旅游业的共同发展。

②加强城市在交通、接待设施、信息与服务等方面的综合旅游功能建设,提升城市的综合吸引力,推动城市旅游的发展。

③从城市规划的角度,以旅游为导向加强对城市遗产的保存、保护和修复等工作,为发展文化旅游奠定基础。

④在城市建设过程中,设计一批具有地方特征明显的标志性文化景观。

⑤建设西安市游客满意中心,推动"软环境"建设,实行服务增效计划和推广"微笑服务"行动。

（5）旅游中心城市战略

建设西安市为区域产品、服务和产业创新体系网络中首位度高的旅游城市。主要策略包括以下几个方面。

①从西安市作为中心城市的角度,组织省内、跨省域或跨国界(如丝绸之路)的旅游线路和旅游产品。

　　②优先建设与西安互为对状型(两两相对,如西安—北京、西安—上海)目的地城市之间的航空与铁路等交通枢纽和以西安市为中心的交通网络体系,发展对状型目的地产品和线路组合。

　　③加强包括城市旅游信息、电子商务、酒店接待和便捷化旅行服务等在内的服务支持系统建设,扩大中心城市的服务和辐射半径。

11.2.6　城市旅游形象

1)旅游形象口号

　　①西安:周秦汉唐·为你收藏。

　　②建立市场导向的形象体系。针对不同的细分市场,推出不同的形象口号,并可随时间的变化而具有调整的弹性空间。

　　③面向入境市场(主要是欧美市场),近期使用"Ancient Xi'an, Home of Terra Cotta Warriors"(古都西安:兵马俑故乡)。中远期逐步调整为"Ancient Xi'an, Cradle of Chinese Civilization"(古都西安,中华文明源脉)。针对日韩市场,推出"大唐之都"。针对东南亚国家,推出"盛唐·胜景·祖庭"。在汉字文化圈各国,推广使用"中华五千年,寻根在西安"。针对遗产旅游专门兴趣市场,使用"西方罗马、东方西安"。

2)城市旅游形象塑造

　　①再现和解说唐都长安 T 型轴线格局,塑造鲜明的城市形象和城市主格调。

　　②征集与推广旅游吉祥物;以唐代服装风格为基础,进行现代工艺的改造,使之适合现代人的审美和日常需求,设计西安市服,并发展唐装服装产业。

　　③组建工作组,申报长安古乐为世界非物质文化遗产;给予资金,重点支持现有乐班、艺人等创办长安古乐传习所,教习长安古乐,使其后继有人;鼓励其创造精彩古乐并在全国巡回演出。

　　④实施城市文化建设行动,包括制作唐影视剧、创作历史题材小说、设计历史题材的电子游戏、加强城市文化形象的媒体宣传、开展乡土教育、出版市民手册、建设文化街坊、建设名人纪念堂、设计历史题材的连环画系列、创作历史题材的卡通画系列。

3)城市旅游形象推广

　　强化城市品牌的人格化设计,推行品牌细节主义,注重大品牌、大事件。

4)近期推广行动计划

　　欧美:举行别开生面的旅游品牌发布会,选择最适合的旅游代理商,实施有效的多元化媒体组合传播,撬动市场的主题游戏推广。

日韩:举行典雅古韵的旅游品牌发布会,制作精美品牌宣传材料,协助拍摄汉唐背景电视剧。

东南亚:结合《盛世传奇》巡演,举行舞台上的品牌发布会,拍摄推介热情洋溢的旅游品牌宣传片。

中国港澳台地区:举行轻松愉快的品牌发布会,选择并实施具有时尚感的媒体传播组合,通过以品牌口号"中华五千年,寻根在西安"为切入点建立认知。

大陆地区:在CCTV投放西安旅游品牌"中华五千年,寻根在西安"宣传片,实施强势推广策略,进行重点城市巡回品牌宣介,实施大事件品牌公关行动。

11.2.7　空间结构与优先发展区

1)空间结构:独立目的地系统

西安旅游业的辐射作用和影响范围远远超过其所在的市域范围,因此,确定西安旅游的空间结构必须从全国的角度,甚至国际的角度来(如西方罗马,东方西安)分析。规划提出远期(2020年)目标是:构筑以西安都市圈为中心的独立旅游目的地系统。

旅游区结构可概括为:一心双核、米字轴向、多环节点、网络格局。

发展策略是:提升双核、强化中心、发展米轴、建设节点、创新网络。

(1)一心:西安都市圈旅游中心

西安都市圈旅游中心由西安市和咸阳市构成的西咸都市圈构成。强化西安都市圈的旅游中心城市地位;以古都遗产为核心,丰富产品类型,发展都市、商务、会展、娱乐等旅游产品;优化或完善中心区酒店、交通、餐饮、信息等接待服务设施,提高服务质量;突破行政区划的制约,加强与全省各旅游城市的合作和无障碍旅游建设,将西安建设成为全省的旅游、交通、信息、管理、服务、培训中心,提升其在全国乃至国际旅游目的地体系中的地位。

(2)双核:临潼秦唐文化旅游区、唐都长安旅游区

双核由临潼秦唐文化旅游区、唐都长安旅游区两个部分组成,是西安都市圈旅游中心的两个发展极核,对于西安市、陕西省乃至全国旅游都具有重要意义。以双核极化带动全市及陕西省旅游米字轴、多环、网络格局的形成。

(3)米字轴:以西安为中心的"米"字型高速公路发展轴

继续强化东西、南北轴线并向外拓展空间,加快培育东南—西北轴线和东北—西南轴线。发展沿"米"字型高速公路的旅游区或旅游产品,推动以"米"字型高速公路为骨架的发展轴和沿线各旅游区(点)的产品或线路组合,以"米"字轴线方向组织跨省域旅游线路或产品。

(4)多环节点与区域伙伴

开发沿关中环线、渭北陕南环线公路的生态与文化旅游产品。分别建设华阴、宝鸡、汉中、安康、黄陵、延安、韩城、商洛、安康、榆林等陕西省十大特色旅游城市,使之成为上述环线网络的重要节点。通过米字型高速公路(含铁路线)与周边的山西、河南、甘肃、宁夏、四川、

湖北等省或自治区,或通过咸阳等机场网络与全国重要旅游城市建立区域合作关系。

（5）网络格局

通过双核极化、中心辐射、节点带动、轴线或环线发展,推进各城市之间、区域之间或目的地之间的无障碍旅游体系建设,发展多种形式的伙伴关系或伙伴联盟,形成网络化的旅游城市格局,推动全省乃至周边以西安都市圈为中心的独立旅游目的地系统的形成。

2）空间发展时序

（1）近期

巩固唐都长安旅游区、临潼秦唐文化旅游区,建设西安都市圈旅游中心,巩固东、西、北向轴线旅游区,开发建设沿东北—西南轴线的旅游区,建设宝鸡、黄陵、延安、华阴、韩城、汉中等旅游节点城市,开发沿关中环线旅游区,加强西安与全国各重要旅游城市之间的伙伴关系与合作。

（2）中期

提升更新唐都长安旅游区、临潼秦唐文化旅游区,完善西安都市圈旅游中心,开发西北—东南轴线的旅游区,建设商洛等旅游节点城市;完善沿关中环线旅游区,建设渭北环线旅游区;加强各环线或轴线上西安都市圈旅游中心与旅游节点城市合作。

（3）远期

巩固近、中期建设成果;开发南向轴线和陕南环线,建设安康、榆林等旅游节点城市;密切西安与各节点城市之间的合作关系,建设无障碍的旅游环线网络体系。

3）优先发展区

（1）唐都长安旅游区

①空间格局与范围。唐都宫城、皇城、唐都外郭城 3 个圈层,含大明宫、兴庆宫。除曲江故址外,基本为唐代长安城的空间范围。

②功能定位。盛唐文化的综合体验区、城市主格调的重要载体、城市中心旅游区。

③主要项目。

a.在建项目:大唐西市遗址恢复工程、西大街综合改造工程、顺城巷综合改造工程、含元殿与御道工程、含光门修复工程、洒金桥综合改造工程、西五台修复工程、西安博物院等。

b.拟建项目:古都旅游区(唐太极宫遗址区综合保护工程、唐大明宫遗址综合保护工程、历史街区标志解说系统、古都徒步游览计划)、唐都长安外郭城轮廓线工程(含唐延路唐城墙遗址公园)、唐都皇家寺院修复与再开发、博物馆数字化工程、乐游原与青龙寺综合治理与改造、《盛世传奇》大型史诗、《盛都大典》大型节庆活动等。

④资源利用与管理。

a.以古都保护为契机,推动以城市为目的的、以旅游为导向的城市规划和建设,引导城市功能的置换向旅游、休闲、艺术、文化、商业、交流、餐饮等服务为主的功能倾斜或集中,并在政策、土地、拆迁、设施配套等方面给予优惠和支持。

b. 鼓励并形成文物、旅游、交通、城市建设、城市规划、非营利性机构等相关利益主体充分参与到城市规划过程中,制定各方利益均衡的城市规划。

c. 实施"减人、减车、减房"的三减工程,逐步推进内城区的准步行化建设。

d. 继续加强对唐、明各时期城墙的保护工程,确保顺城巷综合改造项目的实施。

(2)临潼秦唐文化旅游区

①空间格局与范围。包括临潼区以东秦始皇陵遗址及兵马俑博物馆旅游区,由此向西至华清池(唐华清宫遗址区)并延伸至其西的温泉疗养区所在范围。

②功能定位。以"秦风""唐韵"为主题体验的国际著名的观光和高端温泉度假旅游目的地、中国首选的旅游(入境和国内)目的地之一,西安都市圈旅游中心的"双核"之一。

③主要项目。

在建项目。秦始皇陵遗址公园、兵马俑馆馆前改造、华清池芙蓉园、东花园温泉大酒店项目等。

拟建项目。秦始皇陵及兵马俑国家遗址公园项目、唐华清宫御汤国家遗址公园等。

④资源利用与管理。

a. 秦始皇陵、秦兵马俑馆、华清池、骊山等景区的建设在扩大规模的基础上,要注重提升档次,开发建设以御汤温泉、民俗活动、文化娱乐或表演等参与性强的旅游项目。

b. 加强遗址区与临潼区、西安市等当地政府之间的沟通和协调,特别是在利益分配、管理责任分工、土地获取及补偿等方面加强理解和合作。

c. 加强温泉资源的统一管理,加强温泉资源的可持续利用的不同利益主体间的协调。

d. 秦陵及秦兵马俑一体化提升。秦陵和兵马俑整体开发,特别是在全面展现秦文化主题内容方面应形成完整的认知,以延长游客停留时间。同时,结合唐华清宫的御汤度假设施建设和美食产品开发,促进游客在临潼的停留住宿。

e. 在两大旅游区内建立明晰的空间引导秩序或标志,打造空间、时间序列感强烈的大遗产或大遗址游览氛围。

(3)曲江故址游憩商务区

①空间格局与范围。即调整后的曲江新区所辖范围,面积47平方千米。

②功能定位。集旅游、休闲,文化、艺术,行政、会展,商业、居住四大功能于一体的唐风色彩浓郁的城市现代化商务游憩区。

③主要项目。

a. 重点项目。沿大雁塔北广场—大唐不夜城—中央居住区轴线和曲江北湖—南湖水系轴线展开。

b. 在建项目。大雁塔周边改造、大唐不夜城、大唐芙蓉园、曲江海洋世界。

c. 拟建项目。曲江池遗址公园、曲江欢乐世界、城墙遗址公园、秦二世陵遗址公园、寒窑遗址公园。

④资源利用与管理。

a. 制订实施对策。落实曲江新区的规划方案;制定推动曲江新区加快发展的土地审批与居民搬迁、安置等配套政策。

b.大雁塔北广场提升计划。开发大型广场聚会,完善为定期品牌化活动,将其提升为展现西安时代精神面貌的完美平台和兴奋中心。

c.建设文化产业基地。打造文化影视制作基地,拍摄历史题材影视剧,建设影视厅、音乐厅、剧院以及专题文化博物馆等公共文化设施,形成西安新的文化中心。

d.大雁塔旅游提升。挖掘大雁塔作为藏经塔的宗教功能和"雁塔题名"的历史典故,提升并充实大雁塔旅游活动项目。

e.深度开发曲江池遗址、唐城墙遗址、寒窑和秦二世陵等文物资源。

f.开发集高科技、高参与性、高规格的大型娱乐项目。

g.建设杜陵森林游憩公园,形成具有汉代风格的户外森林游憩区。

(4)浐灞城市滨水游憩区

①空间范围。北起渭河南岸,南至浐灞河三角洲以南的白鹿塬、杜陵塬,东至灞河东岸,西至浐河西岸。

②功能定位。城市滨水景观空间和未来的中央别墅区,兼具游憩、居住、会议、度假和生态5种功能。

③主要项目。

a.在建项目。灞柳生态园、广运潭生态园等。

b.拟建项目。未央湖公园主题改造项目(水主题高科技娱乐项目)、隋灞桥遗址公园及送别公园、丝绸之路起点与欧亚论坛(广运潭遗址)、主题房产系列项目、白鹿原社火广场、泾渭三角洲湿地、泾渭分明景观区;渭河流域草滩生态旅游区、未央湖旅游度假;半坡博物馆及石器时代主题度假区;关中社火广场;沿浐灞河发展"多湾"形态的滨水度假项目;鲸鱼沟、洪庆山等生态休闲旅游区。

④资源利用和管理。

a.改变河道的平直走向,开挖河湾,建设为多湾形态,以增加临水岸段的长度,提供更多亲水空间。

b.开发过程中将道路远离河岸,留出足够的步行空间和沿河绿地,建设人性化游憩步道。

c.以水岸、休闲、运动、时尚、生活、美食、太空等为主题,建设大型开放式自然生态公园、主题乐园、户外体育运动区、第二居所和主题度假区。

(5)西安·秦岭生态旅游区

①规划范围。秦岭北麓西安段,其南、北边界的大致范围是北至环山公路以南约1千米处,南至西安市南界,在局部地区向北有所延伸。

②功能定位。以其独具特色的山水相映、田园怡然、寺院密布、生态多样的自然和人文景观为依托,与文物遗产旅游功能互补的自然生态型旅游区。

③主要项目。

a.已建或在建旅游项目:西安秦岭野生动物园、亚建高尔夫球场、楼观台老子文化区、东大温泉度假区、翠华山、南五台、王顺山、骊山森林公园等。

b.拟建项目:楼观台道文化展示区、大汉上林苑、草堂—东大度假区整合建设、太白山开发、祖庭朝拜系列、蓝田玉文化体验园、汤峪温泉开发项目、秦岭植物园、户县中国农民画体验中心、重阳宫、国家造币厂遗址公园等。

④资源利用与管理。

a.协调保护与开发,立足原始生态环境,尽量保持其自然特色和原始风貌,融合山水风景、关中民俗风情和宗教名寺进行旅游开发,保护饮用水源,在承载力可接受的范围内开发旅游项目。

b.对秦岭进行整体开发,申请秦岭终南山世界地质公园或世界自然文化遗产。可考虑由秦岭北麓西安段所在县、区共同组建西安秦岭营销联合体,在品牌宣传上以"秦岭"为统一品牌,打造西安秦岭整体的品牌形象。

c.开通环山旅游公交线路,将秦岭北麓丰富的人文景观、佛教资源和自然风光结合起来,打造西安南线二日游。

4)项目建设与时序安排

(1)总体安排

西安市第四轮城市规划提出城市功能区布局的基本思路是:近期侧重于发展城市外围组团,远期疏解古城功能,外迁行政中心的同时,继续发展城市外围新增功能区。据此,制订旅游发展的项目总体时序安排如下。

①远期。进行远景布局建设或更新城市的唐文化轴线,发展承天门、横街、承天门大街构成的唐都长安主要城市轴线;恢复或修复建设唐都重要遗址或遗迹。

②近期。对唐都长安进行概念和软活动包装,加强唐都的标志和解说系统建设,保护唐文化轴线;继续推动城市在建项目,尤其是重点项目的建设和实施;发展东部、东北部、西南部轴线;发展区县面向城市居民的休闲度假旅游产品或旅游区。

(2)近期项目建设重点

①城市在建的重点项目。包括含元殿及御道工程、大唐西市遗址修复工程、顺城巷综合改造工程、秦始皇陵遗址公园工程、汉城(桂宫)遗址公园工程、西大街综合改造、洒金桥街综合改造、华清池芙蓉园项目、环城西苑、西安市博物馆、灞柳生态园、广运潭生态园、桂宫遗址公园、秦岭·草堂—东大度假区、秦岭·楼观台等。工作重点是确保工程如期顺利完成。

②规划建设重点项目。包括唐都外郭城西南角与南城墙保护利用、唐天坛开发利用、曲江故址商务游憩区、陕西历史博物馆数字化工程、《盛世传奇》大型史诗、隋灞桥遗址旅游区(送别公园)、白鹿原社火广场、祖庭朝圣系列(兴教寺、草堂寺)、中华财神故里、《盛都大典》大型活动、蓝田玉文化体验园、汉长安都城南城墙保护工程、汉长安城遗址保护国际竞赛、长安古乐申报世界非物质遗产、唐服(市服)计划、丝绸之路起点与欧亚论坛等。这些项目前期应编制详细规划、招商计划书和具体的实施方案,见表11.3。

11.2.8 示范项目工程

示范项目工程的总体指导思想是以调整西安旅游产品结构、挖掘旅游发展潜力,通过试点示范,确保前述总体与具体战略的实施,进而增强西安旅游业自我发展能力。规划确定西

表 11.3　旅游项目建设时序安排

项目区域布局	项目名称	所在区/县	状态	近期	远期
◆唐都 长安旅游区	大唐西市遗址恢复工程	莲湖区	在建	建设招商完成	管理、完善、提升
	西大街综合改造工程	莲湖区/碑林区	在建	建设招商完成	管理、完善、提升
	顺城巷综合改造工程	莲湖/碑林/新城	在建	建设招商完成	充实活动、步行化
	含元殿及御道工程	新城区	在建	建设招商完成	充实活动、管理、完善
	含光门修复工程	碑林区	在建	建设完成	充实、提升
	长安芙蓉园	雁塔区	在建	建设完成	充实活动、管理、完善
	西五台修复工程	莲湖区	在建	建设完成	
	唐太极宫遗址综合保护工程	莲湖区	规划		
	莲湖公园及周边综合改造			一期建设	二期建设和管理
	玄武门遗址保护			保护	二期建设和管理
	太极宫南城墙综合保护工程			前期准备	发掘、保护、管理
	●古都中心旅游区		规划	一期建设	二期建设和管理
	唐都长安外郭城轮廓线工程		规划		继续提升、完善
	●"虚拟唐都"			开发建设、拍摄影片	完善、提升
	一唐开远门解说工程	莲湖区		标志	提升、完善
	一外郭城西南角保护利用	雁塔区		一期建设	二期建设
	一外郭城南城墙保护利用	雁塔区		一期建设	二期建设
◆唐都 长安旅游区	一唐天坛开发利用	雁塔区		建设	充实活动、继续完善

续表

项目区域布局	项目名称	所在区/县	状态	近期	远期
◆唐都长安旅游区	一唐明德门修复	雁塔区		一期建设	二期建设
	一兴庆宫旅游提升	新城区		建设	充实活动、继续完善
	唐皇家寺院修复与再开发		规划		
	一小雁塔旅游再开发			建设	充实提高
	一大兴善寺旅游提升			建设	充实提高
	●陕西历史博物馆数字化工程	碑林区	规划	一期建设	二期建设、充实、提高
	西安市博物馆	碑林区	在建	建设	充实、提升、完善
	《盛世传奇》大型史诗	碑林区	规划	建设	充实、提升、完善
◆临潼秦唐文化旅游区	兵马俑馆前整治	临潼区	在建	建设完成	管理、完善
	●秦始皇陵国家遗址公园	临潼区	在建	建设完成	管理、完善
	大秦乐舞	临潼区	规划	充实活动	管理、完善、提升
	大秦军事实景表演	临潼区	规划	建设	充实、完善
	华清池芙蓉园	临潼区	在建	建设完成	充实活动、管理、完善
	●唐华清宫御汤国家遗址公园	临潼区	在建	一期建设	二期建设、充实、完善
◆曲江故址游憩商务区	大雁塔北广场提升计划	雁塔区	规划	建设	充实、管理、提升
	盛唐文化影视制作基地	雁塔区	规划	建设	管理、完善
	大雁塔旅游提升计划	雁塔区	规划	管理、充实	继续提升、完善
	乐游原和青龙寺综合治理与改造	雁塔区	规划	建设	充实、完善
	其他规划待建项目	雁塔区	规划	分期建设	继续建设，确保规划实施

片区	项目	所在区县			
◆浐灞城市滨水游憩区	灞柳生态园	灞桥区未央区	在建	建设完成	充实、提升、完善
	未央湖主题公园改造项目	未央区	规划	建设	充实、改造
	●隋灞桥遗址公园(送别公园)	灞桥区	规划	建设	充实、提升、完善
	●丝绸之路起点与欧亚论坛	灞桥区	拟建	建设完成	充实活动、提升管理档次
	主题房地产项目	灞桥区未央区	规划	建设	充实、提升、完善
	●白鹿原社火广场	灞桥区	规划	建设	充实、提升、完善
◆秦岭山地生态旅游区	秦岭—终南山	长安区	在建	建设	充实、提升、完善
	一翠华山			扩建、改造、充实活动	管理、完善、提升
	一南五台			改造、充实活动	管理、完善、提升
	●秦岭—草堂—东大度假区	长安区户县	规划	一期建设	二期建设
	秦岭—太白山	周至县	规划	建设	管理、完善、提升
	水陆庵	蓝田县	扩建	建设	管理、完善、提升
	蓝田玉文化体验园	蓝田县	规划	建设	管理、完善、提升
◆秦岭山地生态旅游区	秦岭—楼观台				
	一老子文化养生园	周至县	规划	建设	管理、完善、提升
	一福文化体验中心(宗圣宫)	周至县	规划	充实活动	管理、完善、提升
	户县中国农民画体验中心	鄠邑区	规划	充实活动	管理、完善、提升
	●祖庭朝圣旅游系列	长安区	在建	充实活动	充实活动、管理、完善
	一兴教寺				

续表

项目区域布局	项目名称	所在区/县	状态	近期	远期
◆秦岭山地生态旅游区	一草堂寺	鄠邑区	在建	扩建、充实活动	管理、完善
	一华严寺	长安区	规划	规划、设计、拆迁准备	建设
	一香积寺	长安区	规划	规划、设计、拆迁准备	建设
	一青龙寺	长安区	规划	规划、设计、拆迁准备	建设
	一净业寺	长安区	规划	规划、设计、拆迁准备	建设
	重阳宫	鄠邑区	规划	规划、设计、拆迁准备	建设
	国家造币厂遗址公园	鄠邑区	规划	规划、设计、拆迁准备	建设
	●中华财神故里	周至县	规划	建设	充实活动、管理、完善
城市文化建设工程	●长安古乐申报世界非物质遗产	全市域		准备、申报；建设	挖掘、提高、充实
	唐宫(市服)计划	全市域		一期建设	扩大范围推广
	●《盛都大典》大型活动	全市域		建设	充实、完善、提升
	西安市游客集散中心	新城区		建设完成、前期运营	充实、完善、提升
汉长安城遗址区	●汉长安城国家遗址公园	未央区		保护、建设	挖掘、充实、提高
其他项目(区)	阿房宫遗址	未央区	已建	充实、完善、提高	
	蓝田人远古生活体验	蓝田县	规划	建设	
	汤峪温泉度假村	蓝田县	已建	充实、完善、提高	
	杨官寨原始民居遗址保护	高陵区	规划	保护、建设	
	航空科技游览项目	阎良区	规划	建设	
	西安·国际航模飞行博览会	阎良区	规划	建设	

注：◆优先发展区；●示范项目。

安旅游业发展的党的十五大示范项目,即秦始皇陵及兵马俑国家遗址公园;古都中心旅游区;曲江故址游憩商务区;唐华清宫御汤国家遗址公园;汉长安城国家遗址公园;祖庭朝圣系列;丝绸之路起点与欧亚论坛;白鹿原社火广场;隋灞桥遗址公园(送别公园);中华财神故里;陕西历史博物馆数字化工程;虚拟唐都(IMAX 高科技项目);《盛世传奇》大型史诗;《盛都大典》节庆活动;长安古乐经典剧目,如表 11.4 所示。

1)秦始皇陵及兵马俑国家遗址公园

(1)功能定位

面向国际和国内市场,集中体现秦王朝的历史文化,秦始皇陵、兵马俑坑恢宏气势的秦代帝王文化博物馆。

(2)利用与管理

①串联秦陵和兵马俑两个景区的交通设计,开发仿古交通工具,如铜车马式样的马车等。

②推出秦始皇陵遗址公园、兵马俑馆的联票制度。

③推出《大秦乐舞》演艺节目,策划"大秦军事实景表演",以充分表现秦国军事文化这一主题。

④增加游客参与性强的活动场所,如开辟旅游者专用"兵马俑工坊"、乘铜车马参观、穿秦服、拉秦弓等。

⑤推出"寻找我的兵马俑脸谱"活动。将兵马俑的各种脸谱采用数字化技术制作成数据库,游客再通过数字化屏幕借助计算机技术寻找与自己相似的兵马俑脸谱。

2)古都中心旅游区

(1)利用原则

①以"唐都长安皇城遗址的保护和再现"和现状历史遗址遗迹为物质载体,以"步行可达的盛世文化与生活体验"为精神载体,统领西安古城区的保护与利用,以此实现古都区的中兴。

②尊重不同历史时期城市轴线变迁及其相互关系,保护并突出重要的城市发展轴线。

③尊重历史时期形成的棋盘式方格网状的道路格局,对历史街区本着完善城市功能,提高古城区居民生活质量的原则,有条件、小规模进行改造或更新。

④尽可能最大限度反映或保留历史地段的文化真实性,必要情况下,适当进行创新保护和建设。

⑤以城市在建或规划项目为契机和载体,以软性活动或解说标志充实"盛世文明"体验,适当恢复建设一些必要的重点项目。

⑥以点连线,以线带面,重点区块突破以旅游为主导的格局,兼顾生态、商业、生活、文化功能。

⑦回民历史街区的古城更新,应尊重回民街坊的历史与现实及其独特的回族文化,并优先考虑回民搬迁后的回迁工作。

(2)功能定位

功能定位为步行化的盛世文明体验。

表 11.4 十五大示范项目建设发展时序

项目名称	项目选址	重要性程度	类型	意义	年度执行计划			负责者
					2005	2006	2007	
秦始皇陵及兵马俑国家遗址公园	临潼区	★★★★★	实体建设型 活动充实型	保护遗址并为游客提供体验秦帝王文化的场景	建设	建设	完成	西安市旅游局、西安市文物局、西安市园林局、临潼区旅游局、临潼区文物管理委员会、秦始皇陵及兵马俑博物馆
古都中心旅游区	西安市中心城区	★★★★★	实体建设型 活动充实型	凸现古都轴线和格局,彰显古都文化特色	建设/管理	建设/管理	建设/管理	西安市委办、西安市旅游局、西安市政管理委员会、西安市城乡建设委员会
唐华清宫御汤国家遗址公园	临潼区	★★★★	实体建设型 活动充实型	打造"御汤"品牌	建设	建设	完成	西安市旅游局、西安市文物局、临潼区旅游局、骊山森林公园、华清池管理处、华清池旅游有限责任公司
汉长安城国家遗址公园	未央区	★★★★	保护建设型 活动充实型	建设文化遗产区与城市生态游憩区	保护	建设	建设	西安市旅游局、西安市文物局、西安市园林局、未央区旅游局、相关乡镇
祖庭朝圣系列	西安市各大祖庭	★★★★	实体建设型 活动充实型	打造具有国际影响力的祖庭朝圣品牌	准备/设计	建设/设计	提升	西安市旅游局、西安市宗教事务局、西安市各大寺院
丝绸之路起点与欧亚论坛	广运潭	★★★★	实体建设型 活动充实型	弘扬丝绸之路文化	建设	完成	提升	西安市旅游局、西安市文化局
秦岭·草堂—东大旅游度假区	长安区、鄠邑区交界处	★★★	实体建设型	整合优势资源,打造综合高档休闲度假区	—	建设	建设/管理	西安市旅游局、鄠邑区旅游局、长安区旅游局、相关投资者
虚拟唐都	唐长安外郭城西南城角	★★★	智能化建设型 活动充实型	西安标志性项目	—	开发	建设	西安市委办、西安市旅游局、相关技术支持单位
白鹿原社火广场	灞桥区	★★★	实体建设型 活动充实型	展现关中民俗文化的主题广场	设计	建设	完成	西安市旅游局、灞桥区旅游局、相关乡镇政府

项目	位置	重要程度	类型	内容				责任单位
隋灞桥遗址公园（送别公园）	灞桥区	★★★	实体建设型活动充实型	送别公园利和满意度中心	—	建设	提升	西安市旅游局,灞桥区旅游局
中华财神故里	周至县	★★★	实体建设型活动充实型	打造赵公明财神朝圣目的地	—	建设	完成	西安市旅游局,周至县旅游局,宗教事务局,乡镇政府
陕西历史博物馆数字化工程	陕西历史博物馆	★★★	智能化建设型活动策划型	以数字化手段完善陕博各项功能	开发/设计	建设	提升	西安市旅游局,西安市文物局,陕西省历史博物馆,相关技术支持单位
《盛世传奇》大型史诗策划	—	★★★	活动策划型	演绎西安的传奇历史、人物、故事、艺术等	策划	开发	完善	西安市旅游局,西安市文化局,西安市歌舞团
《盛都大典》大型庆活动	—	★★★	活动策划型	打造西安一年一度的大型盛会	策划	开发	完善	西安市政府,西安市旅游局,西安市各区县政府,化局
长安古乐经典剧目	—	★★★	研究保护型活动策划型	保护、利用非物质文化遗产	准备	申报	开发	西安市旅游局,西安市文化局,现有古乐演出团体,古乐演奏者

注："重要程度"一栏中，★★★★★表示"重要等级最高"，★★★★表示"重要等级较高"，★★★表示"重要等级高"。

（3）空间布局

空间布局为一廊四轴六区。其中,一廊是指以古城墙为主体的遗产廊道。狭义的城墙遗产廊道即指城墙本身,广义的城墙遗产廊道则指由城墙、顺城巷、环城公园、护城河等构成。

四轴是指南、北大街城市景观轴,东、西大街商贸旅游发展轴,大雁塔、大明宫城市景观轴,以及横街—承天门大街唐文化中轴。

六区是指大明宫遗址公园(含元殿遗址及御道广场、麟德殿遗址等),左右教坊及城市旅游中心集散区,明(秦王)府城遗址游憩公园,莲湖历史文化街区,碑林—书院门历史文化街区,兴庆宫游憩公园。

（4）古都徒步化旅游

通过开拓自助旅游者市场或徒步、散客旅游市场,充分发挥古城区作为一个整体产品的功能和作用,有利于实现西安建设"最方便易游"城市的目标。

制订西安市古城区步行街规划方案,结合城市建设与行政中心外迁的步伐,逐步分期实施。

（5）古都区解说工程

建立完整的历史街区解说或标志系统。对莲湖历史街区、重要遗迹或遗址,如承天门大街、承天门、横街、尚书省、司农寺、大理寺(唐中央最高审判机关)、将作监(唐中央主管土木工程营建的机关)遗址等进行重点解说。

解说或标志系统应保持可阅读性、有历史感、有故事或传说(最好与历史事件相联系),并突出其历史意义或地位。

（6）项目建设

①利用唐皇城和明故城遗址发展遗址观光项目,如唐/明古城墙、古街区、不同时期文化轴线、唐都遗址(唐天坛、曲江池、大明宫、荐福寺等)。

②建设仿唐左右教坊。在今西安城东北城角处仿建左教坊,在顺城北路东段尚德门处仿建右教坊。

③建设西安市旅游集散中心。选择在西安市内客流集中及易于集散的位置建设西安旅游集散中心。

④西北角和东北角之间外城墙进行城墙显露工程。利用棚户区改造,拆除城墙至陇海铁路沿线之间的建筑,进行建筑体量和高度的控制,使北边城墙段充分显露在过往旅客视线内。

⑤广仁寺修复与周边综合治理工程。对其周边棚户区进行综合治理改造,建设休闲游憩场所和古城区西北城角开放游憩公园。

⑥莲湖公园综合改造。逐步拆除或迁移周边商业店铺、民宅或围墙,建设古文化开放式亲水空间。

⑦五大特色街区。即德福巷都市休闲特色街、湘子庙古乐舞特色街、北院门回坊风情街、骡马市步行商业街、书院门书香画韵古文化特色街。

⑧汉字纽带广场。选址三学街西南顺城巷拆迁区,临近碑林博物馆。主要内容包括汉字雕塑广场、汉字一日通、取名苑、汉字书法馆及辅助配套设施等。

⑨明(秦王)府城遗址游憩公园。利用省府行政中心外迁,建设开放式遗址游憩公园。

⑩兴庆宫旅游提升。建设亲水活动空间,建设由长乐门到兴庆宫公园的景观廊道,拆除公园围墙,逐步取消门票收费。

3)唐华清宫御汤国家遗址公园

(1)功能定位

功能定位为面向高端市场的、以"御汤"和梨园文化为特色的、大唐文化特色浓郁的高级度假区。

(2)项目建设

①按照规划逐步恢复华清宫原有宏大规模和风貌。挖掘华清宫的四大内涵元素:忠贞浪漫的爱情、辉煌华丽的歌舞、温暖滑腻的御汤和古老精致的历史遗存,并以典型场景和细节加以展示。

②通过多部门沟通,建立华清宫温泉资源综合利用的协调机制,建设统一品牌的御汤度假区。以华清池温泉开发为龙头,确保温泉资源的有效利用,并打造国际性的"御汤"品牌。

③建设长生殿遗址为爱情胜地,在遗址周围的缓冲区进行开发。

4)汉长安城国家遗址公园

(1)功能定位

功能定位为城市绿肺、中小学生开放式课堂教育基地、户外运动基地。

(2)资源利用与项目建设

①汉长安城遗址主要作为城市公共游憩空间,形成历史—农业—生态—旅游四合一的旅游开发模式。可分成几个区域:户外运动游憩空间,设计成无建筑的公共空间,以自然草地为主;农业功能区;城市文化生态区;历史教育和体验区。

②与当地居民的农业生产生活相结合,以旅游促进周边环境的改善和区位价值提升。

③根据汉长安宫殿和道路格局,种植槐树作为各宫殿和道路边界的界林。尊重遗址区内原有的宫殿和道路格局,配合城市交通道路网的改造,改善遗址区的交通状况和可进入性。

④在汉长安城城墙遗址以南建立景观步行道。

⑤在遗址场景活动设计上应遵循以下原则:标志性、解说性、服务性、象征性、软活动。营造历史感强烈的场景,强化汉文化元素的表现,通过旗帜、服装、音乐、设施等体现出古代氛围,而不是简单的遗址复原。

5)祖庭朝圣系列

(1)功能定位

功能定位为祖庭朝圣、万物归宗。

（2）项目建设

①将六大祖庭进行统一包装，推向市场，强化西安宗教寺庙作为佛教祖庭地位的宣传。

②创办或策划组织一整套多种形式或规格的祖庭朝圣仪式，不同需求的游客或团队可捐资助演。

③建设高质量的解说系统，为游客展示深层次宗教文化内涵。

④创办祖庭国际大法会，多渠道保护和修缮宗教祖庭，配套开发祖庭朝圣的系列延伸产品。

6）丝绸之路起点

（1）项目选址

根据主题不同，可选址在大唐西市遗址、汉长安城直城门遗址或广运潭附近。

（2）功能定位

功能定位为丝绸之路起点国际广场与新丝绸之路时代的象征。

（3）项目建设

①丝绸之路起点国际广场。包括丝绸之路博物馆、丝绸之路集锦式主题园区、"丝路花雨"歌舞表演场馆、丝绸之路秀场等项目，可选择在汉长安城或浐灞新区建设。

②欧亚论坛与丝绸之路国际会议中心。选址在浐灞新区，既是欧亚论坛永久会址，同时作为国际丝绸之路大会的主办场所，并作为国际丝绸之路联盟成员的常设交流平台。主要内容包括国际会议中心、丝绸之路主题酒店、新丝绸之路国际金融中心、停车场及配套设施等。

③广运潭遗址保护工程。仿照唐制，创办中国地方特产博览会；仿建潭西望春楼。

④大唐西市遗址恢复改造工程。在唐代西市遗址上建设集博物馆、主题商业街、酒店等于一体的综合商业街区。

7）草堂—东大旅游度假区

（1）项目选址

项目位于长安、鄠邑区交界处，沿西万公路和环山旅游路一带。

（2）功能定位

功能定位为集佛教修学朝拜、健身休闲、高尔夫运动、温泉疗养、森林游憩、娱乐、观光、文化、艺术等于一体的高档度假区。

（3）项目建设

由长安区、鄠邑区根据该范围内各县（区）所占用土地、企业资本、多年平均旅游收入等组建国有、民间资本等混合所有制开发有限责任公司，加大该度假区的统一开发力度。

①西安收藏部落。组织建筑、艺术、收藏家共同设计，集建筑艺术、收藏艺术、民间文化等于一体的大型综合收藏俱乐部，集中展示西安的民间收藏文化，包括文物、民俗、历史、艺术等。

②秦岭生态博物馆。全面介绍和观赏秦岭地区的珍稀动植物，宣传保护环境的知识。

③亚建高尔夫球场周边建高档商务会议与培训中心。

④整合东大街道的温泉资源,开发以疗养、度假为主导的温泉旅游项目。

⑤整合周边高尔夫球场、太平森林公园、野生动物园等资源,开发系列以休闲度假为导向的旅游产品与活动。

⑥建设系列主题度假群落,发展第二居所产业。

8)虚拟唐都

(1)项目选址

项目选择在唐长安城重要节点位置。

(2)功能定位

功能定位为融传统与时尚、古典与现代于一体的西安标志性建筑,是西安科技、旅游兴市的最佳结合点。

(3)项目建设

①在遗址外围建主题性、标志性、现代化的虚拟技术博物馆,即虚拟唐都。

②用 IMAX 技术,真实、强烈地再现环境、地点、人物和事件,使游客具有无与伦比的身临其境的体验,再现大唐盛世虚拟景象。

③运用电脑科技重筑唐代长安城,让长安跨越 1 300 年的时空,再次展现在世人眼前。

④引进 IMAX 公司投资、拍摄《虚拟唐都》的高科技、震撼性、交互式动感影片。

9)白鹿原社火广场

(1)项目选址

项目选址在灞桥区白鹿塬。

(2)功能定位

功能定位为白鹿原主题社火广场,关中民俗旅游体验的全景展示基地,再现八百里秦川民风民俗的特色景象。

(3)项目建设

①建设白鹿原社火广场,创办白鹿原社火节,使之成为西安市重要夜间娱乐场地。

②建设白鹿原民风民俗村,展现白鹿原民俗风情。

③建设白鹿原艺术公社,吸纳摄影、写作、作画等艺术界人士常驻。

④结合丰富的农业资源,开展农事节庆;设立青少年修学游的户外教育基地。

⑤建设白鹿原观景台,增加游客俯瞰西安市全景的新体验。

10)隋灞桥遗址公园(送别公园)

(1)功能定位

功能定位为体现城市尊重游客的形象,将隋灞桥作为游客离别西安市的最后一站,发展送别文化,建设西安的文化形象工程。

(2)项目建设

实施隋代灞桥遗址保护项目,建设送别文化主题园区,发掘柳林、长亭、留言碑、送别诗等送别景观,增加主题意义上的送别空间和活动;建设西安市游客满意中心。

11)中华财神故里

(1)功能定位

功能定位为中华财神故里。

(2)项目建设

①以财神赵公明为原型,筹建"八方财神"(蓝田)玉像,利用光影技术,使八方财神像更具熠熠发光效果,凸显"八方散财"的主题。
②周围配套建设以财神为主题,赋予吉利、发财的象征意义的度假村和住宅区。
③加强财神文化的商业化利用,开发财神游戏。

12)陕西历史博物馆数字化工程

(1)项目目标

改进、提升博物馆展出手段,丰富更多主题型或专项型展览活动。

(2)项目建设

①继续推进并加强西安重要博物馆的数字化工程建设,建设"虚拟陕博""虚拟碑林""虚拟兵马俑"等数字博物馆。
②推出主题展览与交流活动(如珍品展示、新品展示、书法、青铜、唐三彩、唐诗汉赋等),可分为专业性与游客参与性等不同类别。
③利用博物馆优势的文物、文化、艺术专家与馆藏资源,开发系列针对学生市场、中老年市场的文化、艺术培训产品。

13)《盛世传奇》大型史诗

(1)项目目标

演出场所设置在建设中的西安市博物馆,使之与该博物馆形成一体,发展成为集专题陈列、演出和会议等于一体的现代化综合博物馆,以多媒体的视听技术来展示西安的历史、文化与城市变迁等。

(2)项目建设

①区别于陕西省历史博物馆的编年史陈列方式,西安市博物院突出专题陈列,重点以多媒体的视听技术展示西安的历史、文化和城市变迁等。
②发展演出功能,并作为《盛世传奇》的演出基地。

14)《盛都大典》大型节庆活动

(1)功能定位

西安一年一度的大型盛会,既是西安市民的节日,也是中外游客的旅游盛宴,目标是形成大典、节庆、会议三位一体的品牌大会。

以古都特色为主旋律,以遗产历史文化展示、仿古仪式表演、民俗风情汇展、专家思想论坛等为载体,将西安璀璨的历史宝藏、深厚的文化积淀、强健的时代风貌和巨大的腾飞潜质充分展示,让世界了解西安,吸引世界的目光和资本投向。

(2)节庆活动方案

时间:从唐朝建都纪念日起,持续一周时间的庆典活动。主要内容包括以下几个方面。

①开幕式(圣坛祭奠、《盛世传奇》大型演出)。

②表演和节庆类活动("东风西韵"狂欢方阵、世界古都城市模特大赛、十三朝古都盛装/花车巡游表演、兵马俑军阵会演、大唐盛世焰火狂欢、汉服唐装服饰秀等)。

③会议类活动(古城保护与发展国际论坛、丝绸之路国际研讨会、世界遗产城市大会等)。

④游戏或运动类(环城墙趣味自行车大赛、秦岭山区定向越野等)。

⑤闭幕式(灞桥狂欢/灞桥送别焰火晚会)。

15)长安古乐经典剧目

(1)抢救第一

长安古乐是西安独有的宝贵历史文化遗产,唐朝时主要在宫廷演奏,享有"世界音乐活化石"的声誉。挖掘、抢救、保护长安古乐刻不容缓,应积极申报世界非物质文化遗产。

(2)管理与利用

①着眼于将长安古乐发展成为西安市经典的文化演出剧目。选址在唐太极宫遗址、大明宫御道工程、大唐不夜城或长安芙蓉园、西安市博物馆等的适当位置。

②改善长安古乐的演出视觉效果,配置效果良好的音响、灯光、舞台和服装等,同时,可结合仿唐宴进行综合开发。

16)潜力项目

潜力项目包括昆明池故址复原项目、阎良飞机城高科技项目、重大考古新发现项目、航天高技术体验项目、原创主题旅游项目或主题公园。根据市场需求变化,适时鼓励并支持上述项目的建设。

11.2.9　旅游产品开发

1)海外市场产品

古都遗产旅游:世界级遗产旅游产品。

丝绸之路旅游:跨区域国际旅游产品。

御汤温泉度假旅游:国家级温泉度假旅游产品。

修学旅游:游学在西安,成功在全球。

祖庭朝圣:寻宗问祖,拜佛关中。

2)国内市场产品

面向海外市场的各种产品同样适合全国及区域市场。

(1)面向全国市场的产品

民俗体验旅游:走进民间,体味三秦生活。

秦岭山水休闲游:探秘秦岭,亲近山水。

都市商务会展旅游:区域性商务会展旅行。继续办好"西洽会",推进城市会展产品的企业化运作体制和机制的建立,丰富会展旅游产品,创办"西部慧谷"高新技术周、"盛都大典"等活动。

(2)面向区域市场的产品

泾渭滨水休闲游:尽享水之乐。

夜间娱乐休闲旅游:不夜大唐。

购物旅游:西部购物天堂。建设商业步行街、商场、Shopping Mall 等,打造"西部购物天堂"。

3)专项旅游产品

推出 15 类专项旅游产品,包括古都徒步旅游、古都摄影之旅、自驾车体验、高科技体验旅游、红色之旅、首脑踪迹游、博物馆旅游、温泉休闲度假游、宫殿陵寝考察、考古专项游、寻访传奇人物足迹游、西安美食游、城市变迁考察、周秦汉唐文化主题游、乡村休闲度假游(农家乐)等。

4)产品发展时序

(1)近期

重点发展丝绸之路游、古都遗产旅游,特别是大型文化活动与节庆活动;加速发展秦岭山水休闲游、祖庭朝圣游、修学旅游、都市商务会展旅游、民俗体验游、购物旅游和浐灞城市滨水休闲游;适度发展御汤温泉度假旅游;加强古都徒步旅游、古都摄影之旅、红色之旅、寻访传奇人物足迹游、博物馆旅游、西安美食游、周秦汉唐文化主题游等专项旅游产品的开发。

(2)中远期

继续加强大型文化活动与节庆活动产品的开发,增强古都遗产旅游的吸引力;加速发展御汤温泉度假旅游、祖庭朝圣游、都市商务会展旅游;壮大秦岭山水休闲游、修学旅游、民俗体验游、购物旅游和浐灞城市滨水游的规模;发展更多的古都徒步旅游产品或线路;进一步加大近期专项产品开发的力度,适度发展宫殿陵寝考察、城市变迁考察、考古专项游等专项旅游产品。

5）旅游线路规划

①大唐历史追忆之旅。太原（龙兴之地）—西安（盛世唐都）—洛阳（女皇称制）—潼关（安史之乱）—成都（帝国余晖）。

②贵妃寻踪之旅。贵妃东渡日本的传说线路。

③空海之旅。宁德（福建）—衢州（浙江）—杭州（浙江）—西安等空海入唐途经路线。

④中国历史修学之旅。陕西历史博物馆、周沣镐遗址公园、秦兵马俑、秦始皇陵遗址、阿房宫、汉长安城遗址、汉武帝茂陵、霍去病墓、唐大明宫遗址、昭陵、感业寺、青龙寺、华清宫、曲江大唐芙蓉园、仿唐歌舞表演、西安唐都古城墙与明钟鼓楼、西安事变纪念馆等景点。

⑤红色之旅系列。沿中国革命发展历史主线，依托革命公园、西安事变纪念馆、杨虎城纪念馆、骊山、八办纪念馆、延安、现代飞机城等景点，开发革命传统教育旅游产品。

⑥秦岭生态科考探险之旅。以"秦岭"为整体品牌形象统领主题旅游线路，将秦岭自然风光带分成不同的特色、不同探险等级（如低度、中度、重度）的生态探险产品，如秦岭—翠华山、秦岭—太白山、秦岭—朱雀森林公园等，逐步推向全国市场。

11.2.10　区县旅游发展

1）碑林区

（1）目标定位

目标定位为国际化、中国经典书画的古都文化商业中心旅游区。

（2）形象口号

碑林：古今气息，金石宝库。

（3）产品开发方向

以书画遗产、修学旅游、购物旅游为主要产品，以娱乐休闲、都市旅游等为支撑产品，构筑合理的旅游产品体系。

2）莲湖区

（1）目标定位

目标定位为国际化的盛唐文化中心与回坊街文化特色旅游区。

（2）形象口号

莲湖：皇天后土，汉唐根脉。

（3）产品开发方向

以遗产旅游、宗教旅游、美食旅游、修学旅游为主要产品，以回坊街文化、关中民俗体验和娱乐休闲等为支撑产品。

3）新城区

（1）目标定位

目标定位为国际著名的唐宫廷文化体验区与古城商业旅游区。

（2）形象口号

新城:大明宫·龙车凤辇。

（3）产品开发方向

以遗产旅游、购物旅游、红色旅游、娱乐休闲为主要产品,以商务会展、工业旅游等为支撑产品。

4）雁塔区

（1）目标定位

目标定位为国际著名的盛唐文化体验区和城市游憩商务区。

（2）形象口号

雁塔区:曲江流饮,大唐胜景。

（3）产品开发方向

以遗产旅游、都市娱乐、商务会议、祖庭朝圣、购物旅游、修学旅游为主要产品,以景观住宅、商务度假、郊野休闲等为支撑产品。

5）未央区

（1）目标定位

目标定位为国际著名的大型遗址户外教育与游憩目的地,与面向区域市场的城市亲水娱乐度假胜地。

（2）形象口号

未央:汉都长安。

（3）产品开发方向

以传统文化教育和培训、大型遗址户外教育、修学旅游、主题娱乐公园为主要产品,以户外运动、游憩与滨水度假、郊野休闲为支撑产品。

6）灞桥区

（1）目标定位

目标定位为欧亚论坛永久会址、城市滨水休闲游憩度假区与西安旅游的最后一站。

（2）形象口号

灞桥:相逢西安,再会灞桥。

（3）产品开发方向

以滨水休闲、水岸生活、主题度假、送别文化旅游、民俗体验为主要产品,以生态旅游、郊野休闲和远古文化寻根为支撑产品。

7）临潼区

（1）目标定位

目标定位为世界唯一的秦兵马俑旅游目的地与国际著名的盛唐御汤文化度假目的地。

（2）形象口号

临潼:秦俑故乡、御汤之都。

（3）产品开发方向

以秦始皇陵遗产游、御汤度假、梨园艺术、风景名胜游览、红色旅游为主要产品,以自然生态旅游、修学旅游、郊野休闲为支撑产品。

8）长安区

（1）目标定位

目标定位为亚洲著名的佛教祖庭朝圣目的地与全国闻名的秦岭山地自然旅游目的地。

（2）形象口号

长安:终南圣境、大唐花园。

（3）产品开发方向

以温泉度假、祖庭朝圣、山地自然旅游、山地度假为主要产品,以修学旅游、乡村休闲（包括农家乐）、户外运动、山地探险、商务会议等为支撑产品。

9）蓝田县

（1）目标定位

目标定位为中国著名的美食、美玉、美景交融的都市近郊休闲度假目的地。

（2）形象口号

蓝田:中国厨师之乡、美玉之乡、猿人故乡。

（3）产品开发方向

以美玉购物游、美食旅游、宗教文化、影视基地为主要旅游产品,以蓝田猿人远古寻踪、森林休闲度假和水滨休闲等自然生态旅游等为支持产品。

10）鄠邑区

（1）目标定位

目标定位为国际知名的中国农民画之乡旅游胜地。

（2）形象口号

鄠邑区:中国农民画之乡。

（3）产品开发方向

以农民画与民俗体验、高尔夫与山地度假为主要产品,以祖庭朝圣、森林休闲度假、郊野休闲为支撑产品。

11）周至县

（1）目标定位

目标定位为集老子文化、财神故里与秦岭生态于一体的全国著名山地旅游县。

（2）形象口号

周至县:道教祖庭、财神故里、仙游览胜、太白仙境。

（3）产品开发方向

以老子文化、财神文化、秦岭自然旅游、温泉度假等为主要产品,以老县城访古、户外运动、山地探险等为支撑产品。

12）高陵区

（1）目标定位

目标定位为全国著名的"泾渭分明"湿地自然旅游公园。

（2）形象口号

高陵:湿地生态,泾渭分明。

（3）产品开发方向

以泾渭分明自然观光、泾渭湿地体验为主要产品,以关中民俗、遗址访古、生态农业观光等为支撑产品。

13）阎良区

（1）目标定位

目标定位为中国著名的航空高科技旅游城。

（2）形象口号

阎良区:西部第一航空城。

（3）产品开发方向

以航空高科技旅游产品为主,积极开发太上皇陵遗址探秘、古栎阳城遗址旅游产品,并将生态休闲、农业观光旅游产品作为支撑产品。

11.2.11 城市(目的地)旅游营销

1)总体战略

(1)伙伴城市合作营销战略

与北京、上海、广州等城市结成旅游目的地合作伙伴城市关系,通过多边或双边合作,联动营销,互利共赢。

(2)遗产旅游营销

以遗产(文物)作为垄断性产品吸引或招揽游客;注重借助公众对古都遗产的普遍关注,策划激发公众兴趣的新闻性营销方案;重视遗产公共关系,特别是各国政要人物游西安的公关促进活动。

(3)高潜力市场营销

在巩固传统市场并继续扩大其市场份额的基础上,西安旅游需重点突破高潜力市场,如国内的长三角、珠三角市场和海外的港澳台、东南亚等市场,以此推动西安旅游市场的结构转型。

(4)电子化营销(E-Marketing)

邀请专业旅游电子营销公司开发、提升西安旅游目的地信息网络,利用信息技术进行线上营销活动;建设多语种西安旅游网。

2)近期营销计划

编制 3 年期的营销活动总体行动计划。

(1)第一年:品牌更新与推广

重新设计西安旅游的形象口号、视觉标志与 VI 系统,重点加强在欧美、日韩、京津地区、长三角、珠三角以及陕西省腹地与周边市场的品牌推广活动。

(2)第二年:品牌推广与多语种传播

重点设计西安旅游的品牌推广活动,加强多语种化传播能力和服务建设。以品牌推广和多语种服务重点启动传统与高潜力市场。

(3)第三年:遗产公关年

重点围绕西安的历史文化遗产的保护与利用,开展以遗产为中心的公共关系年,以遗产为桥梁和文化纽带,推动西安旅游品牌的推广与市场的拓展。

按目标市场制订近期营销年度行动计划。

3)入境市场营销

(1)日本

①营销目标:使西安成为日本旅游者旅华第一大目的地城市。

②品牌与传播重点。

品牌口号:大唐之都。

传播重点:唐代文明遗产、中国盛世传统文化、具有浓烈历史传奇色彩的温泉和气度奢华的唐娱乐体验。

（2）欧美

①营销目标:使西安成为欧美旅游者东方遗产旅游和东方文化体验的首选城市。

②品牌与传播重点。

品牌口号:Home of Terra Cotta Warriors and More.../ Cradle of Chinese Civilization;

传播重点:最辉煌盛大的东方文明历史遗存、传奇东方文化、淡泊从容的休闲生活。

（3）韩国

①营销目标:成为韩国市场最重要的文化观光目的地和重要的修学旅游目的地。

②品牌与传播重点。

品牌口号:大唐之都;

传播重点:华夏文化根脉、辉煌的盛世文明遗产、博大灿烂的饮食文化和歌舞文化。

（4）东南亚地区

①营销目标:使西安成为东南亚地区赴中国旅游的重要旅游目的地。

②品牌与传播重点。

品牌口号:盛唐·胜景·祖庭;

传播重点:宏大的唐城格局、众多佛教祖庭寺塔、盛大的唐风歌舞休闲娱乐。

（5）港澳台地区

①营销目标:成为港澳台地区赴内地休闲娱乐旅游的重要目的地。

②品牌与传播重点。

品牌口号:中华五千年,寻根在西安;

传播重点:沧桑的周城、汉都,恢宏的兵马俑坑,博大的唐朝皇都,安宁、舒适的旅游体验,非凡闲适感受。

4）国内市场营销

（1）陕西省内

①营销目标:作为陕西省旅游的引擎和旅游消费中心,全面满足省内市场需求。

②品牌与传播重点。

品牌口号:你的西安你做主;

传播重点:经济型旅游产品、物超所值的旅游体验。

（2）周边省市

①营销目标:提供多样化旅游产品,成为周边省市二日游或三日游的主要目的地城市。

②品牌与传播重点。

品牌口号:亲近西安;

传播重点:近距离区域内最贴近游客需求的目的地、旅游消费额度低、旅游产品多样化。

(3)长三角地区

①营销目标:成为长三角地区重要的国内旅游目的地。

②品牌与传播重点。

品牌口号:中华五千年,寻根在西安;

传播重点:多样化深度旅游目的地、尽善尽美旅游服务、超值旅游享受、高品位文化旅游。

(4)北京都市圈

①营销目标:使西安成为北京国内游客输出地和国际游客转移的主要目的地。

②品牌与传播重点。

品牌口号:中华五千年,寻根在西安;

传播重点:全方位体验周秦汉唐文化、高端国际化休闲享受、深厚历史文化底蕴和浓郁黄土地风情。

(5)珠三角地区

①营销目标:成为珠三角地区国内远程游最方便、最受欢迎的旅游目的地。

②品牌与传播重点。

品牌口号:华贵唐都,至尊享受;

传播重点:豪华旅游感受、闲适惬意的观光体验、佛祖真身舍利。

11.2.12　目的地城市及其综合服务功能建设和管理

1)航空与铁路客运服务

(1)航空旅游服务

与东航、南航或国航等国内重要航空集团加强磋商,必要条件下由当地政府提供必要的财政补贴,鼓励或确保这些航空集团将其已有的或将要开发的国际航线延伸至西安,特别是通往欧洲、日韩、东南亚国家或地区和丝绸之路沿线国家的国际航线。

①扩大航权开放。加强航空改革,扩大航权是咸阳国际机场成为枢纽机场的必由之路。西安市应当积极采取措施,促进陕西省政府与中国民航局、国家旅游局及海外相关国家或地区的协商,扩大西安的航权开放等级。

②开辟、增加包机航班,尤其是欧洲重要城市、丝绸之路沿线重要城市、韩国等目的地包机航班。

③开辟新国际航线,发展中远程航线和中转联程航线,如东南亚及欧洲航线。

④增加飞往发达地区或重要目的地城市(如张家界、九寨沟、宜昌或重庆等)的国内航班。

（2）铁路客运服务

铁路提速，开设通往长三角、珠三角主要城市的直达专线，提升服务质量。

加强与铁路主管部门的磋商，力争由西安始发往主要客源城市或从主要客源城市抵达或经停西安的客车时间更为合理，以上午为宜。

2）城市道路与交通组织的协调

（1）古城区准步行化工程

莲湖区回坊街逐步推广自行车游览便道和服务；书院门、北院门等特色文化街区逐步完全步行化，禁止机动车辆穿行；在古城外建立公交换乘系统，推行公交优先原则，以公交化减轻城市唐皇城内的交通压力。

（2）遗址区内的道路建设

道路建设和交通的组织应考虑文物保护的需要，并尽可能反映其历史的道路格局。

（3）景区与主要公路连接计划

完成环山旅游路建设，分期、逐步建设主要公路至主要旅游区（点）入口的道路，完善各国道、省道上的景点导引牌。

3）城市公共设施建设

（1）城市文化公园

古城区内利用拆迁用地和现有城市公园改造建设成城市开放公园，重点是现有公园的拆围透绿、行政中心或机构的外迁用地（如省政府外迁后建设明府城遗址游憩公园）、为保护重要遗迹或遗址而建设的缓冲绿地或开放公园，以及类似环城西苑的环城公园。古城区外则根据城市规划确定的容积率和绿化面积等指标分别建设各种类型的城市文化公园。

（2）古城墙显露工程

①拆除并改建城北沿陇海线的棚户区，对破坏景观的沿线（环城北路）高架路尽量遮蔽。

②拓宽自强路，减轻环城北路的交通压力，保护城墙北区的历史风貌。

③屋顶景观计划：顺城巷屋顶平改坡工程不可单一化和模式化，建议采取屋顶绿化、屋顶花园和屋顶活动休憩空间等多功能、多样式改造。

④建设城墙遗产廊道系统：将城墙作为城市中心区旅游的景点索引，在城墙重要节点处设立指示标志，并保持与城墙历史景观的和谐。

（3）改善城市生态环境

①实施护城河水系"活化"工程。

②继续加强"八带五区"生态绿地建设，注重游憩功能需要。

③道路绿化带主题化。

（4）加强解说系统工程建设

①整合城市解说系统建设资源，设立专门机构统一负责城市解说系统工程建设。编制

解说系统专项规划,向国家旅游局申请成为历史文化名城旅游解说的国家标准,向全国进行推广。规范城市多语种解说和标志系统,增加韩语、日语解说。

②推行"5分钟增长计划",即激励每团每景区增加"5分钟"停留时间的计划。

4)加强城市公共服务

(1)近期

①建设能覆盖城市各角落的游客中心(含旅游咨询服务点)。

②加快建立西安城市旅游/导游网站,提供多语种服务,重点加强日语、韩语与英语版本建设。完善网站内容服务,增加城市地图服务(含各种主题)、休闲娱乐服务、城市夜生活、特色商业购物街、城市节庆活动的动态信息等内容。

③组织出版多语种、分主题(酒店、餐饮、娱乐、商业、购物、徒步游览、文物古迹)等城市地图,包括免费、商业版本,在三星级以上酒店、游客中心、旅游咨询服务点等免费发放或销售。

④利用现有城市的公共旅游交通、紧急救援系统、公共安全服务系统等提供有效服务,达到覆盖各区及主要街道或场所的能力。

⑤提供城市观光车服务。

⑥制订国际旅游区(点)及主要服务场所的多语种标志强制标准,推动机场、国际级旅游景区、四星级以上国际酒店或餐饮店等服务场所完善多语种解说和标志系统。在强制标准中,重点完善韩语、日语等语言服务。

⑦机场、火车站、城市观光车站(点)、口岸及国际级旅游景区的路牌标志按照国际惯例进行规范,提供中英双语对照信息提示。

(2)中远期

①建设国际化的城市公共图形符号系统。要求城市宾馆、商场、餐饮、娱乐场所等公共场所的公共图形符号均按国际标准设置。

②增加城市游客集散中心、游客满意度管理中心、紧急援助/救助网络、公共安全服务系统或设施建设,使之能覆盖城市各角落。

③完善城市等级旅游区(点)、三星级及以上酒店、省级重要文物景点的韩语、日语标志系统,提高英语标志水平。

④优先推行城市卡。

⑤制订上述城市公共服务设施的财务计划,建立公共财政、商业赞助、社会化经营等财政支持机制。应将城市公共服务纳入政府年度公共财政预算,以确保城市上述系统提供有效的公共服务。

5)旅游企业与服务品牌创建

(1)酒店业

建设本土化的酒店品牌,推动国际著名的酒店品牌建设,重视经济型酒店建设。包括以

旅游规划原理与实务

下几个方面。

①鼓励、支持引进海外著名的酒店服务品牌进驻西安。

②鼓励酒店行业自身整合,通过兼并、拍卖、转让、出售、股份制等形式,实现酒店业的集团化,扶持当地酒店业建立自主服务品牌。

③建立互联网络酒店联盟,开发"航空+酒店""旅行社+酒店"以及"景区+酒店"等紧密合作联盟,发展跨地区、跨行业、跨体制的互联网酒店服务业航母。

(2)旅行社业

①推动旅行社和在线行业的联合,将旅游网站或者门户网站、综合网站的经营旅游相关业务的旅游频道,纳入旅游行业管理的范围,制订相关规范,鼓励旅行社网络化、集团化、连锁化经营。

②鼓励旅行社发展产品创新设计能力,培养核心竞争力。

③鼓励、支持出境旅行社的集团化建设,建设国际著名的出境旅游服务品牌,增强西安作为西部出境门户城市的地位。

(3)商贸与购物业

①推动文物复制品特许经营制度建设,强化行业进入许可制度,通过立法形式,强化对西安历史文化与旅游商品设计知识产权的保护工作,特别是本土文化特色的旅游纪念品的保护工作,坚决打击盗版、仿制、滥制等不法行为和现象,提高西安以文物(文化)为线索(题材)的纪念品设计、生产和销售。

②加快高新区、曲江商业中心或副中心以及建设中的西大街等商业街的建设,鼓励发展新形态的商贸业,如主题商场、Shopping Mall、文化大卖场。

③引入国际著名商贸业(巨头)品牌进驻西安,积极吸引国际著名的时尚与文化品牌企业进驻上述新型商业中心或街区。

④加强老字号品牌的保护、培育与引导。

(4)文化、休闲与娱乐业

①开发数字化文化、休闲与娱乐活动项目,建设数字休闲娱乐平台。

②策划、创作经典演出活动,包括《盛世传奇》、仿古迎宾入城仪式、长安古乐演奏等;实施走出去战略,面向全国和面向世界进行宣传推广。

③开发大型文化主题广场活动。组建主题文化广场活动的项目开发公司,进行广场活动的创作、开发与经营。

④加强夜间娱乐活动项目的开发,结合经典演出项目的打造,开发夜间娱乐休闲活动。

(5)餐饮业

①鼓励创建餐饮独特品牌,包括宫廷御膳、皇家菜、府邸菜、清真菜和民间菜、饺子宴、西安地方风味小吃等系列。

②发展特色餐饮街区、饮食风味城,逐步改善卫生质量和就餐环境,逐步实现餐饮街区步行化建设。

③鼓励、支持餐饮品牌企业上市。

④鼓励餐饮企业建立连锁品牌。

⑤加快西安"老字号"的企业改制,采取相互参股、品牌输出等多种方式进行资本运作。

⑥提升现有西餐服务品质,增加品种,更好地满足入境游客和常住外国人的需求。

参考文献

［1］吴必虎,俞曦.旅游规划原理［M］.北京:中国旅游出版社,2010.

［2］马勇.旅游规划与开发［M］.武汉:华中科技大学出版社,2018.

［3］李晓琴,朱创业.旅游规划与开发［M］.北京:高等教育出版社,2013.

［4］王庆生.旅游规划与开发［M］.2版.北京:中国铁道出版社,2016.

［5］马勇,李玺.旅游规划与开发［M］.4版.北京:高等教育出版社,2018.

［6］保继刚,楚义芳.旅游地理学［M］.3版.北京:高等教育出版社,2012.

［7］李蕾蕾.旅游地形象策划:理论与实务［M］.广州:广东旅游出版社,1999.

［8］董玉明,王雷亭.旅游学概论［M］.上海:上海交通大学出版社,2000.

［9］甘枝茂,马耀峰.旅游资源与开发［M］.2版.天津:南开大学出版社,2007

［10］陆林.旅游规划原理［M］.北京:高等教育出版社,2005.

［11］黄羊山.旅游规划原理［M］.南京:东南大学出版社,2004.

［12］王雷亭.旅游规划的市场分析［M］.济南:齐鲁书社,2003.

［13］吴殿廷,等.旅游开发与规划［M］.北京:北京师范大学出版社,2010.

［14］赵黎明,黄安民.旅游规划教程［M］.北京:科学出版社,2005.

［15］唐代剑.旅游规划原理［M］.杭州:浙江大学出版社,2005.

［16］邹统钎.旅游开发与规划［M］.广州:广东旅游出版社,1999.

［17］崔凤军.中国传统旅游目的地创新与发展［M］.北京:中国旅游出版社,2002.

［18］王衍用,殷平.旅游规划与开发［M］.北京:北京大学出版社,2007.

［19］戈弗雷,克拉克.旅游目的地开发手册［M］.刘家明,刘爱利,译.北京:电子工业出版社,2005.

［20］吴国清.旅游线路设计［M］.北京:旅游教育出版社,2006.

［21］陈启跃,等.旅游线路设计［M］.上海:上海交通大学出版社,2005.

［22］吴忠军.旅游景区规划与开发［M］.北京:高等教育出版社,2003.

［23］张立明,胡道华.旅游景区解说系统规划与设计［M］.北京:中国旅游出版社,2006.

［24］王艳平,郭舒.旅游规划学［M］.北京:中国旅游出版社,2007.

［25］吕连琴.关于旅游资源普查中的若干疑点探讨:以全国第一个普查试点省份河南省为例［J］.旅游学刊,2004,19(3):55-60.

［26］高亚芳.构建旅游目的地导向的"H-CSSR"资源分类、评价体系［J］.旅游学刊,2006,21(2):11-12.

［27］王大悟.关于旅游规划若干认识的探讨［J］.旅游学刊,2001,16(5):45-48.

［28］许春晓.当代中国旅游规划思想演变研究［D］.长沙:湖南师范大学,2004.

［29］许春晓.中国旅游规划的市场研究历程(上)［J］.旅游学刊,2003,18(3):5-9.

［30］黄细嘉,陈志军.我国旅游规划中的不公平现象研究［J］.南昌大学学报(人文社会科学版),2007,38(1):84-89.

［31］崔凤军.关于城市旅游规划几个基本问题的思考［J］.规划师,2004,20(11):9-11.

［32］刘滨谊.旅游规划三元论:中国现代旅游规划的定向·定性·定位·定型［J］.旅游学刊,2001,16(5):55-58.

［33］刘德谦.旅游规划需要新理念:旅游规划三议［J］.旅游学刊,2003,18(5):41-46.

［34］范业正,胡清平.中国旅游规划发展历程与研究进展［J］.旅游学刊,2003,18(6):25-30.

［35］张国忠.旅游发展战略规划研究［D］.上海:同济大学,2006.

［36］郭思维,李桂文,俞滨洋.地方可持续旅游规划的基本理论初探［J］.城市规划,2007,31(6):39-44.

［37］刘益.从旅游规划角度论《旅游资源分类、调查与评价》的实践意义［J］.旅游学刊,2006,21(1):8-9.

［38］杨兴柱,王群.我国城乡旅游地居民参与旅游规划与发展研究［J］.旅游学刊,2006,21(4):32-37.

［39］李永文,郭影影.概念性旅游规划探讨［J］.河南大学学报(自然科学版),2006,36(4):58-61.

［40］唐代剑,池静.旅游规划方法研究进展［J］.北京第二外国语学院学报,2005,27(3):86-90.

［41］卞显红.城市旅游空间结构及其空间规划布局研究:以江苏省常州市为例［D］.南京:南京师范大学,2002.

［42］卞显红,王苏洁.城市旅游空间规划布局及其生态环境的优化与调控研究［J］.人文地理,2003,18(5):75-79.

［43］廖建华,廖志豪.区域旅游规划空间布局的理论基础［J］.云南师范大学学报(哲学社会科学版),2004,36(5):130-134.

［44］郭子腾.黄河主题旅游海外推广季启动:黄河文化旅游带精品线路、黄河主题乡村旅游精品线路外文版同期发布［N］.中国旅游报,2023-07-12(2).

［45］林明水,胡晓鹏,杨勇,等.流量经济对旅游资源创新性开发的影响:热反应与冷思考［J］.自然资源学报,2023,38(9):2237-2262.